Jeff Miller와 함께 하는
목공 수업

The Foundations of Better Woodworking by Jeff Miller
Copyright © 2012 by Jeff Miller
All rights reserved including the right of reproduction in whole or in part in any form.

Korean Translation Copyright © 2020 by CIR Co., Ltd.
This edition published by arrangement with Popular Woodworking Books, an imprint of Penguin Publishing Group,
a division of Penguin Random House LLC. through Bestun Korea Agency.

이 책의 한국어판 저작권은 베스툰 코리아 에이전시를 통하여
Penguin Random House와 독점계약한 도서출판 씨아이알에 있습니다.
저작권법에 의해 한국 내에서 보호를 받는 저작물이므로 어떠한 형태로든 무단전재와 복제를 금합니다.

Jeff Miller와 함께 하는
목공 수업

제프 밀러(Jeff Miller) 지음
윤종배 옮김

최상의 작업 결과를 얻기 위해 알아야 할 나무와 도구 그리고 몸 사용법

씨아이알

이 책을 베키, 이삭 그리고 아리엘에게 바칩니다.

옮긴이의 글

스크레이퍼 날 세우기에 어려움을 겪고 있을 무렵이었습니다. 참고 자료에서 본 대로 모서리를 줄로 갈아낸 뒤 숫돌 또는 사포로 연마를 하고 몇 단계에 걸쳐 버니싱을 했지만 어떻게 해도 버가 잘 생기지 않았고 스크레이퍼로 나무의 표면을 제대로 깎아낼 수도 없었습니다.

그때 찾아본 것이 이 책입니다.

"첫 단계는 스크레이퍼의 모서리를 줄로 갈아내는 것이다. 일반적인 날 연마처럼 생각해서 이 단계를 건너뛰어서는 안 된다."

"줄로 모서리를 갈아내는 목적은 기존의 버, 즉 경화된(workhardened) 금속 부위를 제거하는 것이다. 스크레이퍼의 모서리에 버를 세우는 과정(버니싱)은 금속을 경화시키기 때문에 기존의 버를 제거하지 않은 채로는 새로운 버를 만드는 것이 불가능하다."

제프 밀러의 설명을 보자마자 그동안 제가 무엇을 잘못하고 있었는지를 알게 되었습니다. 일반적인 날(끌, 대팻날) 연마에 익숙했던 나머지 날을 칼같이 세우기만 하면 되는 줄 알고 줄로 스크레이퍼 모서리를 갈아내는 단계를 소홀히 했던 것입니다.

철물점에서 쇠 깎는 줄을 사와서 처음부터 다시 해보았습니다. 정말로 갈아내는 초반에는 스크레이퍼 모서리의 단단함이 느껴집니다. 그러다 조금 지나고부터는 쇠가 서걱서걱 갈려 나오기 시작합니다. 이후의 연마와 버니싱 과정은 기존과 동일하게 하지만 이제는 버가 세워집니다. 나무도 예리하게 잘 깎이는 것은 물론입니다.

목공을 하다 보면 잘 하고 있는 것 같은데 잘 안 되는 경우가 늘 생깁니다. 저의 '스크레이퍼 날 세우기'처럼 말입니다. 주먹장 맞춤이나 대패 세팅, 테이블쏘 재단도 바로 그런 경우에 해당되리라 생각합니다.

때로는 다른 방법, 좋은 도구가 이런 문제를 해결해주기도 합니다. 정말로 방법이 잘못되었거나 도구에 문제가 있었다면 말입니다. 그렇지만 다른 방법, 좋은 도구가 이런 문제를 정말로 해결해주지는 않는다는 것을 우리는 잘 알고 있습니다. 이런 문제들은 근원적인 것을 돌아봐야 해결이 됩니다. 제가 스크레이퍼를 줄로 갈아내야 하는 이유를 알고 나서야 비로소 스크레이퍼의 날을 제대로 세울 수 있게 된 것처럼 말입니다.

이 책의 영어 제목은 《*The Foundations of Better Woodworking*》입니다. 딱딱하게 번역하면 《목공 실력 향상의 초석을 놓아주는 조언들》 정도가 될 것 같습니다. 저에게는 이 책이 정말 그랬습니다. 작업을 하고 도구를 사용하는 데 있어 단순히 '어떻게'가 아니라 '왜'와 연결된 '어떻게'를 알 수 있게 해주었습니다. 제 목공 습관의 문제를 발견하고, 고치고, 목공의 기본 소양을 갖추고 앞으로 더 잘할 수 있기 위한 토대를 쌓는 데 이 책의 내용이 큰 도움이 되었습니다.

번역을 하며 책을 다시 읽으니 제프 밀러에게 좋은 목공 수업을 받았음을 새삼 느낍니다. 경험이 꽤 되는 데도 목공이 마음대로 되지 않는다고 느끼는 분이라면 이 책을 읽어보길 추천합니다. 아마 저와 꼭 같이 느낄 거라 확신합니다.

제프 밀러 선생님께 독자와 마음의 제자로서 감사의 말씀을 올립니다.

감사의 글

이 책을 쓰는 동안 저를 '견뎌'준 많은 분들에게 감사의 뜻을 전하고 싶습니다.

먼저 완성되지 않은 아이디어들을 말로 꺼냈을 때 인내심을 가지고 저에게 귀를 기울여준 분들께 감사를 전합니다. Chris Schwarz, Megan Fitzpatrick, Jameel Abraham, Deneb Puchalski, Marc Adams, Andy Brownell 그리고 내 아내 Becky, 내 딸 Ariel, 감사합니다.

Chris와 Megan에게는 비평적으로 검토하고 의견을 준 것에 대해 특히 감사를 전합니다. Chris는 이 책을 쓰는 모든 세부적인 부분에 큰 도움을 주었습니다.

이 책의 출판과 관련해서는 David Thiel에게 감사를 전합니다. 그의 인내심과 전문적인 도움이 없었다면 이 책은 출판되지 못했을 것입니다.

마지막으로 저의 학생들에게 오랜 기간 동안 저와 제 가르침을 신뢰해준 것에 대해 감사를 표합니다. 학생들을 가르치는 것은 저이지만 저를 가르쳐온 것은 바로 그 학생들입니다.

차 례

옮긴이의 글 6
감사의 글 7
들어가며 10
이 책에 대하여 12

Section I
목공의 기본 이해하기

Chapter 01
나무라는 재료 17

Chapter 02
몸을 효과적으로 쓰는 방법 35

Chapter 03
더 잘 보려면 47

Chapter 04
수공구, 전동공구,
목공기계 잘 쓰는 법 55

Chapter 05
날 연마하기 125

Section II
작업의 목표를 이해하기

Chapter 06
측정과 표시 145

Chapter 07
목적에 맞는 선 긋기 157

Chapter 08
평면, 직선 그리고 직각 163

Section III
작업에서 배우기

Chapter 09
실수에서 배우기 173

Chapter 10
피드백 활용하기 181

Chapter 11
연습하기 187

Chapter 12
종합 정리 191

마치며 194
안전과 관련한 주의 사항 196
미터법 변환 차트 196
저자 추천 도서 197
찾아보기 198
저·역자 소개 199

들어가며

짧지 않은 기간 동안 목공을 가르쳐오면서 늘 놀라게 되는 사실이 하나 있다. 목공의 기본 — 목공을 잘하기 위해서든 안전한 작업을 위해서든 몰라서는 안 되는 내용 — 을 모르고 목공을 하고 있는 사람들이 너무 많다는 것이다. 심지어 매우 뛰어난 학생 또는 훌륭한 작업 이력을 갖춘 목공인들 중에서도 이런 경우를 적지 않게 발견하곤 한다. 많은 목공인들이 목공의 기본이자 정수라고 할 만한 것들을 잘 알지 못하는 이유가 뭘까? 짐작 가는 부분이 있다. 대부분의 목공 관련 출판물과 미디어가 이런 내용을 잘 다루려고 하지 않기 때문이다. 반면 가구 만들기 프로젝트나 특정한 테크닉을 소개하는 자료는 시중에 넘쳐난다.

물론 목공을 잘 설명해보려는 시도가 없었던 것은 아닐 것이다. 그러나 선을 똑바로 자르고 면을 온전하게 대패질하고 결합 부위를 아름답게 가공하기 위해 반드시 이해해야만 하는 것들, 즉 나무라는 재료의 기본적인 성질과 몸과 도구의 역학에 대한 설명이 충실하게 되어 있는 자료는 보기 드물다. 문제는 기술의 숙련은 이런 기본적인 것들에 대한 이해 없이는 불가능하다는 것이다. 주먹장 맞춤을 멋지게 해내지 못하는 것은 가공 방법을 몰라서가 아니다. 부족한 것은 선에 맞춰 정확히 자르는 톱질 솜씨와 깔끔하고 효과적인 끌질 솜씨다. 그런데 톱질과 끌질을 잘하기 위해서는 우선 좋은 자세가 필요하고, 목재의 성질을 이해하고 있어야 하며, 날이 목재에 어떻게 작용하는지도 알고 있어야 한다. 그리고 그 전에 우선 선에 맞춰 자른다는 것의 의미부터 이해해야 한다.

톱질과 끌질에 필요한 힘과 컨트롤은 몸, 즉 작업물에 대한 몸의 위치와 자세 그리고 동작 방식에서 나온다. 톱질과 끌질에 필요한 지식은 목재의 조직 구조에 대한 이해와 날이 목재를 실제로 어떻게 자르고 깎는지에 대한 이해에서 나온다. 목재에 그어놓은 선의 어디를 자르고 깎을지를 작업자가 이해하고 실행하는 과정에서 이 모든 것들이 복합적으로 작용한다. 물론 연습이란 요소를 빼놓을 수 없다. 그러나 연습도 이해 위에서 이루어져야 한다. 이와 같은 기본적인 이해 없이 작업 순서와 방법만 아는 것은 주먹장을 멋지게 가공하는 데 아무런 도움도 되지 않는다.

목공을 업으로 삼기 이전 필자의 직업은 악기 연주자/교육자였다. 그런 필자에게는 많은 이들이 목공을 잘하고 싶어 하면서도 체계적으로 배우려고 하지 않는다는 것이 놀랍게 느껴졌다. 연주자들은 악기에 맞춰 몸을 사용하는 방법부터 배운다. 손의 모양과 위치, 자세, 심지어 호흡도 매우 중요한 역할을 한다. 물론 음조나 음악의 형식 구조와 같은 음악 자체에 대해서도 공부한다. 그리고 음악사 공부를 통해 배움을 종합한다. 단순히 어떤 음악이 어떤 시기에 나왔는지가 아니라 양식의 변천 가운데 특정 스타일이 가지는 뉘앙스를 알게 되는 것이다.

전문 음악인들은 일반 음악 애호가들에 비해 동일한 음악으로부터 더 많은 것들을 들을 수 있다. 전문 목공인들도 마찬가지다. 똑같은 가구에 대해 나무, 형태, 구조, 디테일의 모든 면에서 목공 애호가들보다 더 많은 것들을 볼 수 있다. 이것은 훈련의 결과다. 귀든 눈이든 말이다.

운동도 비슷하다. 골프나 테니스, 수영에서 몸을 사용하는 방식(폼)이 선수의 퍼포먼스에 절대적인 영향을 준다는 것은 의문의 여지가 없다. 경기의 규칙이나 전략 그리고 장비에 대한 이해도 중요하기는 마찬가지지만 말이다.

음악인들과 체육인들은 연주를, 경기를 더 잘하기 위해 갖춰야 하는 '기본'을 이해하고 체득하기 위한 방법을 오랫동안 개발해왔으며, 그 결과는 체계적인 훈련 방법들로 정리되어서 교육자들과 당사자들에게 제공되고 있다.

반면 목공인들은 장비부터 덜컥 사거나 가구 만들기 프로젝트 가이드를 보고 가구 제작에 바로 뛰어드는 경우가 많다. 물론 이렇게 해서 잘하는 사람도 있다. 명민한 학생들 중 일부는 스스로의 시행착오를 통해, 혹은 다른 사람의 작업을 관찰해서 배움으로써 목공의 핵심에 다가가기도 한다. 그러나 도구와 재료의 올바른 사용법을 알려주고 문제점과 개선 방향을 지적해주는 선생이 있으면 훨씬 더 많은 것을 효율적으로 배울 수 있다. 어떤 경우든 '기본'을 이해하고 체득하는 것은 자기 자신이어야 하지만 말이다.

목공 분야에서는 전통적으로 도제식 교육이 오늘날 음악이나 체육 분야의 훈련 시스템이 담당하고 있는 역할을 해왔다. 도제식 교육은 제자들에게 충분하고 체계적인 기초

훈련을 제공했다. 간단한 작업부터 시작해서 복잡하고 어려운 일들로 작업의 범위를 조금씩 넓혀가는 식으로 말이다. 그 모든 과정이 스승이나 선배의 점검과 지도 아래서 이루어진 것은 물론이다. 도제식 교육이 제공한 것은 훈련만이 아니다. 제자들은 스승의 작업 모습과 결과물을 상시 볼 수 있었다. 이것은 매우 중요하다. 높은 수준에서 이루어지는 작업을 접해봐야 자신의 작업 목표도 높고 분명하게 가질 수 있기 때문이다.

이 책은 목공을 배워서 익히고, 작업의 수준을 한 단계 더 높이는 데 초석이 되는 내용을 모아 정리한 것이다. 책으로부터 배우는 것이 도제식 교육이나 좋은 선생으로부터 직접 배우는 것에 미칠 수는 없겠으나, 다른 자료에서는 보기 어려운, 목공 실력을 높이기 위해 귀담아 들을 필요가 있는 실질적인 조언들을 담으려고 노력했다.

필자의 목표는 어떻게 하는지를 설명하는 것이 아니다. 누가 어떻게 하는지를 보여준다고 해서 내가 그것을 할 수 있게 되지는 않는다. 대신 독자들이 스스로 목공의 기술을 갈고 닦을 수 있는 이해의 기반을 놓아주는 것, 그것이 이 책의 목표다.

이 책에 대하여

비유만큼 어떤 일의 본질을 잘 드러내주는 것도 없다. 우리는 일상적으로 운전을 한다. 그러나 운전을 해서 목적지에 도달하기 위해서는 생각보다 많은 것들이 필요하다. 우선은 자동차가 있어야 한다. 그리고 자동차를 조작하는 방법을 알아야 한다. 도로에 나가기 위해서는 기본적인 교통 법규를 숙지해야 함은 물론이고, 적절한 시점에 차선을 바꿀 수도 있어야 한다. 처음 가보는 길이라면 지도나 내비게이션 시스템도 필요한데, 어떤 경우든 목적지를 정확히 알고 있어야 한다. 차선을 지키고 적절한 속도와 차간 거리를 유지하기 위해서는 눈과 손/발 사이에 쉼 없는 피드백이 필요하다. 여기에 더해 갑작스러운 교통 상황이나 날씨의 변화에 대응하는 능력도 갖추고 있어야 무사히 목적지에 도착할 수 있다.

목공은 어떤가? 우리는 우선 '자동차'에 열광한다. '지도와 내비게이션 시스템'은 쉽게 구할 수 있다. 그런데 '목적지'가 어디인지는 똑바로 알고 있는가? 변수로 가득 찬 도로를 주행하는 방법은? 이와 관련된 정보를 얻거나 논의를 할 수 있는 곳은 그리 많지 않다. 목공에서 '정확한 목적지'란 무엇을 뜻할까? 운전을 할 때 주소를 정확히 알아야 목적지에 도착할 수 있듯, 목공 작업을 할 때도 구체적인 목표를 가지고 있어야 한다.

이번에는 음악에 비유해보자. 악보를 읽을 수 있다고 해서 음악을 연주할 수 있는 것은 아니다. 우선은 악기의 음을 정확히 짚을 수 있어야 하고 소리의 크기를 조절하거나 박자도 맞출 수 있어야 한다. 각각의 음이 모여 만들어내는 멜로디와 하모니를 이해해야 하는 것은 물론이며 다른 연주자들과 조화를 이루어 연주할 줄도 알아야 한다. 이 모든 것을 이해하고 연주할 때 악보가 음악이 된다. 그제야 음악적 표현을 할 수 있게 되는 것이다.

필자가 이 사실을 알게 된 것은 고교 시절 필자가 속했던 악단의 연주회 리허설 때였다. 감독 선생님은 대단히 훌륭한 음악가였는데, 한 시간이 넘는 리허설 동안 우리가 연주한 것은 고작 몇 개의 음표였다. 시간으로 치면 3초 정도의 연주 분량에 해당한다. 그러나 단 몇 개의 음표를 연주하는 동안 선생님은 모든 문제점을 지적하였고, 균형이 잡히며, 조율을 거쳐 연주가 완성도를 갖게 되었다. 그리고 우리는 음악을 이해하고 표현하는 방법을 배우게 되었다.

목공도 이와 다르지 않다. 주먹장 테일과 핀을 그리고 톱질, 끌질하는 방법을 안다고 해서 서랍을 주먹장 맞춤으로 멋지게 완성할 수 있는 것은 아니다. 우선 테일을 핀에 끼울 때 어느 정도로 빡빡하게 하는 것이 좋은지부터 알아야 한다. 그다음에는 딱 알맞도록 빡빡하게 하기 위해서 그려놓은 선의 어디를 기준으로 가공하면 되는지를 알아야 한다. 그리고 나면 가공 지점을 딱 떨어지는 직선과 직각, 평면으로 자르고 깎기 위해 톱과 끌을 효과적으로 사용할 수도 있어야 한다. 테일을 보기 좋게 그리는 것도 중요하다. 테일의 각도와 크기, 간격을 어떻게 정하느냐에 따라 서랍의 모양새가 완전히 달라지기 때문이다. 애초에 나무의 선택과 모서리 샌딩이나 마감과 같은 마무리 작업도 소홀히 할 수 없다. 이 모든 것을 이해하고 만족스럽게 실행할 때 서랍을 멋지게 완성할 수 있다.

처음의 질문으로 돌아가보자. **목공에서 '목적지'가 의미하는 것이 뭘까? 연주회 리허설과 주먹장 맞춤 서랍을 만드는 과정에서의 '목적지'는 어디였을까? 목공에서 '목적지'는 작업을 통해 자신이 달성하고자 하는 품질의 수준을 뜻한다. 다시 말해 자신이 달성하고자 하는 작업의 완성도를 명확히 이해하는 것이 바로 '목적지'를 아는 것이다.** 사실 이것은 선택의 문제다. 목공에 '반드시'란 없다. 품질 수준이나 완성도에 반드시 달성해야 하는 어떤 기준이 있는 것이 아니다. 다만 배움이 늘어남에 따라, 더 잘 보고 더 잘 이해하며 더 정교한 작업을 할 수 있게 됨에 따라 우리들 각자가 가진 기준을 높여갈 수 있길 희망할 뿐이다.

우리는 대개 자신이 생각할 수 있는 가장 높은 기준에 맞춰 작업을 하려고 노력한다. 그러나 하다 보면, 마무리 샌딩을 하는 몇 분 사이에도, 그 기준을 일정하게 유지하지 못하는 경우가 많다. 걸작으로 평가받는 가구에서도 의외의 미진한 구석이 발견되곤 하는 이유다. (애초에 부위별로 각기 다른 수준의 완성도가 요구되는 작업도 있긴 하다.) 그래서 더더욱 스스로에게 관대해져서는 안 된다. 우리는 목공 작업을 하는 동안에 목표로 하는 품질 수준을 명확하게 설정

가는 곳이 어디인지 모르는데
어떻게 그곳에 다다를 수 있겠는가

하고 있어야 하며, 해당 작업이 끝날 때까지 그 기준을 타협 없이 고수해내야 한다.

목적지를 알게 되었다고 해서 작업의 수준이 저절로 높아지는 것은 아니다. 그러나 목적지를 모른 채 더 높은 수준으로 올라가는 것은 불가능하다. 결과의 품질은 과정의 품질로부터 나온다. 목표로 하는 수준의 결과를 얻기 위해서는 작업의 전 과정이 그 수준에 맞게끔 이루어져야 한다. 따라서 목표로 하는 수준의 결과를 얻기 위해서는 각 과정에서 내가 어느 정도까지 해내야 하는지를 분명히 인지하고 있어야 한다.

어떤 종류의 인지와 개선은 매우 쉽다. 뭐가 뭔지 몰랐을 때는 보이지 않던 것들—테이블쏘의 톱날 자국, 기계 대패의 가공 흔적, 원형 샌더가 남기는 돼지꼬리 같은 스크래치 등—이 일단 알고 나면 얼마나 잘 보이는지는 놀라울 정도다. 다행히 이 자국들은 지우기도 쉽다. 반면, 장부와 장붓구멍 가공은 어떤가. 장부와 장붓구멍은 어느 정도로 빡빡한 것이 좋은가? 그렇게 되어야 하는 이유는 무엇인가? 가공 중에 생기는 문제들과 해결 방법들은 무엇인가? 이와 같은 것들은 눈에 보이는 자국들처럼 그냥 알 수 있는 것들이 아니다. 그리고 이런 것들을 모른 채로는 장부와 장붓구멍을 적절하게 가공할 수가 없다.

이런 것들은 어떻게 하면 알 수 있을까? 어떻게 하면 목공의 기본 소양이라고 할 만한 지식과 경험을 갖출 수 있을까?

이 책에서는 우선 목재와 도구에 대한 기본부터 살펴볼 것이다. 운전에 비유하자면 '자동차'와 '교통 법규'에 대해 먼저 알아보는 셈이다. 자동차는 마법의 양탄자가 아니며 동작 원리에 따라 움직이는 물리적인 장치다. 도로에도 운행의 규칙이 있다. 자동차는 동작 원리와 도로 규칙에 따라 움직인다는 것을 이해해야 한다. 그 다음엔 운전에 대해 살펴볼 것이다. 운전하는 자세와 교통 상황을 잘 살피는 법, 목적지에 도착하기 위해 차선을 지키거나 바꾸는 법과 보다 노련하게 운전하는 법을 배울 것이다.

마지막에는 실력을 향상시킬 수 있는 실질적인 방법들을 알아볼 것이다. 실수에 대처하는 방법과 실수에서 배우는 방법, 작업을 하는 도중에 피드백을 얻음으로써 작업 방식을 개선하는 법, 실험적 시도와 연습을 통해 능력을 키우고 기능을 숙달하는 방법들 말이다.

올바른 지식과 이를 실제 작업에 적용해봄으로써 얻는 경험은 목공을 더 잘하는 데 분명 도움이 된다. 그러나 필자가 진짜로 바라는 것은 독자들이 단순히 지금보다 목공을 더 잘하는 것이 아니다. 목공에는 끝이 없으며 우리는 계속해서 배우고 발전할 수 있다. 필자는 이 책을 읽은 독자들이 어떤 상태에 머무르거나 갇히지 않고 지속적으로—외부로부터든 스스로든—배우고 목공의 외연을 넓히고 깊이를 갖춰가기를 바란다. 그럴 때 느낄 수 있는 즐거움을 독자들도 느끼기를 바란다. 그리고 이 책이 그러한 지속적인 배움의 기반, 이해의 기초가 될 수 있기를 진심으로 바란다.

주의와 집중

산만한 마음으로 할 수 있는 목공 작업은 없다. 우선은 안전의 문제다. 안전은 작업 상황에 얼마나 주의를 기울이느냐에 달려 있다. 단순 반복 작업 등 딴생각을 하기 좋은 상황일수록 눈앞의 작업에 더 집중해야 한다. 다음은 품질의 문제. 어느 한구석이라도 소홀히 한 부분이 있다면 수준 높은 작품이라고 할 수 없다. 작업의 각 단계에서 그리고 전 과정에 걸쳐 작업 품질을 높은 수준으로 유지하기 위해 모든 주의를 기울여야 한다.

Section I

목공의 기본 이해하기

Chapter 01

내 아들 이삭이 공방의 나무 정리를 도와주고 있다. 나무판자가 나뭇결을 따라 비교적 잘 쪼개지기에 가능한 일이다.

나무라는 재료

　목공 일은 대단히 보람 있다. 작업이 잘 진행된 뒤에는 만져보고 싶고 따뜻함이 느껴지는 멋진 가구가 남는다. 잘 관리하면 백 년도 넘게 사용할 수 있을 것이다. 그러나 때로는 나무의 갈라짐과 뒤틀림, 예상 밖의 수축-팽창, 결합부의 떨어짐 등으로 인해 깊이 좌절하기도 한다. 이들은 나무가 일으키는 문제이긴 하지만, 나무라는 재료를 잘 몰라서 생기는 문제라고 보는 것이 더 바람직할 것이다. 나무는 가만히 있는 안정된 재료가 아니다. 주위의 습도와 온도에 반응하고 시간이 지남에 따라 낡는다. 상대하기 만만치 않다. 그러나 나무의 조직 구조에 따른 특징과 이로 인한 가공 특성을 이해하면 나무가 야기하는 여러 어려움에 더 잘 대응할 수 있을 것이다.

나무는 빨대 다발

나무는 방향성이 있는 재료다. 이것이 나무를 이해하는 데 가장 중요한 사실이다. 나무의 방향성은 우선 가공 특성에서 나타난다. 같은 나무토막을 이렇게 놓고 자를 때와 90° 돌려서 놓고 자를 때, 이렇게 놓고 깎을 때와 저렇게 돌려놓고 깎을 때, 그 가공 특성이 너무나 달라서 두 경우의 나무토막이 서로 다른 재료라고 생각해도 될 정도다. 나무의 방향성은 나뭇결과 관련이 있다. 우리는 나무를 결에 맞는 방향, 결을 거스르는 방향, 결을 가로지르는 방향, 또는 결을 끊는 방향으로 가공할 수 있다. 각각의 방향은 서로 확연히 구별되는 가공 특성을 드러낸다.

나무에 방향성이 있는 이유가 무엇일까? 답은 나무가 섬유질이기 때문이다. 나무를 빨대 다발이라고 생각하면 편리하다. 실재로 나무는 지푸라기 같은 나무 세포들이 빨대 다발과 같이 다닥다닥 붙어 있는 구조이며, 나무가 살아 있을 때 이들 세포 중 일부는 흙으로부터 빨아들인 물과 양분을 나무 꼭대기까지 전달하는 관(빨대)으로, 다른 일부는 나뭇잎에서 만들어진 당류를 나무 구석구석의 성장세포까지 전달하는 관으로 기능한다.

물론 나무의 조직 구조는 빨대 다발보다 훨씬 복잡하다. 그러나 나무가 빨대 다발이라고 단순하게 생각함으로써 나무라는 재료의 특성을 더 쉽게 파악할 수 있으며, 이와 같은 이해는 목공 실력 향상에도 큰 도움이 된다.

'빨대 다발'의 성질 가운데 가장 중요한 것은 빨대와 빨대를 서로 분리해내는 것은 쉬운 반면 빨대를 부러뜨리거나 잘라내는 것은 상대적으로 더 어렵다는 것이다. 달리 말해, 빨대 자신이 빨대 사이의 결합보다 더 강하고, 나무의 세포 자신이 세포 간의 연결보다 더 강하다. 이 점은 나무라는 재료의 특성을 이해하는 데 매우 중요하다. 나무판자가 세포가 길게 뻗어 있는

그림 1-1. 통나무 쪼개기. 쐐기를 이용하면 결대로 나무를 쪼갤 수 있다.

사진: 피터 폴란즈비(Peter Follansbee)

방향(길이 방향)을 따라서는 대단히 강한 반면 그에 수직한 방향(폭 방향)에 대해서는 취약한 것도 이 때문이다.

나무로 작업하기

나무를 쪼개는 전통적인 방법은 쐐기를 사용하는 것이다. 통나무의 끝에 쐐기를 박아 넣으면 나무는 결을 따라 쪼개지는데, 이렇게 해서 판자를 만들 수도 있다. 이 판자는 나무 세포가 길게 뻗은 모양 그대로 판자가 되었으므로 나무판자 가운데서는 최고로 튼튼하다고 볼 수 있다(그림 1-1).

이를 유용한 정보라고 생각할지도 모른다. 그러나 오늘날 판자를 이런 방식으로 만드는 일은 거의 없다. 건조시키지 않은 나무로 의자를 만들거나 스팀 벤딩 작업에 특화된 몇몇 공방에서나 통나무를 직접 쪼개서 목재를 준비한다.

판자를 만드는 보다 보편적인 방식은 통나무를 톱으로 켜는

나무판자 쪼개기

나무판자는 어느 방향으로 잡고 힘을 주느냐에 따라 쪼개지는 양상이 확연히 다르다. 왼쪽 사진과 같이 나무 섬유가 길게 늘어선 방향으로 잡고 판자를 쪼개려고 하면 판자가 휘어지기는 해도(판자가 얇다면) 잘 부러지지는 않음을 알 수 있다. 반면 오른쪽 사진과 같이 섬유가 늘어선 양옆을 잡고 힘을 줘보면 놀랄 만큼 쉽게 판자가 쪼개지는 것을 확인할 수 있다. 이는 나무가 섬유질 재료이며 나무를 구성하는 섬유가 잘 끊어지지는 않는 반면 서로서로는 매우 쉽게 분리되어서 생기는 일이다.

것이다. 그런데 켜낸 판자는 쪼개서 만든 판자와 달리 나무 세포가 판자와 나란하게 뻗어 있지 않다. 애초에 나무 세포가 곧게 자라는 일이 드물다. 나무는 긴 세월에 걸쳐 주위 환경의 변화에 적응하며 자라기에 나무 자체가 굽기도 하고 내부적으로 결이 꼬이기도 한다. 나무 세포도 나무의 자란 모양을 따라 굽거나 꼬여 있기도 하고 온갖 방향으로 뒤엉켜 있는 경우도 있다. 제재소에서는 가급적 나무가 자란 모양에 맞추어 판자를 켜내지만 그렇게 켜낸 방향에 나란하게 나무 세포가 자라라는 법은 없는 것이다.

목공 작업을 하다 보면 의도치 않게 나무의 방향을 잘못 쓰는 경우가 있다. 특히 곡선을 다룰 때 종종 생기는 일이다. 이유가 뭐가 됐든 나무로 된 어떤 형태에서 결이 짧게 끊어진 부위가 있다면 구조상 약한 지점이 되기에 주의해야 한다. 이와 같은 상황을 쇼트그레인(Short Grain)이라고 한다. 일반적으로 나무를 충분히 강한 재료로 여겨 많은 사람들이 이 문제를 간과하곤 한다. 그러나 사람들이 주목하지 않는다고 해서 중요하지 않은 것은 아니다. 쇼트그레인이 되는 부위가 생기지 않도록 유념해서 작업하면 훨씬 좋은 결과물을 만들어낼 수 있다.

목공에 사용하는 도구는 쐐기 말고도 많다. 목공의 작업이 통나무를 쪼개는 일에 한정되지 않듯 말이다. 그런데 그 도구 중 대다수가 본질적으로 쐐기와 다름없으며(좀 더 날카로울 뿐), 쐐기가 섬유질로 된 나무를 잘 쪼갠다는 것을 이해하는 것은 이들 도구를 이용해서 목공 작업을 하는 데 대단히 중요하다.

앞서 살펴본 것과 같이 나무의 세포는 똑바로 자라지 않으며 통나무를 켜서 얻은 판재가 세포와 처음부터 끝까지 나란한 경우는 매우 드물다. 다시 말해 나무 세포는 판재 표면과 각도를 이루고 있다. 나무의 세포가 판재 표면의 어느 부분에서는 한 방향으로 올라오고 있고 다른 부분에서는 다른 방향으로 경사진 채 내려가고 있다고 보면 좋을 것이다. 도구의 '날'로 이 세포들을 자를 때 생길 일을 생각해보는 것은 어렵지 않다. 만약 세포가 날을 향해 올라오고 있다면 날은 세포를 끊어내기보다는 쐐기와 마찬가지로 나무 세포 사이를 쪼개려 할 것이다. 세포를 절단하는 것보다 세포를 서로 분리시키는 쪽이 힘이 덜 들기 때문이다(그림 1-2).

반면 판재 표면에서 세포가 날로부터 멀어지는 방향으로 올라가고 있다면 날은 세포를 깨끗하게 잘라낼 수 있을 것이다. 이 상황에서는 날이 파고들어 쪼갤 만한 것이 없기 때문이다. 게다가 잘려지는 세포의 뒤가 다른 세포들에 의해 잘 받쳐져 있어 더욱 깔끔한 절단이 가능하다(그림 1-3).

앞의 두 경우를 각각 엇결, 순결이라고 한다. 한편 판재 표면에서 세포의 측면으로 결을 가로질러 날을 대는 경우도 생각해볼 수 있다. 이렇게 하면 마치 세포층 한 겹을 벗겨내는 것과 비슷한 모양새로 날이 세포를 분리해낸다(그림 1-4). 이런 가공에서는 단부의 양 가장자리가 문제가 된다. 세포가 가장자리 너머로까지 이어져 있으므로, 또한 세포는 끊어지기보다는 분

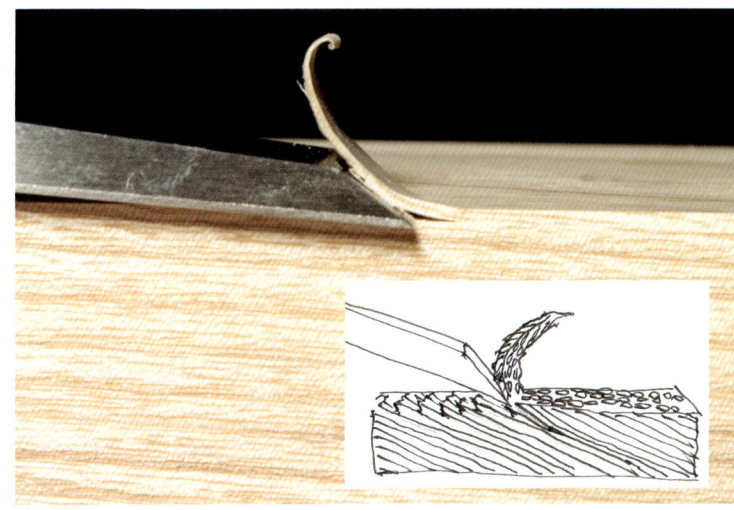

그림 1-2. 결을 거스르는 방향(엇결)으로 깎기. 날이 나무 섬유를 자르기 전에 섬유가 서로 분리된다. 이때 끌은 쐐기처럼 작용한다.

그림 1-3. 결을 따르는 방향(순결)으로 깎기. 날이 나무 섬유를 깨끗하게 잘라낸다.

그림 1-4. 결을 가로지르는 방향으로 깎기. 표면의 섬유가 한 꺼풀 벗겨진다. 날 양옆의 섬유도 덩달아 뜯겨 나온다.

리되는 경향이 있으므로 단부의 양옆 가장자리가 지저분하게 뜯어지기 쉽다.

결을 가로질러 깎아낸 나무 부스러기는 결대로 깎아낸 것과 모양새가 확연히 다르다. 지푸라기 뭉치와 비슷하다. 촉감도 다른데 거칠고 끄트머리가 뾰족뾰족해서 옷 안으로 들어가기라도 하면 매우 거슬린다(그림 1-5).

대패질이나 끌질을 결을 가로질러 하는 경우 필요에 따라 단부 양 끝의 나무 섬유를 미리 끊어주는 것도 좋다. 대팻집의 양 측면에 별도의 칼날(nicker)이 달려 있는 래빗플레인을 본 적이 있을 것이다. 대팻날 폭만큼 나무 섬유를 미리 끊어주어서 가장자리 뜯김 없이 대패질이 가능하다.

지금까지는 판재의 결 면을 가공하는 경우에 대해 살펴보았다. 판재의 네 면은 세포가 길게 뻗은 옆이 보이는 결 면인 반면 나머지 두 면은 세포의 끝, 즉 세포가 잘라진 단면이 보이는 나이테 면이다. 날을 이용해서 판재의 나이테 면을 가로질러 깎거나 잘라보면 또 다른 상황을 만나게 된다. 절단을 시작할 때는 문제가 없다. 절단되는 세포의 뒤를 다른 세포 더미가 잘 받쳐주고 있기 때문이다. 그러나 나이테 면의 뒤 끝으로 갈수록 절단 부위 뒤를 받쳐주는 세포 더미가 줄어든다. 그러다 마침내는 뒤의 남은 세포 더미가 받치는 힘이 절단을 위해 날이 세포를 누르는 힘보다 작아지는 때가 온다. 결과는 예상대로다. 이 뒤의 세포 더미는 잘리지 않고 판재로부터 떨어져 나

그림 1-5. 결을 가로질러 대패질을 해보면 나무가 섬유질 재료라는 것을 실감할 수 있다. (대팻밥이 꼭 지푸라기 같다.) 이렇게 대패질할 때 판재의 뒤쪽 모서리가 잘 떨어져 나간다는 것에도 주의하자.

그림 1-6. 나이테 면을 대패질할 때는 나무의 '뒤 터짐'에 유의해야 한다.

그림 1-7. 나이테 면을 한 번에 너무 많이 깎아내려고 하면 가공면이 이렇게 엉망이 되곤 한다. 나무 섬유가 밀리며 서로 분리되서 생기는 일이다.

간다(그림 1-6).

나무 세포는 날에 의한 절단이 시작되기 직전 얼마간 압축 변형된다. 모든 방향에서의 절단에 다 적용되지만, 나이테 면을 가로질러 절단할 때 두드러진다. 날이 아무리 날카로워도 압축은 일어난다. 변형이 심해지기 전에 커팅이 일어나는 것뿐이다. 날이 무디거나, 절삭 각도가 높거나, 커팅 속도가 너무 빠를 경우에는 세포가 압축되다 못해 커팅이 일어나기 전에 주위의 세포들로부터 분리될 수도 있다. 이 경우 절단면은 절단면이라고 부르기 민망할 정도로 거칠다. 무리하게 작업할수록 이렇게 되기 쉽다(그림 1-7).

목공을 하다 보면 나뭇결이 온통 뒤엉켜 있는 판재도 종종 만나게 된다. 나무 세포가 표면의 한 부분에서는 올라오고 바로 옆에서는 내려가고 또 바로 옆에서는 또 다른 방향을 향해 있다. 이런 경우에 표면 뜯김 없이 면을 대패질하는 것은 대단히 어렵다. 이 상황의 일반적인 해결책은 절삭 각도를 높이는 것이다. 절삭 각도가 높을수록 날이 섬유 틈을 파고들어 쪼개는 경향이 줄어든다. 커팅 양상도 절삭 각도에 따라 달라진다. 절삭 각도가 낮을 때 날은 나무 섬유를 벤다. 반면 절삭 각도가 높으면 날이 나무 섬유를 짓눌러서 끊어낸다. 이렇게 되면 섬유가 잘 뜯어지지 않는다. 대신 가공 표면은 낮은 각도로 대패질한 것만큼 매끄럽지는 않다.

나무와 접착제

나무의 섬유질 특성을 이해하면 목공용 접착제도 더 잘 사용할 수 있다. 나무가 빨대 다발이라고 쳤을 때, 빨대 다발과 다발을 잘 붙이기 위해서는 빨대의 옆면끼리 붙여야 한다. 빨대가 서로 나란한 방향일 필요는 없지만 어쨌든 옆면끼리 붙여야 붙는다. 빨대의 끝은 어디에도 잘 붙지 않는다. 끝에는 접착제가 붙일 수 있는 '면'이 없을 뿐더러 접착제 대부분이 구멍 속으로 빨려 들어가버리기 때문이다.

실제 나무에서도 상황은 비슷하다. 나무 섬유의 끝부분이 드러나 있는 나이테 면은 어디에도 잘 붙지 않는다. 나이테 면을 나뭇결 면에, 또는 나이테 면끼리 서로 붙여놓을 수는 있지만 접착력이 약해서 작은 힘이나 충격에도 쉽게 떨어진다(그림 1-8). 이 경우 접착제 라인이 곧 취약 지점이 된다.

반면 나무 섬유 옆면과 옆면을 붙인 경우의 접착면은 나무

나이테 면 대패질하기

나이테 면 대패질은 나뭇결 면 대패질에 비해 힘이 많이 드는데, 나무 섬유를 수직으로 끊어내는 방향으로의 대패질이기 때문이다. 나이테 면을 깔끔하게 대패질하는 요령 중 하나는 대패질에 앞서 해당 부위를 물이나 미네랄스피릿으로 적셔두는 것이다(미네랄스피릿이 더 빨리 마르며 대패에 녹이 슬지 않아서 좋다). 이렇게 하면 나무 섬유가 불어서 비교적 깔끔하게 잘 절삭된다. 대팻날은 당연히 날카롭게 연마해서 사용해야 하는데, 절삭 각도가 낮은 대패를 사용하는 것도 도움이 된다.

그림 1-8. 나이테 면은 어디에도 잘 붙지 않는다. 접착제로 붙인 면이 그대로 다시 분리됐다.

그림 1-9. 나뭇결 면은 서로 잘 붙는다. 억지로 떼내면 접착면 주위의 나무가 쪼개지며 분리된다.

자체보다 강하다. 바꿔 말하면, 목공용 접착제는 나무 섬유를 서로 결합시키고 있는 '천연 접착제'보다 강하다. 이 접착면을 억지로 떼내면 접착면이 아닌 그 옆의 나무가 부서지며 떨어진다(그림 1-9).

빨대 다발 모델 너머

나무의 특성 가운데는 빨대 다발 모델로 온전히 설명하기 어려운 것들도 있다. 이들 특성을 이해하기 위해서는 나무가 어떻게 성장하는지 조금 더 자세히 들여다볼 필요가 있다.

나무 껍질(수피, bark)의 바로 안쪽에 '형성층'이라는 세포층이 있다. 나무의 성장은 이 형성층에서 새로운 세포를 만들어낸 결과다. 형성층에서 새 세포가 만들어지는 속도는 환경 조건의 영향을 받는다. 기온이 적당하고 수분과 영양분 공급이 충분하면 세포가 더 빨리, 크게 자라고 세포벽도 두껍게 형성된다. 반면 지나치게 덥거나 건조한 환경에서는 세포가 잘 자라지 못하며 세포벽도 얇게 형성된다.

계절 변화는 나무 주위의 환경을 바꾸는 주된 요인이다. 나무는 일 년 중에서도 봄에서 가을에 이르는 생장에 적합한 기간 동안 집중적으로 자라는데, 이 기간 중에도 계절의 변화가 있으므로 생장 기간의 초반에 자란 부위—춘재(early wood)—와 후반에 자란 부위—추재(late wood)—는 밀도, 다공성, 색상 등에서 현저한 차이를 보인다. 춘재와 추재가 매년 반복적으로 구분되면서 생긴 결과가 나무의 나이테다.

판재 표면의 나뭇결무늬도 춘재와 추재의 차이로 인해 생긴다. 우리가 나뭇결무늬라고 생각하는 것은 통나무에서 판재를 켜낼 때 나이테가 절단되어 드러난 것이다. 통나무에서 판재를 어떻게 켜내는지에 따라 표면에 드러나는 나이테 절단면의 모양, 즉 나뭇결무늬는 달라진다. (계절 간 차이가 미미한 열대 환경에서는 세포의 성장이 연중 거의 일정하다는 것은 주목할 만하다. 연 단위의 기후 조건 변화도 성장에 영향을 준다. 건조한 해는 습한 해에 비해 나무가 전반적으로 덜 자란다.)

심재와 변재

나무는 바깥쪽으로 세포의 층을 더하며 자란다. 따라서 나무의 중심에는 오래된 세포들이, 바깥쪽에는 비교적 최근에 만들어진 세포들이 분포한다. 나무 안쪽의 오래된 세포들은 어느 시점이 되면 물과 양분의 통로로써의 기능을 잃어버리고 나무를 구조적으로 지탱하는 뼈대와 같은 역할을 하게 된다. 물과 양분을 전달은 바깥쪽의 젊은 세포들의 역할이다. 이처럼 나무의 안쪽에서 구조적으로 기능하는 부위를 심재(heartwood), 바깥쪽에서 도관으로 기능하는 부위를 변재(sapwood)라고 한다. 나무가 살아 있을 때 심재와 변재의 기능적 차이는 대단히 중요하며, 갓 베어낸 상태에서는 함수율의 차이로 나타난다(변재의 함수율이 높다). 그러나 일단 건조를 마친 뒤에는 심재와 변재의 차이는 외관상의 차이(주로 색상) 말고는 없다(그림 1-10).

방사세포와 그 영향

모든 나무세포가 위아래 방향으로 뻗어 있는 것은 아니다. 나무의 중심에서 바깥을 향해 뻗어 있는 세포도 있다. 이를 방사세포라고 하며, 물과 양분을 나무의 안팎으로 전달하는 역할을 한다. 방사세포의 크기 및 눈에 띄는 정도는 나무에 따라 다르다. 어떤 나무에서는 거의 눈에 띄지 않는 반면, 다른 나무에서는 곧은결 제재한(quartersawn) 판재의 특징적 요소가 될 정도로 도드라지기도 한다(그림 1-11). 방사세포는 목재의 재료 특성에도 영향을 미치는데, 이는 다음 섹션에서 자세히 살펴보도록 하자.

무닛결 제재, 곧은결 제재 그리고 추정목 제재

제재소에서 통나무를 제재하는 가장 일반적인 방법은 무닛결로 제재하는 것이다(영어로는 plain-sawn 또는 flat-sawn이라고 표현하며 '판목 제재'라고도 한다). 이렇게 제재하면 판자의 넓은 면에 우리가 흔히 나뭇결무늬라고 생각하는 무늬가 드러나고 양 끝 면에는 나이테가 원호가 중첩되는 식으로 드러난다.

통나무는 곧은결로 제재할 수도 있다('정목 제재'라고도 한다). 이 방식으로 제재하기 위해서는 통나무를 먼저 ¼(quarter)로 켜내야 하는데, 그래서 이 방식의 제재법을 영어로는 quartersawn이라고 한다. 곧은결로 제재한 판자의 넓은 면에는 흔히 생각하는 나뭇결무늬가 아닌 일자로 곧은 무늬가 나타나며, 경우에 따라 방사세포의 단면이 넓게 드러나기도 한다. 양 끝의 나이테 면에는 나이테가 판자의 넓은 면에 수직한 방향으로 짧게 드러난다.

추정목 제재도 있다(영어로는 rift-sawn이라고 표현한다). 나이테 면에서 나이테가 판자의 넓은 면과 45°에서 90° 사이의 각도로 만나는 판자를 추정목 제재목이라고 한다. 추정목 제재목의 넓은 면에는 곧은결로 제재한 판자와 마찬가지로 곧은 무늬가 나타나는데, 방사세포의 단면이 넓게 드러나는 무늬는 잘 나타나지 않는다. 나이테가 판자 면과 45°로 만나는 판자는 테이블이나 의자의 다리로 쓰기에 적합하다. 이를 다시 각재로 켰을 때 각재의 네 면 모두에서 곧은 무늬를 얻을 수 있기 때문이다. 무닛결로 제재한 판자의 모서리에는 곧은결이, 그리고 곧은결로 제재한 판자의 모서리에는 무닛결이 드러난다는 것도 알아두자.

통나무를 무닛결로 제재하는 대표적인 방법 두 가지. 두 번째 방법의 경우 무닛결 제재목뿐 아니라 곧은결 제재목, 추정목 제재목이 모두 섞여서 나온다.

무닛결 제재목의 무늬 패턴

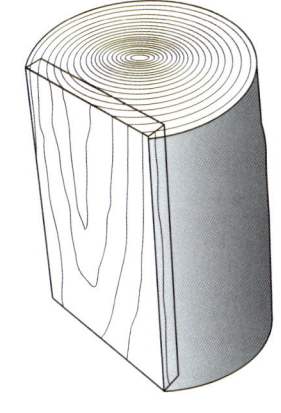

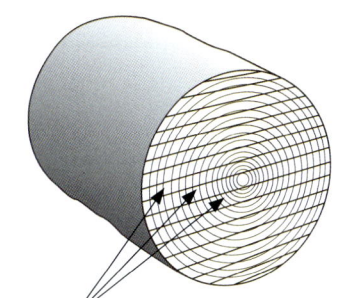

통나무의 가운데에서 켜낸 제재목은 곧은결 제재목이다.

곧은결 제재목의 무늬 패턴

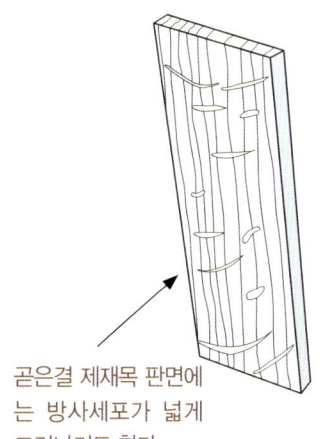

곧은결 제재목 판면에는 방사세포가 넓게 드러나기도 한다.

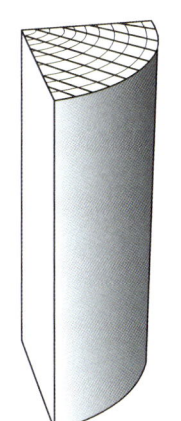 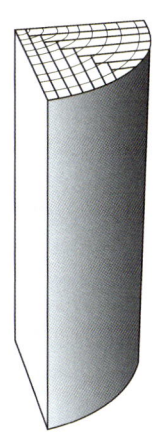

통나무를 곧은결로 제재하는 방법 두 가지. 곧은결 제재목과 추정목 제재목이 섞여서 나온다.

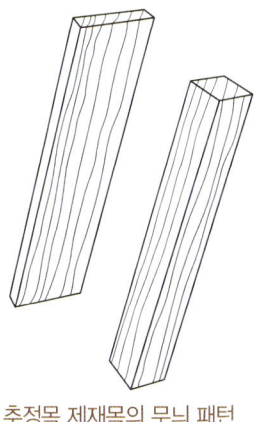

추정목 제재목의 무늬 패턴

그림 1-10. 심재와 변재의 색상 차이. 왼쪽부터 체리, 포플라, 월넛

그림 1-11. 곧은결 제재한 월넛(왼쪽)과 화이트오크(오른쪽). 화이트오크에서는 방사세포가 두드러져 보인다.

목재의 수축과 팽창

목재의 수분 함량을 함수율이라고 하며, 함수율 변화는 목재에 중대한 영향을 미친다(함수율: 목재가 포함하고 있는 수분의 질량을 완전 건조 상태의 목재 질량으로 나눈 퍼센트 값). 목재의 함수율은 대기 습도와 밀접하게 관련되어 있다. 목재가 주위 공기로부터 수분을 흡수하거나 방출함으로써 수분 평형 상태를 유지하려고 하기 때문이다. 이것은 목재의 고유한 특성이며, 목공 작업 시 반드시 고려되어야 하는 특성이다.

일반적으로 갓 벌목하여 제재한 하드우드 판재의 함수율은 60~100% 정도다. 이를 목공 작업에 쓰기 위해서는 함수율이 대략 6~15%가 되도록 건조시켜야 한다. 목재를 상당 기간 공기에 노출시켜 자연 건조하면 함수율 10~15% 수준까지 건조가 가능하다(기후 조건에 따라 차이가 있을 수 있다). 온도와 습도 조절이 가능한 건조기를 이용해서 인공 건조하는 경우에는 통상 6~8% 수준으로 건조시킨다.

빨대 다발 모델을 이용하면 함수율 변화에 따른 목재의 변화를 세밀하게 이해할 수 있다. 나무의 세포는 속이 빈 빨대 모양이다. 세포 각각은 건조되어 수분을 잃으면 쪼그라들고 습한 환경에서 수분을 얻으면 팽창한다. 정확히는 빨대의 빈 속이 아니라 빨대 가장자리, 즉 세포벽이 쪼그라들거나 팽창한다. 이때 세포의 양 끝 길이 방향으로 늘어나거나 줄어드는 양은 미미하다. 반면 옆으로는 세포벽이 불었다 줄었다 하면서 세포가 뚱뚱해지거나 홀쭉해진다. 나무의 세포가 빨대 모양이라서 생기는 일이다. 그런데 이와 같은 세포의 변형은—나무의 중심에서 바깥쪽으로 뻗어 있는—방사세포로 인해 제약을 받는다. 빨대 다발을 중심에서 바깥까지 실로 엮어놓은 것과 비슷하다. 따라서 세포의 변형은 방사 방향보다 나이테와 나란한 방향으로 더 많이 일어난다. 빨대가 뚱뚱해지거나 홀쭉해지되 그 단면이 타원이 된다는 얘기다. 전체적으로 보면 목재의 수축-팽창은 나이테와 나란한 방향으로 가장 많이 일어나고 그에 수직한 방사 방향 변형이 그다음이며, 목재가 자라난 길이 방향의 변형은 거의 없음을 알 수 있다.

목재의 변형에 방향성이 있다는 것은 목공에서 대단히 중요하다. 대부분의 경우 부재를 한 방향으로 늘어놓아서는 가구를 만들 수 없다. 하나의 가구 안에서 부재가 쓰인 방향은 제각각인 것이다. 테이블에서 다리 사이를 연결하는 에이프런 부재의 나무 섬유는 가로로 뻗어 있지만, 다리 부재의 나무 섬유는 세로로 뻗어 있다. 테이블 상판은 테이블의 다른 부재들과 애초에 다른 평면에 속해 있다. 각각의 부재는 어떤 방향으로는 수축-팽창하는 반면 다른 방향으로는 수축-팽창하지 않는다. 그럼에도 불구하고 이 부재들은 한데 잘 붙어 있어야 한다(그림 1-12).

목재의 수축과 팽창은 계절에 따른 습도 변화가 큰 환경에서 목재가 문제를 일으키는 주된 이유다. 사막이나 열대 지방과 같이 비교적 일정한 기후 조건을 유지하는 지역에서는 목재의 변형이 큰 문제가 되지 않는다. 대기 중 습도가 일정할 경우 목재의 수분 함량도 거의 일정하게 유지되어 목재의 변형이 거의 없기 때문이다. 최소한 목재나 가구가 다른 곳으로 옮겨질 때까지는 괜찮다.

목재의 변형과 관련한 또 다른 문제가 있다. 바로 목재가 휘

나무의 수축-팽창 감안하기

나무는 계절의 변화, 정확히는 습도의 변화에 따라 수축하거나 팽창한다. 따라서 나무로 뭔가를 만들 때는 '고정은 하되 수축-팽창은 허용하는 방식'을 취해야 하며 수축-팽창을 못하도록 어딘가에 붙들어놓은 나무는 언젠가 반드시 문제를 일으킨다.

계절 간 나무가 수축-팽창하는 양은 상당하다(역자 주: 우리나라의 경우 1~2% 정도). 또한 나무가 수축하거나 팽창하려는 힘은 나무 그 자체의 강도보다 세다. 주변에서 종종 접하는 곤란한 상황—테이블 상판이 늘어나면서 다리와 에이프런을 분리시켜버린다거나 줄어들면서 상판 자체가 갈라져 버리는 상황, 문짝 프레임 내부의 알판이 늘어나면서 프레임을 연결하는 장부촉을 장붓구멍에서 뽑아버리는 상황 등—은 모두 나무의 수축-팽창을 가로막은 결과다. 가구를 설계할 때 나무의 이와 같은 성질을 감안하는 것은 목공의 기본에 속한다. 관련해서 이 책 32쪽의 '나무의 수축-팽창을 감안한 가구 요소 설계'를 참고하기 바란다.

경험 많은 목공인들도 짜맞춤 결합부에서의 수축-팽창을 간과하곤 한다. 나무와 나무를 잇는 결합에서 양측 나무의 수축-팽창 방향이 일치하는 경우는 거의 없다. 결구법 자체가 대개 서로 다른 각도로 만나는 나무를 결합하기 위해 고안된 방법이기 때문이다.

주먹장 맞춤으로 결합한 테일 쪽 판재와 핀 쪽 판재는 크게 보면 같은 방향(판재의 폭 방향)으로 수축-팽창하지만 각각 판재의 두께 방향 수축-팽창은 방향이 서로 다르다. 그 양이 미미해서 대개는 별 문제가 없지만 말이다.

장부 맞춤에서는 장부촉의 너비 방향 수축-팽창과 장붓구멍의 깊이 방향 수축-팽창 방향이 서로 다르다. 장부의 크기가 제법 크다면 이 차이는 문제가 된다. 촉과 구멍이 서로의 수축-팽창을 제약하기 때문이다. 잘 맞춰 놓은 결합부가 시간이 지나면서 떨어지거나 헐거워지는 것(나무 자체가 갈라지기도 한다)은 이 때문이다.

이와 같은 상황에 대해 경험많은 목수가 취하는 방법은 결합부의 크기, 즉 나무가 서로 다른 방향으로 수축-팽창하게끔 겹쳐지는 부

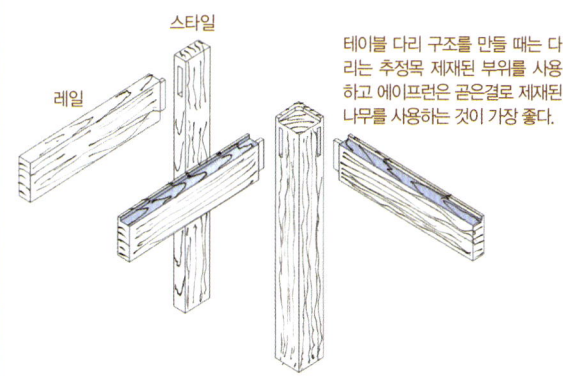

문짝 프레임을 만들 때 곧은결로 제재된 나무를 사용하면 수축-팽창으로 인한 장부의 너비 변화와 장붓구멍의 깊이 변화를 최소화할 수 있다.

테이블 다리 구조를 만들 때는 다리는 추정목 제재된 부위를 사용하고 에이프런은 곧은결로 제재된 나무를 사용하는 것이 가장 좋다.

판재와 판재의 이음(주먹장 맞춤, 사개 맞춤, 띠열장 맞춤 등)에서는 두 판재가 같은 방식으로 제재된 나무여야 한다. 한쪽이 곧은결 제재된 나무라면 다른 쪽도 곧은결 제재된 나무를, 한쪽이 무늿결 제재된 나무라면 다른 쪽도 무늿결 제재된 나무를 써야 한다.

판재를 집성할 때도 수축-팽창을 고려할 필요가 있다. 예를 들어 곧은결 판재와 무늿결 판재를 붙여놓으면 두 판재의 두께방향 수축-팽창량 차이로 인해 약간의 단차가 발생하곤 하며, 장기적으로는 집성 부위가 떨어질 수도 있다.

위의 크기를 제한하는 것이다. 75mm 이내로 하면 큰 문제가 없다고 여기는데, 나무와 목공용 접착제가 어느 정도의 신축성을 가지고 있어서다.

그러나 십수 년의 시간이 지나면 계절과 함께 반복되는 수축-팽창의 어긋남으로 인해 접착제가 기능을 상실하고 맞춤 부위가 떨어져 버리는 것이 일반적이다. 이런 문제를 완전히 해결할 수 있는 방법은 없다. 그러나 결합 부위의 설계에 조금 더 신경을 쓰고, 결합 부위에서의 수축-팽창을 최소화하는 방향으로 나뭇결을 선택해서 쓰는 노력을 하면 두고두고 그 보상을 받게 된다.

거나 갈라지는 문제다. 어쩔 수 없는 경우가 있긴 하지만, 대부분은 목재 고유의 특성을 이해하지 못해서 생기는 것이다.

목재는 도대체 왜 휘거나 갈라질까? 여러 요인이 연관되어 있지만 가장 근원적인 요소는 결국 수분이다.

판재의 두 면 중 한쪽 면의 함수율이 반대쪽과 달라지는 경우를 생각해보자. 이 면은 반대쪽 면 대비 더 팽창하거나 더 수축하는데, 그 상대적 차이가 판재 전체를 휘어지게 만든다. 이 같은 일은 다양한 상황에서 발생한다.

어떤 경우에 판재 한쪽 면의 함수율이 다른 쪽보다 더 높아질까? 정말로 한쪽 면만 물로 적시는 경우를 제외하고 말이다. 쉬운 예로 판재의 어느 한쪽 면에만 마감 도료를 칠하거나 양면의 마감칠을 다르게 하는 경우를 들 수 있다. 마감 도료의 도막층은 목재 표면을 오염이나 스크래치로부터 보호하는 한편 공기와의 수분 교환을 지연시키는 역할을 한다(완전히 차단하

테이블 부재들의 수축과 팽창. 화살표 방향이 주된 수축-팽창 방향이다.

다리 부재는 결을 어떻게 배치하는지에 따라 주된 수축-팽창 방향이 달라진다.

그림 1-12.

나무라는 재료 25

뒤틀림의 유형

나무판자가 뒤틀리는 유형은 크게 네 종류—너비 굽음, 길이 굽음, 측면 굽음, 비틀림—로 나뉜다. 그런데 이것은 다소 개념적인 분류라고 할 수도 있다. 판자가 뒤틀린 모양이 어느 한 가지 유형에만 속하는 경우는 거의 없기 때문이다. 한 판자에 너비 굽음이 있는 동시에 길이 굽음이 있는 식으로 말이다.

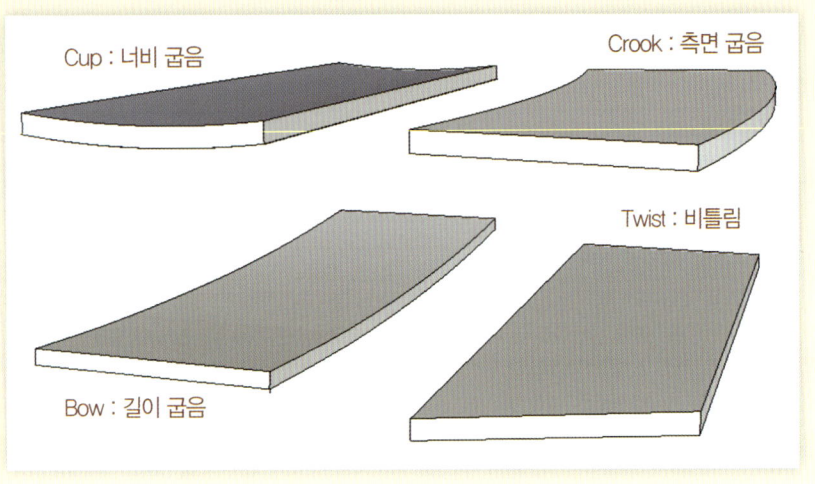

지는 못한다). 판재 양면의 마감이 다르게 되어 있다면, 대기 습도가 빠르게 변할 때 어느 한 면이 다른 면보다 빨리 수분을 흡수하거나 방출하게 된다. 이는 한 면의 나무 섬유가 다른 면의 나무 섬유보다 빠르게 팽창하거나 수축하는 것을 뜻한다. 고정되어 있지 않은 판재라면 휘게 마련이다.

대패 가공도 판재 수분 불균형을 초래할 수 있다. 이를 이해하려면 목재가 건조되는 방식을 자세히 살펴봐야 한다. 목재의 수분은 제재를 마친 바로 그 순간부터 증발하기 시작한다. 목재가 주위의 상대적으로 건조한 공기와 수분 균형을 이루려고 하기 때문이다. 이때 수분 증발이 가장 빨리 일어나는 부위는 목재의 나이테 면이다. 나무 섬유의 끝이 '열려' 있기 때문이다. 따라서 제재한 목재의 나이테 면을 '막는' 것이 중요하다(특수 페인트나 왁스, 그 외 수분을 비교적 잘 차단하는 마감 도료를 주로 사용한다). 그러지 않으면 나이테 면에 인접한 부위가 목재의 다른 곳보다 훨씬 빨리 수축함에 따라 목재의 끝부분이 갈라질 수 있다.

나이테 면을 막아두면 수분의 증발은 목재 표면의 가장 바깥쪽 층으로부터 시작된다. 바깥층이 건조해지면 목재 내부의 수분이 상대적으로 건조해진 바깥층으로 빨려 나오고, 바깥층에서는 또다시 수분이 증발이 일어난다. 이 과정은 목재와 공기 간 수분 평형 상태가 이루어질 때까지 반복되며, 평형에 도달하고 나면 목재 표면에서의 수분 증발은 더 이상 일어나지 않는다.

그러나 환경이 바뀌면 또다시 수분 증발 또는 흡수가 일어나는데, 어느 쪽이든 목재 가장 바깥층의 함수율 변화가 안으로 이어지는 방식이다. 새로운 수분 평형 상태에 도달할 때까지 목재의 내부와 외부는 일종의 불균형 상태에 있게 된다.

이 자체가 문제는 아니다. 사실 대부분의 경우 목재는 계절 변화의 사이클을 따라 불균형 상태에서 대기와 수분을 교환하고 있다. 그러나 만약 판재의 한 면만 대패 가공을 하고 다른 쪽은 하지 않거나, 한쪽만 지나치게 많이 할 경우 판재 양면의 함수율이 서로 다른 상황에 맞닥뜨리게 된다. 한 면은 판재 바깥층의 함수율을 유지하고 있지만, 다른 한 면은 판재 내부의 함수율인 상태로 대기에 노출되는 것이다. 후자는 대기와의 수분 평형 상태를 이루기 위해 수분을 흡수하거나 방출하는데, 그에 따라 추가적으로 팽창 또는 수축을 하게 되고 판재는 휘게 된다(Cupping). 대패 가공 시 양면을 고르게 깎음으로써 이와 같은 현상을 완화시킬 수 있다.

수납장 등 '장'으로 분류되는 가구의 내부와 외부 간에도 함수율 차이가 발생할 수 있다. 장의 외부는 대기 중 습도 변화에 직접적으로 노출된다. 반면 잘 밀폐된 장의 내부는 외부 습도 변화의 영향을 덜 받는다. 문짝과 같이 넓으면서 구조상 어딘가에 붙잡혀 있지 않은 부위가 원목 통판으로 되어 있다면 문제가 생기기 쉽다. 장 내부로 통기가 되게끔 하거나 문짝을 만드는 전통적 방식인 프레임-패널 구조를 활용하여 문제를 해결할 수 있다. 목재 건조 시에도 함수율 불균형으로 인한 문제

목공용 접착제와 나무의 수축-팽창

대부분의 목공용 접착제는 수분을 포함하고 있으며, 접착 부위의 나무는 이 수분으로 인해 일시적으로 팽창했다가 하루 이틀에 걸쳐 수분이 마르면서 다시 수축하는 과정을 겪게 된다. 목공 작업에서 이 팽창과 수축으로 인해 문제가 발생하는 일은 거의 없다. 다만 판재를 집성하는 경우라면 주의를 기울일 필요가 있다. 집성 직후의 접착면 주변은 접착제에서 나온 수분으로 인해 미세하게나마 팽창해 있는 상태다. 집성한 판재의 표면을 대패질이나 샌딩으로 최종 마무리하고자 할 때 이 수분이 말라서 나무가 다시 원래대로 수축할 시간(최소 24시간)을 줘야 한다. 그렇지 않으면 작업을 마친 며칠 뒤 접착 부위가 미세하게 꺼져 있는 것을 발견하게 될 것이다.

이 판재 윗면의 가운데에는 무늿결 제재한 나뭇결이, 양 가장자리 쪽에는 추정목 제재한 나뭇결이 드러난다. 아랫면은 대체로 곧은결 제재한 나뭇결과 추정목 제재한 나뭇결이다. 이와 같은 판재는 주위 습도가 변할 때 위쪽이 아래쪽보다 더 많이 수축하거나 팽창하며 그로 인해 너비 굽음이 생긴다.

그림 1-13.

가 발생할 수 있다. 바로 목재의 끝이나 표면이 갈라지는 문제다. 목재의 어느 한 부분이 다른 부분보다 빨리 건조되는 경우 발생한다. 앞서 목재의 노출된 면 중 끝이 '열려 있는' 나이테 면을 통한 수분 증발 속도가 가장 빠름을 살펴봤다. 나이테 면에 아무런 조치를 취하지 않았다면 목재의 양 끝부분은 인접해 있는 가운데 부분에 비해 더 많이 수축한다. 목재 끝이 갈라지는 이유다. 목재가 건조되면서 수축하려는 힘이 판재를 쪼개버릴 정도로 강하다는 것은 놀랍다. 따라서 목재를 건조할 때는 양 끝을 씰링하는 것이 필수적이며, 이렇게 함으로써 목재가 전체적으로 고르게 건조될 수 있다.

목재의 양 끝을 씰링하더라도 건조 속도가 너무 빠르면 역시 문제가 생긴다. 목재 내부의 수분이 바깥층으로 스며 나올 새가 없이 표면이 빠른 속도로 수축해버리는 것이다. 목재의 내부는 수분을 머금고 원래의 부피를 유지하고 있는 상태에서 표면에서만 수축이 일어나므로 목재 표면에 균열이 발생한다.

나이테와 목재 변형

목재의 나이테 면에는 나이테가 있다. 일부 곧은결 제재한 판재의 경우를 제외하면 나이테 면에서 나이테는 원호 모양으로 관찰된다. 나무의 중심에 가까운 부위에서 켜낸 판재일수록 나이테 원호의 곡률이 큰데, 이 곡률이 클수록 해당 판재의 너비굽음(cupping) 성향도 크다. 이것은 함수율 불균형 때문은 아니지만 어쨌든 수분과 관련된 문제다. 나이테 면에서 나이테 곡률이 크게 나타나는 판재의 양면은 수축-팽창의 측면에서 서로 다른 특성을 보인다. 양면 중 '바깥'쪽 면은 상대적으로 나이테와 나란하게 제재된 모양새다. 반면 '안'쪽 면은 방사 방향을 따라 제재된 모양새다. 이 쪽 면만 놓고 보면 마치 곧은결 제재한 판재처럼 보인다. 목재는 나이테와 나란한 방향으로 더 많이 수축-팽창한다. 따라서 목재가 건조되는 상황에서는 바깥쪽 면이 더 많이 수축하여 나이테 원호가 펴지는 쪽으로 너비굽음이 발생하고, 목재가 수분을 흡수하는 상황에서는 원호의 곡률이 더 커지는 쪽으로 너비 굽음이 발생한다(그림 1-13).

나무의 중심부(the pith) 부근에서 켜낸 목재에는 또 다른 문제가 있다. 나무 중심부는 다른 부위 대비 조직을 구성하고 있는 세포의 특성이 다르다. 수분의 변화에 대해서도 확연히 다른 방식으로 반응한다. 나무 중심의 이러한 부위를 미숙재(juvenile wood)라고 하며 휘고 뒤틀리는 성향이 대단히 크기 때문에 가급적 사용하지 말아야 한다.

환경 요인과 목재 변형

나무가 늘 높고 곧게 자랄 수 있는 것은 아니다. 나무의 성장은 주위의 숲, 뿌리내린 곳의 지형, 기후 등의 영향을 받는다. 이러한 요인들은 독립적으로, 또는 복합적으로 나무가 가만히 성장할 수 없는 환경 조건을 만든다. 한 방향으로 바람이 계속 부는 지역이나 경사지, 또는 토양의 이동이 있는 곳에서 나무는 외부로부터의 물리적인 스트레스를 견디며 자란다. 겉에서 보면 땅에서 비스듬히 자라거나 자라면서 휘어지는 경우가 많다. 이런 나무의 내부는 눌러놓은 스프링마냥 응력이 축적된 상태다.

또한 나무는 빛을 향해 자란다. 주위의 큰 나무가 없어지거나, 빛을 가리던 다른 나무가 더 높이 자라버려서 빛이 드는 조건이 바뀌면 나무는 자라는 방향을 바꾼다. 이 또한 나무의 내부에 응력이 쌓이는 원인이 된다. 나무에서 이와 같이 응력이 축적되어 있는 성장 부위를 응력재(reaction wood)라고 한다. 이처럼 응력이 쌓여 있는 목재 부위는 수분 함량 변화에 대해 다른 '정상적인' 목재 부위와 확연히 다른 비율로 수축-팽창한다. 나무 내부에 쌓여 있던 응력이 목재의 휨, 비틀림을 통해 자신을 드러내는 셈이다. 응력재를 피하려면 큰 옹이가 있는 목재(나뭇가지의 잔해인 옹이 주위에 응력이 쌓인다), 결이 비정상적으로 굽이치는 목재(휘거나 꼬여서 자란 나무에서 켜낸 목재일 수 있다), 무늿결이 양털같이 구불구불한 목재는 우선 피하는 것이 좋다.

불행히도 잘라보기 전에는 응력재인지 아닌지를 구별할 수 없는 경우도 있다. 반으로 가르자마자 목재가 한쪽으로 휜다거나, 안쪽으로 오므라들어 톱날이 끼는 등의 문제가 생긴다. 이런 목재로 할 수 있는 작업은 많지 않다. 이런 목재의 비율이 높지는 않지만, 목공을 하다 보면 언젠가는 접하게 된다. 작업 도

재단표 작성을 통해 작업을 더 잘 이해하기

가구를 만들 때 목재 재단표를 직접 작성해보는 것은 대단히 중요하다. 재단표를 단순히 부재의 크기와 수량을 기입해놓은 표로 생각해서는 안 된다. 그림과 콘셉트에 머물러 있던 가구가 크기와 모양을 가지는 현실적인 무언가로 바뀌는 것은 재단표를 작성하는 과정에서다. 나무의 결을 어떻게 사용할지에 대한 결정도 재단표를 작성할 때 이루어진다. 물론 대부분의 가구 만들기 프로젝트 안내서에는 목재 재단표가 포함되어 있으며 이를 그대로 사용해도 문제는 없다. 그러나 스스로 재단표를 작성해보지 않고 가구를 만드는 것은 자기 생각대로가 아니라 다른 사람의 지시대로 작업을 하는 것과 다름이 없다.

재단표를 작성하기 위해서는 우선 가구의 도면을 다시 한번 검토해야 하는데, 그 과정에서 각각의 부재가 전체 속에서 어떻게 기능하는지를 살펴보게 된다. 나무를 어디에 어떻게 사용할지를 결정하는 것도 이때다. 기능적인 관점에서뿐 아니라 아름다움의 측면에서도 말이다. 특히 나무의 결에 대한 고민이 이루어져야 한다. 바로 이 지점에서 보통의 작업과 멋진 작업이 나눠진다. 만약 나무를 최대한 효율적으로 사용하는 것이 목표라면 그렇게 해도 된다. 그렇게 하는 것도 나무 사용에 대한 나름의 결정을 한 것이다.

재단표 작성의 마지막 단계가 남았다. 결정한 내용들을 표의 비고란에 기입하는 것이다. 이렇게 작성한 재단표는 단순한 표가 아니라 가구를 어떻게 만들지에 대한 자기 생각의 표현이다.

〈서랍이 달린 테이블 제작을 위한 목재 재단표 예시〉

수량	부위	두께×폭×길이(mm)	비고
4	다리	40×40×600	추정목 제재한 각재 사용(사면에 일자 무늬 보이게) 양 측면과 뒷면 에이프런은 장부맞춤으로 연결 전면의 서랍 위 가로대는 반턱 주먹장, 서랍 아래 가로대는 쌍장부맞춤으로 연결
3	에이프런	18×100×340	정목 또는 추정목 제재한 판재 사용 양쪽에 20mm 길이 숫장부 가공. 어깨 간 거리는 300mm
1	가로대(위)	18×40×324	양쪽에 12mm 길이 주먹장 테일 가공. 어깨 간 거리는 300mm
1	가로대(아래)	18×40×340	양쪽에 20mm 길이 숫장부(쌍장부) 가공. 숫장부는 세운 형태(유효 접착면 최대한 확보 목적). 어깨 간 거리는 300mm
1	상판	18×450×450	하나의 제재목에서 자른 판재 3~4토막을 집성해서 사용. 각 판재의 폭은 동일하게 맞추고 무늬가 멋지게 나오도록 판재 선택 및 배열에 신경 쓸 것
1	서랍 앞판	18×64×300	대칭적인 무늬나 독특한 연출을 할 수 있는 나무를 찾아볼 것. 측판과는 반턱 주먹장으로 연결. 안쪽 하단에 서랍 밑판을 끼울 홈 가공(양 끝이 막힌 홈)
2	서랍 측판	18×64×330	메이플 등 결이 튀지 않고 밝은 목재. 안쪽 하단에 서랍 밑판을 끼울 홈 가공(양 끝이 막힌 홈)
1	서랍 뒤판	18×50×300	서랍 측판과 같은 목재 사용. 측판과는 주먹장 맞춤으로 연결하되 앞판–측판 연결 부위보다 주먹장 개수를 하나 적게 할 것

서랍 바닥판 9×323×274mm 측판과 옆판 하단에 홈을 파서 끼움 처리. 바닥판이 뒤로 수축·팽창할 수 있도록 결을 맞출 것.

나무의 결을 잘 맞춰서 쓰기

의자 뒷다리로 쓸 나무의 결은 뒷다리의 굽은 모양과 최대한 나란한 것이 보기에도 좋고 튼튼하기도 하다. 나무의 결이 다리의 굽은 모양을 따라가지 않으면 다리의 어딘가에서는 반드시 '결이 짧은(short grain)' 부위가 생기게 마련인데, 나무의 특성 – 결을 따라 잘 쪼개지는 특성 – 상 이런 부위는 곧잘 부러지곤 하는 취약한 지점이 된다. 프레임-알판 구조의 문짝을 만들 때 프레임은 곧은결 제재한 판자를 사용하는 것이 좋다. 문짝의 프레임에는 화려한 무늿결이 드러나는 것보다 일자의 곧은결이 보이는 것이 더 편안한 느낌을 주며, 프레임 네 귀퉁이의 장부맞춤 부위에서 장부와 장붓구멍의 접촉면이 각기 다른 방향으로 수축-팽창함으로써 발생할 수 있는 문제를 최소화하기 위해서도 곧은결 판자를 쓰는 것이 좋다. 테이블 다리에는 추정목 제재한 나무를 쓰는 것이 좋은데 사방 어디에서 봐도 일자의 곧은결 무늬를 볼 수 있기 때문이다. 또한 다리와 에이프런 사이의 장부맞춤 부위에서 나무의 수축-팽창으로 인해 각 맞춤 부위가 받는 스트레스를 평균적으로 최소화하기 위해서도 추정목 제재한 나무가 좋은 선택이다. 프레임-알판 구조의 알판은 오직 무늬를 따져서 나무를 선택하며(주로 무늿결로 제재한 판자) 북매치 기법을 활용하기도 하는데, 이는 비교적 두껍고 견고한 프레임이 상대적으로 얇은 알판의 힘을 잡아줄 수 있다는 판단하에 하는 선택이다. 이때 알판이 늘어나는 방향에 대해서는 프레임의 홈을 더 여유있게 파서 향후 알판의 수축-팽창에 대비하는 것을 잊어서는 안 된다.

나무에서 곡선을 오려낼 때는 '결이 짧은' 부위가 생기지 않는지 잘 살펴봐야 한다. 결이 짧은 부위는 잘 부러진다.

이 다리는 매우 튼튼하다. 나무의 결이 다리가 굽은 모양을 따라가고 있기 때문이다.

중에 예상치 못하게 휘는 나무가 있다는 것을 알고 있는 것만으로도 큰 도움이 된다. 성장 환경에 특이한 점이 없었던 나무에도 응력재는 있다. 큰 가지가 뻗은 부근은 나무세포가 뻗은 방향 자체가 달라지기도 하지만 인장 응력이나 압축 응력이 쌓여 있기 때문에 이 부분에서 켜낸 목재는 휘거나 뒤틀리는 등의 문제가 생길 가능성이 크다.

결을 살려 작업하기

지금까지 우리는 목재의 물성을 이해하기 위해 나무를 세포 섬유 단위에서 살펴보았다. 간간히 '결(grain)'이라는 표현을 쓰기는 했지만 이를 목재의 물성과 직접적으로 연관시켜 살펴본 것은 아니었다. '결'은 엄청나게 다양한 의미로 사용되는 단어다. 어떤 때는 목재의 물리적인 성질과 관련해서 쓰이기도 하지만 어떤 때는 그렇지 않다. 때로는 우리가 지금까지 논의해온 나무 섬유와 동의어로 쓰기도 하지만, 목재의 절단면에 나이테가 드러난 패턴을 지칭하거나 결함까지도 포함하는 판재의 전체적인 문양의 의미로 사용하기도 한다. 브루스 호들리(R. Bruce Hoadley)는 《목재의 이해(Understanding Wood)》에서 목공에서 쓰이는 '결'의 용례(무려 50가지 이상)를 10개의 카테고리로 분류하고 있다(Long Grain, Side Grain, End Grain, Flat-sawn or Plain-sawn Grain, Quartersawn Grain, Rift-sawn Grain, Curly Grain, Rowed Grain, Highly figured Grain).

나뭇결을 최대한 살려서 작업하는 것은 결을 시각적으로 고려함과 동시에 기능적으로 고려해서 작업하는 일이다. 잘 고른 나뭇결은 시각적인 면에서 작품의 수준을 확 끌어올린다. 한편 각 부재가 전체로 조립되었을 때 기능적인 문제가 없도록 결을 배치하는 것도 중요하다. 다행히도 대부분의 경우 시각적으로 좋은 결이 기능적으로도 좋다.

목재의 색상 변화

목재의 색깔은 시간이 지나면 변한다. 갓 깎아낸 체리의 색깔은 옅은 연어살 색이다. 시간이 지나면 이 색이 짙은 적갈색으로 변하는데, 이 변화는 놀라우며 그 과정을 지켜보는 것은 즐겁다. 반면 퍼플하트의 화려한 보라색과 파덕의 선명한 빨간색은 시간이 지나면 평범한 갈색으로 바뀐다. 이는 썩 달갑지 않은 변화다. 목재의 색이 변하는 것은 빛과 산소에 노출된 결과다. 수종에 따라 그 양상에 차이가 있을 수는 있어도, 색이 변한다는 점은 똑같다. 많은 경우 어두워지는 쪽으로 색이 변하는데(체리, 마호가니), 옅어지는 경우도 몇 있다(월넛). 어떤 수종은 황변하고(메이플, 애쉬) 완전히 다른 색으로 바뀌는 경우도 있다(퍼플하트, 파덕). 직사광선 아래 장기간 노출된 경우에는 대부분 목재가 탈색된다. 목재를 써서 디자인하는 경우 이와 같은 색 변화를 염두에 둬야 한다.

목재를 연결하는 방식 – 결구법

인류 역사에서 목공의 전통은 수천 년 전까지 거슬러 올라간다. 전통 목공 기술은 목재의 재료 특성에 대한 깊은 이해를 바탕으로 목재의 강점을 살려 이용하고, 약점이 드러나는 것은 최소화하는 방향으로 고안되어 정립됐다. 목공의 여러 분야에서 기술 진보를 이루었지만, 엄밀하게 발전했다고 볼 수 있는 것은 목재를 자르는 방법에 관련된 것뿐이다. 현대에 들어 도입된 기술의 다수는 주로 속도, 즉 효율에 관련된 것인데(예: 목심(dowel) 결합) 효과의 면에서는 전통 방식보다 오히려 못한 경우가 많다.

전통 방식이라고 다 옳은 것은 아니다. 수백 년 전—오늘날과 같은 냉난방 시설이 갖춰지기 전—에는 수분 함량과 관련한 목재 변형이 오늘날만큼 중요한 요소는 아니었다. 그럼에도 불구하고 전통 방식으로부터 배워야 할 것은 많으며 오늘날에 와서 문제를 일으키는 몇몇 방식은 피해가면 그만이다.

전통 방식의 목재 결구법은 우리가 지금까지 살펴본 목재의 물성, 즉 목재가 섬유질이라는 것과 수분 함량 변화에 따라 수축하거나 팽창한다는 점에 기초하고 있다. 목재 결구의 기본 원칙은 다음과 같다.

1. 목공용 접착제를 이용해서 나뭇결 면과 나뭇결 면을 맞붙인다(나이테 면은 어디에도 잘 안 붙는다).
2. 유효한 접착면(나뭇결 면끼리의 접착면)을 최대한 확보한다.
3. 가능하면 양쪽이 구조적으로도 서로 맞물리게 한다(예: 주먹장 맞춤).
4. 목재 수축–팽창이 결구부에 미치는 영향을 최소화한다.
5. 쇼트그레인(short grain)을 피한다.
(32쪽의 '나무의 수축–팽창을 감안한 가구 요소 설계' 참조)

고정철물이나 나사못을 이용하여 목재를 결합하는 경우에도 이 기본 원칙들을 기억할 필요가 있다. 고정철물은 위의 목재 결구의 기본원칙 3번을 따르기 위한 수단의 하나일 뿐 나무가 가진 성질을 모두 없애버리는 마술이 아니다. 따라서 나머지 원칙들도 여전히 중요하다.

목재에 못을 박을 때의 양상은 못의 모양, 못을 박는 방향(섬유의 방향에 대한 상대적인 방향) 그리고 못을 박는 위치에 따라 다르지만, 대개는 못의 뾰족한 끝이 목재 표면의 나무 섬유를 끊거나 헤집고 들어간 뒤 그 이후로는 쐐기처럼 주변의 섬유를 눌러서 벌리면서 못이 박힌다고 볼 수 있다.

못을 이용해서 결 방향이 서로 다른 두 개의 부재를 고정하

나무 표면의 눌린 자국 없애기

짓눌려진 나무 섬유에 수분을 가하면 섬유가 팽창하면서 원상태로 회복되는데, 이를 이용해서 나무 표면의 찍히거나 눌린 자국을 수선하기도 한다. 수분에 열을 더해 증기의 형태로 나무에 가하면 더욱 효과적인데, 눌린 부위가 작다면 해당 부위에 물을 한두 방울 떨어뜨린 후 다리미의 뾰족한 끝이나 전기인두로 물방울에 열을 가하면 되고, 눌린 부분이 비교적 넓다면 천을 물에 적셔 해당 부위를 덮은 뒤 그 상태로 옷을 다리듯 다리미로 천에 열을 가하면 된다. 주의해야 할 점이 있다. 눌린 자국이 부풀어 오르면 바로 사포질이나 대패질로 표면을 마무리 정리하지 말고 수분이 완전히 마를 때까지 충분히 기다린 뒤 후속 작업을 하도록 한다. 서둘러 사포질이나 대패질을 해버리면 수분이 마르면서 해당 부위가 다시 조금 가라앉을 수 있다.

표면 눌림은 공방에서 늘 발생하는 문제다. 나무가 수분을 흡수하면 팽창하는 성질을 이용해서 수선할 수 있다.

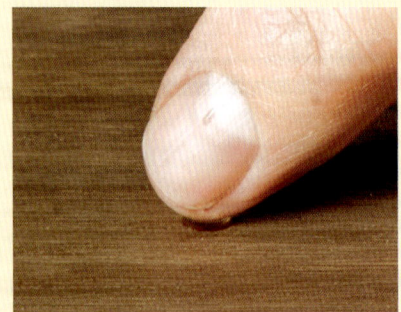

눌린 부위에 물을 한두 방울 떨어뜨린다.

열을 가하면 눌린 부위가 금세 회복된다.

나무와 나무를 결합하는 방법들

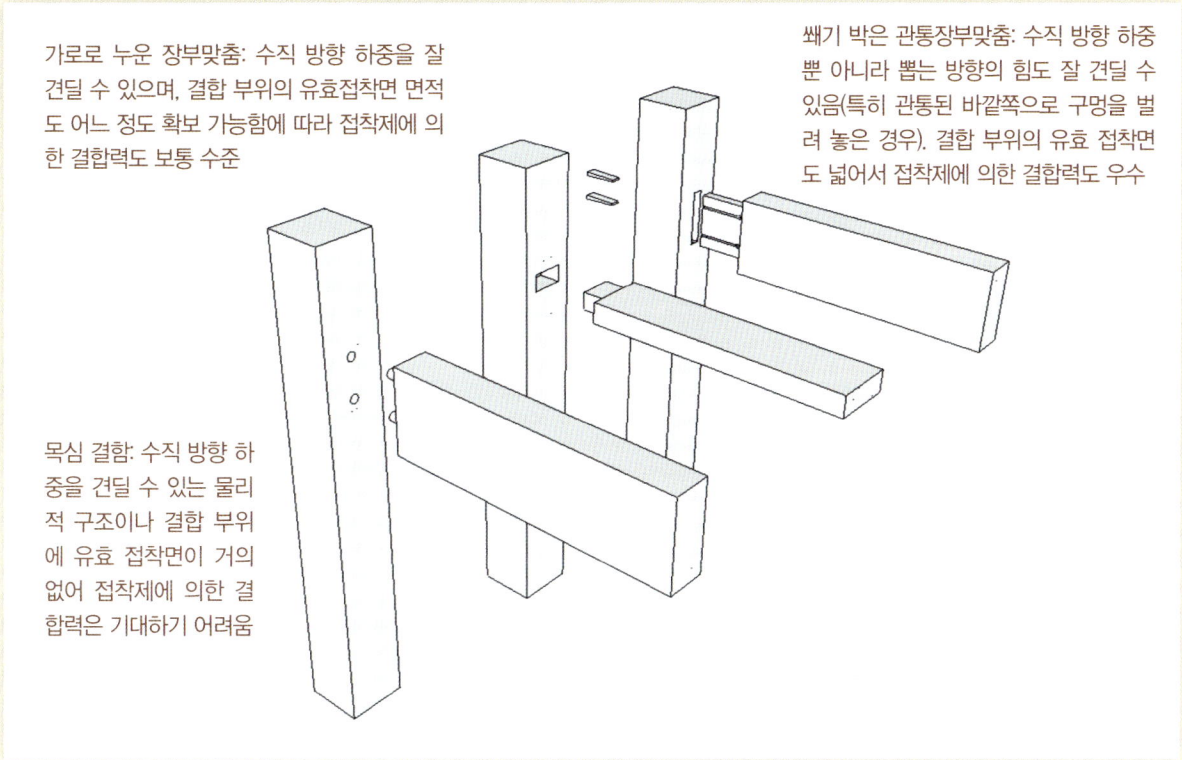

가로로 누운 장부맞춤: 수직 방향 하중을 잘 견딜 수 있으며, 결합 부위의 유효접착면 면적도 어느 정도 확보 가능함에 따라 접착제에 의한 결합력도 보통 수준

쐐기 박은 관통장부맞춤: 수직 방향 하중 뿐 아니라 뽑는 방향의 힘도 잘 견딜 수 있음(특히 관통된 바깥쪽으로 구멍을 벌려 놓은 경우). 결합 부위의 유효 접착면도 넓어서 접착제에 의한 결합력도 우수

목심 결합: 수직 방향 하중을 견딜 수 있는 물리적 구조나 결합 부위에 유효 접착면이 거의 없어 접착제에 의한 결합력은 기대하기 어려움

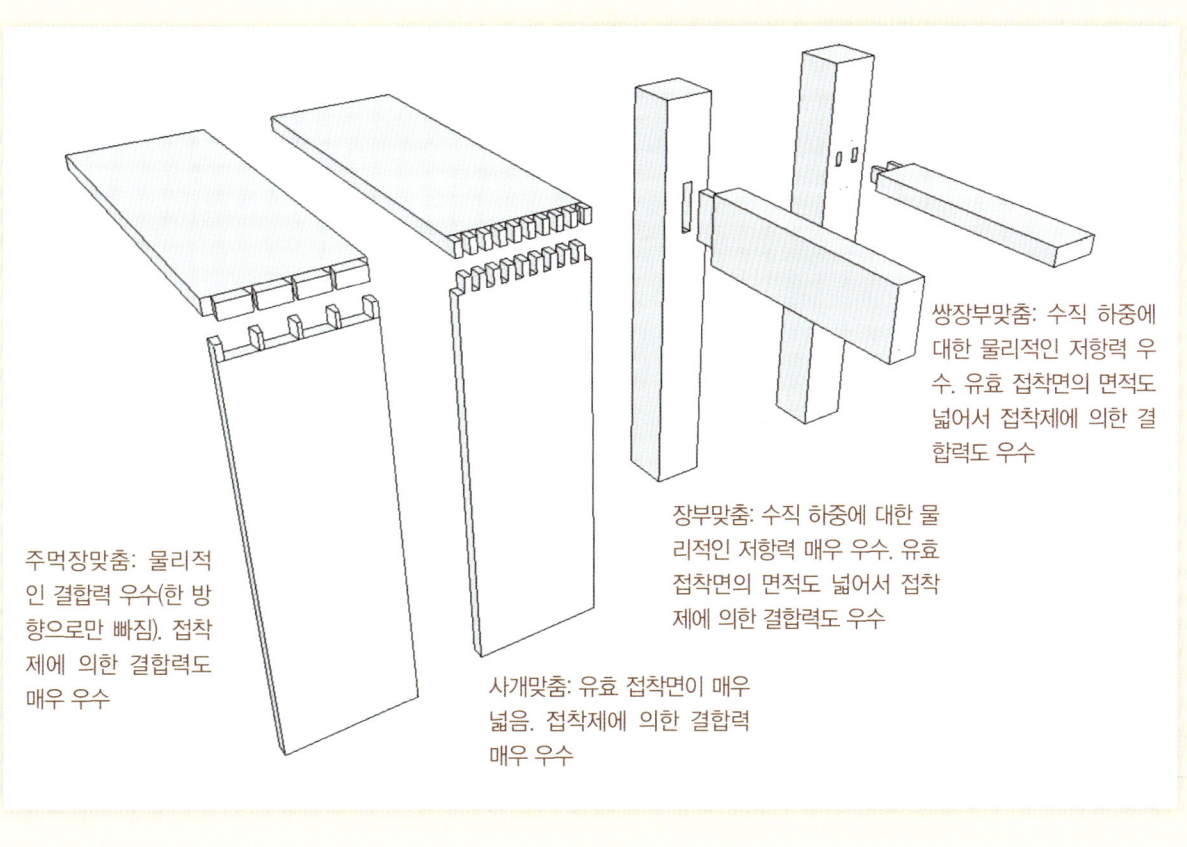

주먹장맞춤: 물리적인 결합력 우수(한 방향으로만 빠짐). 접착제에 의한 결합력도 매우 우수

사개맞춤: 유효 접착면이 매우 넓음. 접착제에 의한 결합력 매우 우수

장부맞춤: 수직 하중에 대한 물리적인 저항력 매우 우수. 유효 접착면의 면적도 넓어서 접착제에 의한 결합력도 우수

쌍장부맞춤: 수직 하중에 대한 물리적인 저항력 우수. 유효 접착면의 면적도 넓어서 접착제에 의한 결합력도 우수

나무의 수축-팽창을 감안한 가구 요소 설계

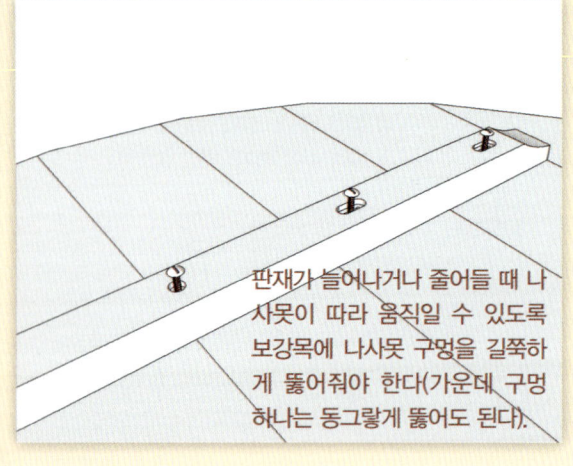

판재가 늘어나거나 줄어들 때 나사못이 따라 움직일 수 있도록 보강목에 나사못 구멍을 길쭉하게 뚫어줘야 한다(가운데 구멍 하나는 동그랗게 뚫어도 된다).

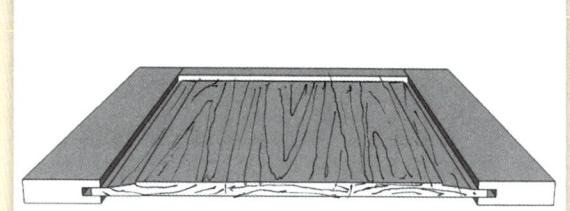

알판의 수축-팽창을 감안해서 알판이 늘어나는 쪽의 홈을 조금 더 여유 있게 판다. 알판을 프레임에 접착제로 붙이는 것은 금물이다. 알판은 프레임 안에서 놀아야 한다(위치를 잡을 목적으로 가운데만 접착제나 핀으로 고정하는 것은 괜찮다).

L자 모양 테이블 버튼(요즘의 Z자 철물)은 테이블 상판의 수축-팽창을 허용하면서도 상판을 에이프런에 밀착 고정할 수 있는 훌륭한 부속이다.

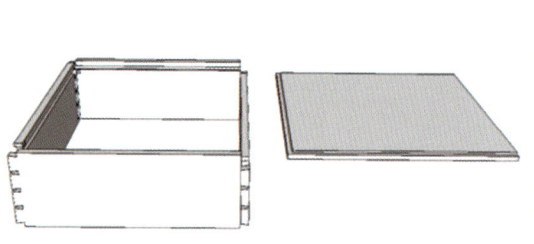

서랍 밑판으로 합판이 아닌 원목을 사용한다면 서랍 뒤쪽 하단을 터서 밑판이 뒤로 늘어날 수 있도록 해주어야 한다. 밑판의 결 방향도 그에 맞춰야 함은 물론이다.

는 경우 계절 변화에 따라 각각의 부재가 서로 다른 방향으로 수축-팽창할 것이라는 점을 유념해야 한다(애초에 이런 상황을 만들지 않는 것이 최선이다). 수축-팽창하는 양이 많지 않다면 못 주변의 나무 섬유가 좀 더 압축되거나 못이 약간 빠져나오면서 변형량을 커버할 수 있다. 그러나 이 같은 작용으로 인해 결합부는 헐거워진다.

결합력은 못보다 나사못이 낫다. 그러나 이는 목재의 나이테 면이 아닌 나뭇결 면(섬유의 옆으로)에 박는 경우에 한해서다. 앞선 예와 같은 상황에서의 목재의 변형과 관련해서는 나사못은 유연성이 떨어진다. 주위의 나무 섬유가 압축되는 것은 못을 사용했을 때와 마찬가지이지만 나사못은 잘 빠져나오지 않기 때문이다. 이런 경우에는 나사못 머리 쪽의 구멍을 목재의 수축-팽창 방향을 고려해서 길쭉하게 뚫어주는 것이 가장 좋다(위의 그림 참조).

나사못도 시간이 지나면 헐거워진다. 쇠는 계절 간에 변화가 없지만 나무는 변한다. 습도가 높은 계절에 나무 섬유는 대기에서 수분을 흡수하며 팽창하려고 한다. 그러나 쇠로 된 나사못이 나무 섬유의 팽창을 가로막고 있기 때문에 섬유가 부분적으로 짓눌린다. 특히 나사산과 나사산 사이에 있는 섬유에 이런 일이 생긴다. 건조한 계절이 돌아오면 나무 섬유는 수분을 방출하며 수축하려고 한다. 그런데 이미 짓눌린 상태에서 수축하게 되므로 나사못이 헐거워진다.

나사못을 목재의 나이테 면에 박는 것은 썩 좋지 않다. 나사못을 박을 때 나사산이 나무 섬유를 잘게 끊어버리기 때문이다. 나무의 내부에서 짧은 결(short grain) 상황이 발생한 셈이다. 이렇게 짧게 끊어져 있는 섬유들은 주위의 나무 섬유로부터 쉽게 분리된다. 나사못를 너무 세게(전동드릴의 토크를 너무 높여서) 조이거나 나사못에 못을 뽑는 방향으로 힘을 가하면 나사가 안에서 헛돌아버리거나 나사가 생각보다 쉽게 뽑혀 나오는 것이 바로 이 때문이다. 그런데 우리가 나사못에 바라는 것은 잘 뽑히지 않는 것이다. 따라서 나이테 면에 나사못을 박는 것은 썩 좋은 선택이 아니다. 해결 방법이 하나 있다. 못이 박히는 뒤쪽 판재에 결 방향을 가로질러 목심을 하나 박은 뒤, 이 목심에 나사못을 박으면 된다. 목심의 나무 섬유는 나사산에 의해 절단되지 않으므로 나사못이 빠지지 않도록 잘 잡아줄 것이다(그림 1-14).

못이든 나사못이든 가장자리에 너무 가까이 박으면 판재가 갈라질 수 있다. 못을 박은 바깥쪽 나무는 짧은 결 상황이다. 나무 섬유가 압축되면서 못이 박힐 자리를 내어주기보다 쪼개지거나 떨어져 나가기 쉽다.

목재의 변형 대처하기

목재 변형에 대처하는 가장 좋은 방법은 작업의 시작 단계에서부터 이를 염두에 두는 것이다. 이 단계는 목재를 고르기도 전에 시작된다. 작품의 디자인을 신중히 살펴서 목재의 '결'을 어떻게 쓰는 것이 시각적, 구조적으로 가장 좋은지 결정해야 한다. 그리고 그 내용을 목재 커팅 리스트에 메모해둔다. 그러면 어떤 목재가 필요하며 어느 목재를 어느 부위에 사용할지 분명한 생각을 가지고 목재를 고를 수 있다.

어떤 목재를 골라야 할까? 우선 문제가 생길 가능성이 높은 목재는 피한다. 나이테 면을 살펴 나이테 곡률이 너무 큰 목재는 제외하고, 다른 면도 살펴 결이 제멋대로인 목재도 제외한다. 비교적 휨이 덜하고, 무늿결이 고른 목재를 고르는 것이 좋다. 디자인상의 이유로 독특한 무늬의 목재가 필요한 것이 아니라면 말이다. 목재를 나이테 면 쪽에서 길게 쳐다보면(운전을 할 때 멀리 보듯) 휨 여부를 판단하기 쉽다. 목재를 길게 잘라서 써야 한다면 굽은 목재는 피한다. 반면 목재를 짧게 잘라서 쓰고자 한다면 길이굽음이 약간 있어도 괜찮다.

만약 작품의 특정 부위에 특정한 나뭇결무늬를 사용하길 원한다면 제재목의 어떤 부위를 가구의 어디에 사용할지 생각해봐야 한다. 종이 위에든 나무에든 실제로 그려보는 것이 좋다. 몇 번만 해보면 이렇게 하는 것이 얼마나 좋은 결과를 가져오는지 알게 될 것이다. 간단한 예로 무늿결 제재목의 양 가장자리는 가구 다리 용도로 쓰기 좋다. 나이테 면에서 봤을 때 나이테가 판면과 45° 각도를 이루는 곳을 잘라 쓰면 다리의 네 면 모두에서 곧은 나뭇결을 얻을 수 있기 때문이다.

본격적으로 작업을 시작하기 전에 목재가 환경에 적응할 시간을 주는 것도 중요하다. 이때의 '환경'은 작업실의 환경이 아니라 가구가 실재로 사용될 곳의 환경이어야 한다. 작업실 환경이 일반적인 실내 환경과 비슷하다면 통풍이 잘되도록 하여 작업실에 쌓아두기만 해도 된다. 목재 사이에 얇은 쫄대를 받쳐서 쌓아두면 된다(그림 1-15). 만약 작업 공간이 습도가 높은 지하실이나 지붕만 있는 야외 작업장이라면(작업장 환경이 일반적인 실내 환경과 다르다면) 어떻게든 목재를 통제된 환경에 뒀다가 작업하는 것이 좋다. 가구가 놓일 곳이 지하실이 아니라면 말이다. 적절하게 건조된 목재는 1~2주 정도 놓아두면 주위 환경에 적응을 한다(주변 공기와의 수분 교환을 통해 적절한 수분 평형 상태에 도달한다).

목재를 대패로 가공하다 보면 내재되어 있던 응력이 풀리면서 휘거나 뒤틀리는 경우가 있다. 최종 두께까지 가공을 마친 목재의 추가 변형은 매우 곤란한 일이다. 이와 같은 문제는 목재를 목표 두께보다 약간 여유 있게 가공한 뒤 목재가 안정되도록(새로운 평형 상태에 도달하도록) 며칠 기다렸다가 다시 가공하는 방법으로 해결할 수 있다. 가구에 들어갈 모든 부재를 이렇게 '더블밀링(double milling)'할 수는 없지만 문짝 프레임과 같이 휘어져서는 안 되는 중요한 부위를 가공할 때는 이렇게 하는 것이 좋다.

그림 1-14. 나사못이 목심을 관통해서 박혀 있다. 이렇게 하면 나사산이 목심의 나무 섬유에 걸려서 잘 빠지지 않는다.

그림 1-15. 나무 사이를 띄어 놓아야 나무가 주위의 습도 환경에 적응할 수 있다.

Chapter 02

몸을 효과적으로 쓰는 방법

목공 작업을 하는 자신의 '자세'에 대해 생각해본 적이 있는가? 정확한 톱질, 섬세한 끌질을 하는 데 좋은 톱과 끌을 갖추는 것보다 중요한 것이 좋은 자세를 갖추는 것이다. 작업 목표를 구현하기 위해 가장 먼저 사용하는 근원적 도구는 톱과 끌이 아닌 우리의 몸이기 때문이다. 사람의 몸은 지레, 도르래, 지주, 경첩 등으로 구성된 복합적인 기구다. 당신이 몸을 어떻게 사용하느냐는 작업의 과정과 결과에 직접적인 영향을 미치며, 몸은 실제로 당신이 가지고 있는 그 어떤 '외부'의 도구보다 더 중요하다.

목공 작업에 몸을 잘 사용하기 위해 근육량을 키운다든지 근지구력을 강화할 필요는 없다. 주의를 기울여야 하는 부분은 균형, 효율, 정렬 상태, 컨트롤이다. 이런 개념을 잘 이해하고 습득할 때 신체를 최대한으로 활용할 수 있을 뿐 아니라 기술의 수준 또한 한 단계 끌어올릴 수 있다.

도구든 운동이든 처음 써보고 처음 해보는 것도 금세 잘하는 사람들이 있다. 반면 어떤 사람들은 새로운 도구나 운동을 익히는 것을 힘들어한다. 뭐든 금세 잘하는 사람들은 대개 자신의 신체와 그 작동 방식에 대한 이해가 높은 사람들이다. 대체로 이 같은 능력은 타고나야 하는 재능으로 치부된다. 그러나 적어도 목공에서만큼은 누구나 배울 수 있으며 향상시킬 수 있는 능력이다.

목공을 잘하느냐 못 하느냐는 결국 컨트롤의 문제다. 구체적으로는 도구에 대한 컨트롤이다. 도구에 대한 컨트롤이 극대화되었을 때 최상의 작업이 이루어진다. 나무를 자르고 다듬어서 원하는 형태로 완성하기 위해서는 나무 또는 도구에 힘을 가해야 한다. 중요한 것은 컨트롤된 방식으로 힘을 주어야 한다는 것이다. 어떻게 하면 힘을 잘 컨트롤할 수 있을까? 두 개의 열쇠가 있다. 첫째는 몸의 위치와 자세다. 그리고 둘째는 당신이 몸을 사용하는 방식이다. 두 개의 열쇠를 모두 사용해야 문을 열 수 있을 것이다.

목공과 자세

운동선수들은 경기 능력을 향상시키기 위해 자세를 개선하는 훈련을 한다. 각 종목에서 위대한 성과를 낸 선수의 자세는 대개 힘을 효율적으로 잘 활용할 수 있고, 운동에 대한 통제력을 높일 수 있는 보편적인 운동 방식에 가까우며, 그런 자세-야구방망이나 골프 클럽을 휘두르는 자세, 수영의 스트로크 자세, 농구의 슈팅 자세, 자전거 페달을 밟는 자세-를 익힘으로써 스포츠를 배우고 경기력을 향상시키는 것은 선수뿐 아니라 일반인들에게도 일반적인 훈련 방법이 되었다.

목공의 자세에 대해 이야기하는 사람은 많지 않지만, 운동 못지않게 목공에서도 자세가 중요하다. 몸을 어떻게 쓰느냐는 목공의 모든 면에 영향을 미친다. 자세가 좋으면-몸을 적절한 방법으로 사용하면-힘을 효과적으로 쓸 수 있으며 작업에 대한 통제 능력과 정확도 향상된다. 더 안전하게 작업할 수 있음은 물론이다. 반면 자세가 좋지 않으면 작업에서 이런 것들을 기대하기가 어렵다.

그런데 자세는 톱질이나 끌질, 대패질 같은 수공구 작업에서만 중요한 것이 아니다. 수압대패나 라우터, 테이블쏘와 같은 기계를 이용한 작업에서도 자세는 마찬가지의 이유로 중요하다. 게다가 기계작업에서는 자세가 작업 안전과 직결되어 있기도 하다.

균형 잡힌 자세

목공 작업은 균형 잡힌 자세를 필요로 한다. 작업을 위해 취해야 하는 동작 간에 몸의 중심을 잃지 않게끔 하는 자세면 좋다. 물론 그냥 두 발을 모으고 서 있는 것도 균형 잡힌 자세다. 중심을 잃고 넘어지거나 하지 않으니 말이다. 그러나 그것은 가만히 서 있을 때의 이야기다. 두 발을 모으고 선 자세로는 다양한 동작 간에 균형을 잡기가 어렵다. 목공 작업을 위한 자세는 좀 더 유연하게 여러 동작과 상황에 대응할 수 있는 자세여야 한다. 발을 앞뒤로 어깨너비 정도로 벌리고 앞의 발은 정면을, 뒤의 발은 45°에서 60° 정도 바깥을 향하게 해서 서보자(그림 2-1). 무릎은 살짝 구부리되 엉덩이를 뒤로 빼서는 안 된다. 이 자세는 몇몇 스포츠 종목의 기본 자세와 매우 비슷하다. 태권도 코치인 아들의 말에 따르면 이 자세가 태권도의 겨루기 기본 자세와 똑같다고 한다. 이 자세는 모든 방향의 다양한 동작을 중심을 잃지 않고 해낼 수 있는 자세다. 목공방에서 이루어지는 거의 모든 작업 동작이 이 자세의 덕을 볼 수 있다. 이제부터 이 자세를 '목공 기본 자세'라고 부르기로 하자.

목공 기본 자세가 하고자 하는 작업과 잘 맞지 않으면 어떻게 할까? 그럴 때는 작업물에 더 가까이 다가서보자. 내 몸의 균형을 유지할 수 있는 거리 안에서 작업이 이루어지게 하는 것, 균형을 유지할 수 없는 거리에서는 작업하지 않는 것이 포인트다. 작업대에 몸을 붙여 기대는 것도 좋다. 발이 하나 더 늘어난 것과 같이 안정성이 높아지고 작업을 더 잘 컨트롤할 수 있게 된다(그림 2-2). 때에 따라 작업대 다리에 발을 걸고 작업하기도 한다. 이렇게 하면 어떤 방식으로의 힘을 더 잘 줄 수 있다. 수압대패나 테이블쏘와 같은 목공 기계 작업도 다르지 않다.

기계에 몸을 바짝 붙여서 기대거나 다리를 감음으로써 작업에 필요한 안정성 또는 힘을 확보할 수 있다. 목공에 처음 입문하였거나 아직 기계를 무서워하는 사람들은 보통 기계에서 멀리 떨어지려고 한다. 그러나 바짝 다가서는 것이 훨씬 효율적이고 안전한 작업 방식이다.

자세 못지않게 중요한 것이 작업물을 고정하는 방식이다. 실은 이 둘은 따로 떼서 생각할 수 없는 관계다. 좋은 자세에서 작업할 수 있도록 작업물을 바꿔 고정하는 것을 귀찮아해서는 안 된다. 부재를 높이거나 낮추거나, 또는 방향을 돌려서 고정하는 데 단 몇 초의 시간만 들이면 훨씬 편안한 자세로 작업할 수 있다. 편안한 자세는 허리의 통증을 줄여줄 뿐 아니라 작업의 정확성도 향상시켜준다. 작업물의 위치와 자기의 자세를 수시로 확인하는 습관을 가져야 한다. 조금만 신경 쓰면 불편한 자세로 자기를 고문하지 않아도 된다.

어떤 경우든 몸의 균형을 유지할 수 있는 범위 바깥에서 작업해서는 안 된다. 작업에 대한 컨트롤을 놓치는 것은 물론이고 매우 위험한 상황에 처할 수 있다.

이동 간의 균형

한자리에 가만히 서서 할 수 있는 목공 작업은 많지 않다. 우리는 작업 간에 몸의 위치를 바꾸게 된다. 손에 도구나 나무를 든 채 이동하는 것은 목공이라는 행위의 중추다. 목공에서의 몸의 이동은 부드럽고 안정적이며 균형 잡히고 컨트롤된 방식으로 이루어져야 한다. 이것은 그냥 걷는 것과는 다르다. 작업하기 위해 작업대 앞에 선 것이 길가에 그냥 서 있는 것과는 다르듯 말이다. 이동 간에 균형을 유지하기 위해서는, 특히 무거운 판재나 공구를 섬세하게 컨트롤하며 움직이기 위해서는 몸의 무게중심을 낮게 유지해야 한다. 또한 한쪽 발에서 다른 쪽 발로 무게중심을 부드럽게 옮겨가야 한다. 무릎을 살짝 굽히는 것이 도움이 된다. 테이블쏘에서 큰 판재를 켤 때 판재 모서리를 저 멀리 있는 조기대(켜기 펜스)에 밀착시킨 채 이동하는 경우나 긴 판재를 손대패로 대패질하기 위해 대패에 가하는 양손의 압력을 컨트롤하며 이동하는 경우가 여기에 해당한다.

관절의 동작 방식과 목공

신체의 기구적인 동작 방식을 아는 것도 중요하다. 우리의 관절은 각각 특정한 방식으로만 펼쳐지고 돌려진다. 예를 들어 팔꿈치는 한 방향으로 180°까지만 펼칠 수 있는 경첩이라

그림 2-1. 목공 기본 자세

그림 2-2. 작업대나 기계에 신체 일부를 붙이면 자세가 더 안정된다.

고 볼 수 있는데, 제한된 범위 안에서는 팔뚝을 제자리에서 돌리는 것도 가능한 복합 경첩이다. 어깨는 팔을 휘돌리거나 제자리에서 이리저리 틀 수 있는 기구 장치다. 우리 몸의 움직임은 각 관절의 기구적 동작 특성의 제약을 받는다. 우리가 어떤 동작은 자연스럽게 할 수 있지만 어떤 동작은 잘할 수 없는 원인이 여기에 있다.

이러한 몸의 동작 특성을 목공 작업에 이용할 수도 있다. 샌딩이 대표적인 예다. 우리는 샌딩 스크래치를 나뭇결에 숨기기 위해 나뭇결 방향에 맞춰 샌딩을 한다. 그런데 판재를 가로로 두고 손을 좌우로 움직여 샌딩을 하면 어깨 관절의 기구적 특성으로 인해 손이 원호를 그리며 움직여지기 쉽다(그림 2-3). 이렇게 해서는 부분적으로 결을 가로지르는 방향의 스크래치

목공 기본 자세

작업대나 기계 앞에 서는 자세를 목공 기본 자세로 바꾼다고 해서 당장 어떤 변화―작업이 갑자기 잘된다거나―가 생기지는 않을 것이다. 그러나 많은 숙련된 목공인들이 작업을 할 때 부지불식간에 목공 기본 자세와 비슷한 자세를 취하는 데는 그만한 이유가 있다. 그런 자세가 목공 작업 도중에 다양한 동작을 취하기에 알맞으며 실제로 효과적이기 때문이다. 톱질, 끌질, 대패질을 할 때뿐 아니라 테이블쏘나 수압대패, 밴드쏘 등의 기계 작업을 할 때도 마찬가지다.

그렇다고 모든 작업을 목공 기본 자세로 하라는 것은 아니다. 작업 중에 몸을 잘 사용하려고 노력하다 보면 수렴되는 지점들이 몇 가지 있는데, 목공 기본 자세는 그중 하나다. 자세를 갑자기 바꾸려고 노력하기보다는 본질적인 것에 신경을 더 써보도록 하자. 힘이 덜 드는 자세가 뭔지, 어떤 자세일 때 동작이 더 자연스러운지, 작업을 통제하는 데 어떤 자세가 도움이 되는지에 관심을 기울이면서 작업 방식을 조금씩 바꿔보다 보면 어느새 자기 자세가 목공 기본 자세와 비슷해져 있음을 발견하게 될 것이다.

몸을 효과적으로 쓰는 방법　37

그림 2-3. 좌우 방향 사포질은 원호 모양이 되기 쉽다. 손을 좌우로 움직이기 위해서는 어깨 관절을 중심으로 팔을 '돌려야' 하기 때문이다.

가 생기는 것을 피할 수 없다. 물론 어깨뿐 아니라 팔꿈치와 손목 관절까지 적절히 이용하면 사포가 일직선 위에서 움직이도록 할 수 있을 것이다. 이를 위해서는 다소의 연습이 필요한 것은 물론 작업 중에 집중력을 놓쳐서도 안 된다. 보다 자연스러운 해결 방식은 판재를 세로로 놓고 앞뒤로 움직여 샌딩하는 것이다. 이렇게 하면 집중하지 않아도 결을 따라 일직선으로 샌딩할 수 있다.

앞뒤로 움직이는 동작에도 문제는 있다. 손을 앞뒤로 움직일 때 바뀌는 것이 있다. 바로 각도다. 손이 몸 쪽으로 가까이 오면 손목이 꺾이고, 몸에서 멀어지면 손목이 펴지는 것은 각도의 변화 때문이다. 이것은 샌딩에서는 별문제가 아니다. 그러나 끌이나 대팻날을 지그를 사용하지 않고 연마하는 상황에서는 문제가 된다. 손의 각도가 바뀌면 연마 각도도 바뀌기 쉽기 때문이다. 물론 여기에도 해결책은 있다. 손을 포함한 상체 전체를 고정한 채로 하체만 이용해서 앞뒤로 움직이면 된다.

어깨 관절의 동작 특성(팔이 관절을 중심으로 원호로 움직이는 특성)을 이용하고 있는 경우도 있다. 그므개를 몸 쪽으로 당겨서 선을 그으면 그므개가 부재에 자연스럽게 밀착이 되는데, 손이 원호를 그리며 움직이는 경향 때문에 생기는 일이다. 그므개를 쓰는 상황에서는 그럴 일이 없지만 칼날 대신 뾰족한 핀을 사용하는 마킹게이지를 이용할 때 몸 반대쪽으로 밀어서 선을 그어보면 같은 이유로 인해 마킹게이지를 부재에 밀착시키기가 어렵다는 것을 느끼게 될 것이다.

힘, 컨트롤 그리고 얼라인먼트

목공의 모든 동작에서 힘과 컨트롤은 별개다. 힘은 대체로 하체를 이용해서 주고 컨트롤은 주로 손과 팔을 이용해서 한다. 당연히 힘과 컨트롤이 완전히 따로 갈 수는 없다. 힘은 결국 복부와 팔을 지나 손가락 끝을 통해 전달된다. 그럼에도 신체 부위를 힘을 담당하는 부분과 컨트롤을 담당하는 부분으로 나눠서 생각하면 힘을 쓰고 컨트롤하는 데 큰 도움이 된다.

힘과 컨트롤을 연결하는 가장 중요한 요소는 정렬(alignment)이다. 정렬이 잘되면 힘이 낭비되지 않는다. 무거운 물체를 밀어서 옮기는 경우 물체의 바로 뒤에서 이동시키고자 하는 방향으로 직접 미는 것이 가장 효과적이라는 것은 누구나 다 알고 있다. 반면 옆으로 비켜서서 삐뚤게 밀어서는 힘을 온전히 전달할 수가 없다. 목공 작업에서도 마찬가지다.

적절한 정렬은 정확성도 높여준다. 손끝까지 이어지는 일련의 관절들은 당신이 원하는 동작을 하기 위해 대단히 유연하게 움직일 수 있다. 그러나 관절이 많다는 것, 즉 컨트롤해야 하는 부분이 많다는 것이 동작을 정확하게 하기 어렵게 만드는 이유이기도 하다. 물론 이것도 연습을 하면 된다. 그러나 일반적으로는 같은 동작을 하는 데 컨트롤해야 하는 관절의 수를 최소화하는 것이 동작을 정확하게 컨트롤하기에 더 좋다. 또한 이렇게 했을 때 낭비되는 힘이 없다는 것도 정확한 컨트롤에 도움이 된다. 어떤 작업이든 힘을 많이 들일수록 정확성과는 멀어지기 때문이다.

그림 2-4. 팔뚝이 톱과 나란히 정렬되어 있지 않다. 이 자세로 톱질을 하려면 손목 관절의 각도를 계속 바꿔야 한다. 어깨 관절에서의 운동 또한 복잡도가 높다.

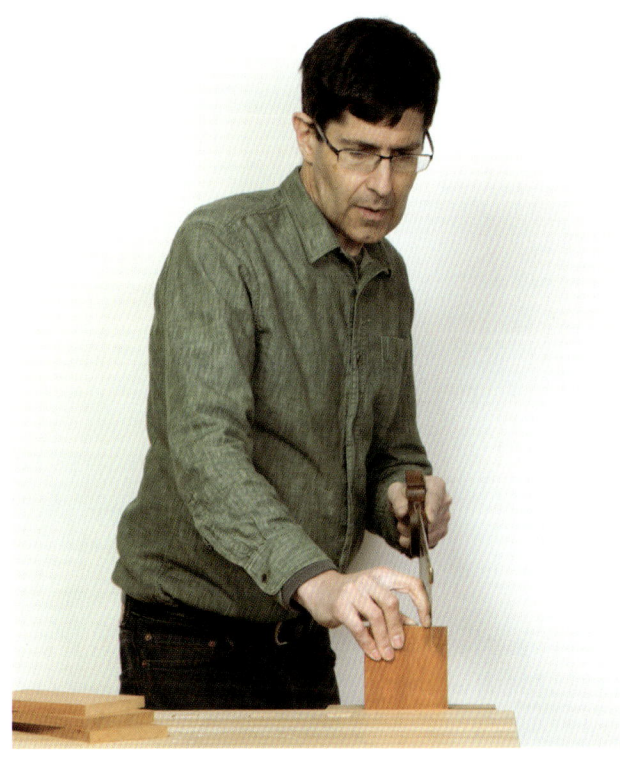

그림 2-5. 팔뚝이 톱과 일직선상에 정렬되어 있다. 이 자세를 취하기 위해서는 옆으로 약간 비켜서야 한다.

정렬이 잘되지 않으면 동작이 부정확해진다. 톱질을 정확하게 하려면 톱을 정확히 앞뒤로만 움직여야 한다. 이때 만약 톱 등과 팔뚝이 직선상에 정렬되어 있지 않다면 손목의 각도를 끊임없이 바꿔줘야만 직선 톱질이 가능하다(그림 2-4). 물론 이렇게 해도 할 수는 있다. 그러나 톱등과 팔뚝이 직선상에 있다면, 즉 손목, 팔꿈치 그리고 어깨 관절이 톱날 면과 동일 평면상에 있다면 훨씬 더 단순한 동작―팔꿈치를 앞뒤로 움직여주기만 하면 된다―으로 직선 톱질을 할 수가 있다(그림 2-5). 이렇게 하면 힘 또한 낭비되는 일 없이 팔에서 톱까지 직선상에서 온전하게 전달된다. 손목이 꺾여 있지 않기 때문이다.

정렬이 중요한 것은 톱질에서뿐만이 아니다. 수압대패나 테이블쏘를 사용할 때, 끌질을 할 때, 대패질을 할 때 그리고 또 다른 많은 도구를 사용할 때 정렬이 잘된 상태에서 동작하는 것은 효율적이고 효과적으로 작업하기 위한 핵심 요소다.

큰 근육을 이용해서 힘쓰기

힘을 효과적으로 전달하기 위해 신체의 정렬이 중요하다는 것은 이미 살펴보았다. 그런데 애초에 힘은 어디서 오는 걸까? 그것은 하려고 하는 일에 따라 다르며 대개는 몸 전체가 연관되어 있기에 어디라고 말을 하긴 어렵다. 그러나 힘을 쓸 때의 원칙은 있다. 더 큰 근육(군)을 사용해서 힘을 쓰는 것이다.

가장 크고 강한 근육이 하체에 있기 때문에 우리는 다양한 목공 작업 동작에 하체를 최대한 활용해야 한다. 이는 균형 잡힌 자세와 컨트롤된 움직임이 필요한 또 다른 이유다. 손대패질을

힘을 쓰는 기본 원리

- 완력이 아니라 체중을 이용하라.
- 작은 근육보다는 큰 근육(군)에 의지해서 작업하라.
- 위 첫 번째와 두 번째 원리를 작업에 적용하기 위해서 적극적으로 서 있는 위치와 자세, 작업물을 고정시킨 방식을 바꿔라.
- 가능한 경우 동작의 기구학적 특성을 이용하라.
- 몸의 중심을 유지할 수 있는 범위 안에서 작업하라.
- 힘들게 작업하지 않도록 하라. 과도하게 힘을 주거나 애쓰면 작업의 정확도가 떨어지며 위험한 상황을 초래할 수도 있다.

그림 2-6. 테이블쏘로 자른 단면. 왼쪽이 속도를 빨리 했을 때의 단면, 오른쪽이 속도를 적절히 했을 때의 단면이다. 너무 빨리 자르면 나무 섬유가 깨끗하게 잘리지 않는다.

할 때든 제재목을 수압대패 위로 밀 때든 힘쓰는 일의 대부분은 하체가 담당해야 한다. 그리고 심지어 손으로 끌이나 대팻날을 갈 때도 동작은 하체를 이용하는 것이 더 좋다.

물론 우리가 목공을 하기 위해 하체만 사용하는 것은 아니다. 끌로 얇게 깎는 것은 주로 상체의 몫이다. 그러나 이 또한 손이나 팔 힘만으로 하지 않는다. 어깨로부터 힘을 주거나 또는 허리를 구부려서 상체의 무게를 활용하면 훨씬 수월할 때가 많다.

무리해서 작업하지 않기

힘이 많이 들어가면 작업의 정밀도는 떨어지게 마련이다. 힘을 빼고 공방에서 게으르게 늘어져 있으라는 말은 아니지만, 정밀한 작업을 위해서는 몸과 마음을 가볍게 할 필요가 있다. 대표적인 예가 끌질이다. 끌로 나이테 면을 깎을 때 한꺼번에 많은 양의 나무를 제거하려고 무리하다가 작업을 망친 경험이 있을 것이다. 절단부의 나무가 밀려서 구멍이 숭숭 나거나 더 나쁘게는 쪼개져 버리기도 한다. 밀어서 깎는 경우이든 타격으로 쳐내는 경우이든 조금씩 하는 것이 정확한 컨트롤을 가능하게 하는 열쇠다. 물론 제거해야 하는 양이 많고 정확도를 요하지 않는 단계에는 과감하게 쳐내는 것도 괜찮다. 그러나 최종 목표 선에 가까이 갈수록 작업에 부하를 줄여가며 작업해야 한다.

힘들게 일하는 것과 작업의 정밀도는 같이 가지 않는다는 말은 기계 작업에도 똑같이 적용된다. 작업 간에 부재를 들거나 미느라 힘을 쓰고 있는 상황에서 작업을 잘 컨트롤할 수 없는 것은 당연하다. 테이블쏘에서 큰 판재를 켤 때 판재를 드는 데 힘을 쓰느라 조기대에 판재 모서리를 밀착시키기 어려웠던 경험들이 있을 것이다. 판재의 무게를 받쳐줄 보조 테이블이나 롤러 스탠드를 활용하면 힘을 덜 들이는 만큼 더 정확하게 재단을 컨트롤할 수 있다.

무리한 기계 작업은 막연히 컨트롤을 어렵게 하는 것이 아니라 작업의 품질과 정확도를 직접적으로 저하시킨다. 라우터 테이블에서 가공 속도를 너무 빨리 한다거나 한 번에 작업하

그림 2-7. 라우터로 장붓구멍을 가공한 뒤 속을 볼 수 있게 나무를 반으로 켰다. 무리해서 작업하면(왼쪽) 가공이 깔끔하게 되지 않을 뿐더러 치수도 부정확해진다(구멍이 조금 더 넓게 파진다). 반면 한 번에 적당량씩 서두르지 않고 하면(오른쪽) 작업 결과가 깔끔하고 정확하다.

는 가공 깊이를 너무 많이 주고 작업을 하면 가공면이 깔끔하지 않게 될 뿐 아니라 가공 치수에도 오차가 생긴다(그림 2-6, 2-7). 이는 다른 기계 작업에서도 마찬가지다. 따라서 우리는 기계가 언제 무리를 하고 있는지 알고 있어야 한다. 기계가 무리하기도 한다는 사실을 인지하고 손과 귀를 열어놓고 있으면 어느 정도까지가 괜찮고 언제부터는 무리가 되는 것인지 경험을 통해 금방 배울 수 있을 것이다.

컨트롤 능력 향상하기

큰 근육(군)이 목공 작업에 필요한 힘의 대부분을 제공한다면, 컨트롤을 담당하는 것은 손과 손가락, 팔뚝이다. 손과 손가락이 컨트롤뿐 아니라 힘을 내는 역할까지 모두 담당하도록 하는 것은 일반적으로 좋지 않다.

컨트롤이 뜻하는 바는 여러 가지다. 우선 도구를 대는 위치에 대한 컨트롤이다. 끌 날 끝을 부재에 댈 때처럼 말이다. 도구의 각도에 대한 컨트롤도 있다. 역시나 끌을 사용할 때, 날을 연마할 때 적용된다. 압력 배분도 컨트롤의 대상이다. 손대패를 사용할 때 숙달해야 하는 컨트롤이다. 이 모든 컨트롤들을 한 번에 마스터할 수 있는 방법은 없다. 그러나 한 가지 공통분모가 있다. 컨트롤은 집중을 필요로 한다는 것이다. 그리고 당연히 좋은 자세를 갖추는 것 또한 필수적이다.

여러 컨트롤 중 끌을 대는 위치를 컨트롤하는 법을 설명하는 것이 가장 쉽다. 사실 우리는 섬세한 작업에 알맞게 손을 놀리는 트레이닝을 아주 어릴 때부터 받았다. 연필로 글씨를 쓰는 것 말이다. 따라서 우리가 이미 갖고 있는 기술을 이용하지 않을 이유가 없다. 다만 손의 역할은 반대. 오른손잡이라면 왼손으로 끌 날 끝을 컨트롤한다. 날 주위를 연필 잡는 것과 비슷한 모양으로 잡으면 된다. 그리고 글씨를 쓰기 위해 연필을 종이에 대듯 끌을 부재에 댄다. 오른손의 역할은 여기에 힘을 가하는 것이다. 가능하면 컨트롤하는 손(왼손)을 작업 부재 위에 댄 채 끌을 잡는다. 손을 공중에 띄운 채 글씨를 쓰는 사람은 없다. 손을 어딘가에 지지함으로써 훨씬 안정적으로 끌을 컨트롤할 수 있게 된다(그림 2-8).

끌이나 대팻날을 숫돌에 갈 때 날의 각도를 일정하게 컨트롤하기 위해서는 몸의 자세를 일정하게 유지해야 한다. 손의 차원에서 해결할 수 있는 문제가 아니다. 상체 전체를 얼어붙은 것과 같이 고정한 채 하체만을 이용해서 앞뒤로 움직이면 날의 각도를 일정하게 유지한 채 날을 갈 수 있다. 이때 팔꿈치를 몸통에 갖다 붙이기까지 하면 더 좋다.

손대패질을 할 때 압력 배분을 컨트롤하는 것을 설명하는 것이 가장 어렵다. 눈에 보이는 것이 아니기 때문이다. 이것은 느낌에 대한 것이고 연습을 통해 몸으로 알아가게 되는 것이다. 다행히도 그 감을 익히는 데 도움이 되는 간단한 연습이 있다. 작은 판재(두께 18mm, 폭 100~125mm, 길이 200mm 정도면 적당)를 작업대 위에 세워놓고 뒤쪽 끝만 받친 채로 대패질하는 것이다(그림 2-9). 몇 번만 밀어보면 대패질을 시작할 때와 끝낼 때 압

그림 2-8. 연필을 잡듯 끌을 잡으면 된다.

그림 2-9. 대패질을 할 때는 양손 간의 압력 배분과 균형이 중요하다. 짧은 판재를 세워서 뒤만 받친 채 대패질하면 좋은 연습이 된다.

그림 2-10. 양손의 압력 배분을 실시간으로 조정하면서 대패를 밀어야 한다.

력 배분을 어떻게 해야 하는지 알게 될 것이다. 판재를 넘어뜨리지 않으려면 말이다(시작할 때는 대패의 앞쪽을 누르고 들어가고 끝낼 때는 대패의 뒤를 누른 채 끝내야 한다). 좌우 균형을 유지하는 것도 중요하다. 판재가 앞뒤 좌우로 흔들리지 않고 자연스럽게 대패질할 수 있을 때까지 연습을 한다.

또 다른 연습 방법은 완만한 볼록 면을 대패질해보는 것이다(그림 2-10). 대패의 크기가 클수록 하기가 어렵다. 대팻밥이 끊임없이 깎여 나오게 하려면 양손의 앞뒤 밸런스 조절을 잘 해야 한다.

작업에 대한 컨트롤을 놓치기 가장 쉬운 때는 도구에 힘을 주기 시작하는 시점이다. 이때 중요한 것이 자세다. 도구에 대한 상체의 자세를 그대로 유지한 채 상체의 체중이나 하체를 이용해서 힘을 가하면 도구를 정확하게 컨트롤할 수 있다(한 번에 깎는 양을 컨트롤을 방해하지 않는 수준으로 제한하는 것도 잊어선 안 된다).

손으로 또는 상체로 컨트롤을 하면서 힘은 다른 곳, 주로 하체에서 끌어다 쓰는 것이 어색할지도 모른다. 그러나 다행히도 우리는 여러 가지 일들을 동시에 하는 데 익숙하다. 엑셀과 브레이크를 밟으면서 자동차 핸들을 조작하는 것처럼 말이다. 처음에는 잘 되지 않더라도 금세 익숙해질 것이다. 만약 그래도 어렵게 느껴진다면 우선은 힘을 주는 동작을 먼저 연습해보기 바란다. 어느 순간부터는 별 생각 없이 힘을 줄 수 있게 될 것이다. 그때부터가 '진짜'를 연습할 차례다. 컨트롤 말이다.

대개의 목공 작업은 힘을 쓰는 동작은 몸의 기억에 의존하고 의식은 도구를 섬세하게 컨트롤하는 것에 집중하는 방식으로 이루어진다. 그러나 간혹 힘을 주는 것과 컨트롤하는 것 모두에 의식적인 신경을 써야 하는 작업도 있다. 일반적인 판재와는 좀 다르게 생긴 것들을 테이블쏘로 켜거나 수압대패에 놓고 밀어야 하는 경우가 그렇다. 이런 작업에서 작업물을 안정적으로 톱날 또는 대팻날로 밀어 넣기 위해서는 일반적으로 자세가 아닌 다소 어긋난 자세와 동작을 취해야 할 수도 있다. 이런 작업은 사전 연습이 필요하다. 기계를 끈 상태로 동작을 몇 차례 시뮬레이션해보면 된다.

몸통 가까이서 작업하기

컨트롤, 정확성 그리고 힘을 가장 잘 발휘할 수 있는 것은 우리 몸통 바로 주위에서다. 손이 몸통에서 멀리 떨어질수록 힘을 주거나 컨트롤 능력을 발휘하기가 어렵다. 따라서 우리는 몸통 주위의 상대적으로 좁은 범위 안에서 작업해야 한다. 힘과 컨트롤 능력을 최대로 발휘할 수 있는 그 범위 말이다. 손을 몸에 붙인 채 작업하란 말은 아니다. 그러나 최적의 지점은 생각보다 가까이 있다. 대부분의 경우 팔꿈치가 몸에서 멀리 떨

그림 2-11. 노덴(Noden) 가변작업대(Adjust-A-Bench)는 다양한 작업을 최적의 높이에서 할 수 있게 해준다.

어질 일이 없다. 작업을 할 때 거리에 조금만 유념하면 자기에게 가장 잘 맞는 거리를 금방 찾을 수 있다.

71~74쪽의 손대패질 연속동작 사진에서 전체적인 동작이 크지만 팔꿈치는 몸통 주위에서 크게 벗어나지 않는다는 것을 볼 수 있다.

최적의 높이에서 작업하기

작업물을 편안하고 효과적으로 다룰 수 있는 방식으로 고정하는 것은 대단히 중요하다. 공방에 적절한 작업대가 필요한 이유다. 좋은 작업대는 다양한 유형의 작업물을 작업의 성격에 알맞은 방식으로 고정할 수 있게 되어 있다. 그런데 여기서 간과되는 중요한 사실이 있다. 작업을 하는 높이, 즉 작업대의 높이 또한 대단히 중요하다는 것이다.

실은 작업별로 최적의 높이는 다 다르다. 예를 들어 손대패질에 적합한 높이는 똑바로 선 자세에서 주먹과 손목 사이의 높이다. 대패질을 할 때 체중과 하체의 힘을 효과적으로 이용할 수 있는 높이다. 그러나 이 높이는 짜맞춤 작업을 하기에는 너무 낮다. 이들 작업은 윗배에서 가슴 정도의 높이에서 하는 것이 가장 좋다. 측정, 마킹, 톱질, 끌질, 심지어 라우터 작업을 할 때도 이 높이가 편안한데, 상체를 많이 숙이지 않아도 되서 허리에 무리가 가지 않는다. 더 섬세한 작업들은 작업대를 더 높여서 가슴 정도 높이에서 하는 것이 좋을 때도 있다. 적합한 높이에서 작업하면 더 가까이서 잘 볼 수 있으며, 힘을 주거나 작업을 컨트롤하기도 더 좋다. 허리와 목의 건강을 지킬 수 있는 것은 덤이다.

작업별로 높이를 맞추기 위한 현실적인 방법은 뭘까?

가장 쉬운 것은 무시하고 그냥 하는 것이다. 우리의 몸은 그 어떤 도구보다 상황에 잘 맞춰진다. 그냥 해도 그럭저럭 잘 될 것이다. 당분간은 말이다. 그러나 적절한 작업 높이를 무시한 결과를 곧 느끼게 될 것이다. 나이가 들수록 더 빨리, 더 심하

그림 2-12. 작업대 위에 올려놓고 쓸 수 있도록 만든 벤치탑 작업대

게 느끼게 된다.

적절한 높이의 스툴을 맞춰서 앉아서 작업하는 것도 한 가지 방법이다. 이렇게 하면 작업대의 상대적인 높이를 높이거나 낮출 수 있다. 그러나 앉아서 작업하면 작업 자세가 잘 안 나올 뿐 하체의 힘을 이용할 수 없다는 문제가 있다.

공방에 있는 작업대의 높이는 절충의 결과다. 사람에 따라, 작업의 종류에 따라 요구되는 높이가 워낙 다양하기 때문이다. 모든 용도에 맞는 작업대는 없다. 높이 조절형 작업대는 좋은 해결 방안이다. 노덴(Noden)社에서 나온 가변작업대(Adjust-A-Bench)가 그것인데 조정 메커니즘만 별도로 구할 수도 있다(그림 2-11). 이 작업대는 상당히 견고할 뿐 아니라 높낮이를 조절하기도 편리하게 되어 있다. 공간이 충분할 경우 작업별로 작업대를 여러 개 갖추는 것도 방법이다. 손대패질을 위한 비교적 낮은 작업대와 짜맞춤 작업을 위한 비교적 높은 작업대를 구비해놓고 구분해서 쓰면 좋다. 어쩌면 최고의 해결책은 벤치탑 작업대를 만들어 쓰는 것일지도 모르겠다. 작업대 위에 놓고 쓰는 미니 작업대라고 보면 된다. 벤치독이나 바이스 등을 이용해서 작업물을 고정할 수 있게 하고 작업대 위에 올려놓은 높이를 짜맞춤 작업 높이에 맞게 만들면 된다(그림 2-12, 2-13).

어떤 방식을 택하든 언제든 바로 적용할 수 있는 방식으로 해야 한다. 높이를 맞추는 것이 조금이라도 번거로우면 몸을 높이에 맞춰서 작업하게 되기 십상이다.

긴장을 풀고 작업하기

새로운 작업 방법이나 방식을 배울 때 긴장을 하는 것은 자연스러운 일이다. 이럴 때 힘을 빼려고 애를 쓰면 대부분의 경우 생각할 거리만 늘려 놓은 꼴이 되고 많다. 대신 새로 배운 동작을 요소별로 쪼개서 접근하는 것이 좋다. 어느 한 요소만 집중해서 반복 연습하다 보면 동작 자체에 익숙해지기 시작하는데, 그러면 그때 새로운 연습 요소를 하나 더해보는 것이다. 이런 연습은 몸으로 하는 것이다. 머리가 아닌 근육이 동작을 기억하게 해야 한다(연습 방법과 관련한 자세한 내용은 이 책의 11장을 참고하자). 처음부터 정확하게 하려고 애쓸 필요는 없다. 정확도는 동작만의 문제가 아니다. 힘을 뺀 군더더기 없는 동작이 정확도 향상의 기본 요건이긴 하지만 그에 더해 선을 똑바로 볼 줄 알아야 하고(이 책의 7장 참고), 동작 간의 피드백도 할 줄 알아야 하며, 생각보다 많은 연습을 한 뒤에야 정확하게 할 수 있다.

골프를 배울 때 처음부터 필드에 나가서 멋지게 라운드를 돌 수 있는 사람은 없다. 상당한 시간에 걸쳐 실력을 닦은 뒤에야 그렇게 된다는 것을 누구나 알고 있다. 목공을 배울 때도 마찬가지다. 뭔가를 처음부터 멋지게 잘해야 한다는 부담을 가질 필요가 없다. 주먹장 맞춤을 처음 배운 그날 완벽하게 가공하지 못하는 것은 당연한 일이다. 당장 멋진 결과물을 만들려고 하지 말고 톱질과 끌질 자체에 더 신경을 쓰고, 선을 분명히 긋고, 보는 데 집중해서 연습하면 생각보다는 빨리 잘할 수 있게 된다. 모든 작업은 개별성을 띤다. 나무가 다르고 작업 환경이 다르다. 앞서 되어 있는 작업의 상태도 다르다. 얼핏 보기에 동일한 작업이라고 해서 늘 같은 방식으로 접근해서는 안 된다. 목공 작업에서 그냥 그렇게 하면 되는, 항상 옳은 방법은 없다는 말이다. 작업의 방법은 기본적인 자세와 방법에서 출발해서 그때그때 알맞게 조정해서 적용해야 한다. 그러려면 우선 목공을 잘하는 데 몸을 사용하는 방식이 얼마나 큰 영향을 미치는지를 이해하는 것이 중요하다. 그다음은 특정한 작업에서 자기가 하고자 하는 바가 무엇인지를 똑바로 알아야 한다. 그러면 기본적인 자세들에 신체의 동작 원리에 대한 이해를 접목해서 현재의 작업 상황에 알맞은 몸의 위치와 자세, 동작 방식을 스스로 찾아낼 수 있을 것이다.

그림 2-13. 벤치크래프티드(Benchcrafted)社의 목슨(Moxon) 바이스. 주먹장 톱질을 위한 최적의 높이에 판재를 고정할 수 있게 해준다.

Chapter 03

더 잘 보려면

눈으로 들어온 정보와 이해하고 받아들인 정보 사이의 간극은 크다. 왜 그럴까?

우리는 어릴 때부터 어떤 대상에 대한 최소한의 시각 정보로부터 그것이 무엇인지를 식별하는 연습을 한다. 눈에 비친 특정한 패턴이 의자, 테이블, 개, 고양이 또는 엄마의 얼굴을 나타낸다는 것을 배우는 것이다. 이와 같은 해석을 위해선 최소한의 시각적 데이터만 있으면 된다. 사람의 얼굴을 알아보기 위해 주근깨나 모공에까지 주의를 기울일 필요는 없다. 심지어 주근깨가 있다는 것을 모르고 지나치기도 한다. 우리는 지름길을 찾는 법을 배워온 것이다. 여기에는 큰 장점이 있다. 눈으로 보고 있는 대상이 무엇인지 파악하기 위해 대상의 모든 세부 사항을 검토하지 않아도 되기에 뇌의 '처리 능력'을 다른 중요한 작업—그것이 우리에게 미칠 수 있는 영향을 파악하는 것과 같은—을 위해 아껴둘 수 있다.

그러나 이것은 동시에 우리가 눈앞에 주어진 엄청나게 많은 정보를 무시하는 습관을 갖게 되었음을 뜻한다. 그러나 목공 작업에서, 특히 수준 높은 작업을 하는 데 우리가 무시하곤 하는 정보 가운데 상당수가 매우 의미 있는 정보들이다. 따라서 우리는 어릴 때와 반대로 더 많은 것을 더 잘 보고 관찰하는 법을 배울 필요가 있다.

사실 보는 것과 관찰하는 것은 다르다. 더 잘 보는 것은 주로 기술적인 것들과 관계가 있다. 조명을 개선한다거나 보는 각도를 달리 하는 것 또는 작은 것을 보기 위해 돋보기를 활용하는 것들이 여기에 속한다. 또한 애초에 어디를 봐야 할지를 아는 것도 더 잘 보는 것과 관계가 있다. 관찰하는 것은 무엇을 적극적으로 보느냐뿐 아니라 본 것을 해석하는 법을 아는 것이다. 잘 관찰하기 위해서는 현상에 대한 지식을 갖추고 있어야 한다. 잘 보는 것과 잘 관찰하는 것은 배워서 향상시킬 수 있는 능력이다.

또한 더 많이 보고 더 많이 관찰할수록 더 잘 보고 더 잘 관찰할 수 있게 된다. 이것은 좋은 소식이다. 잘 보고 잘 관찰하는 것은 목공 실력을 향상시키는 데 핵심적인 요소이기 때문이다.

조명의 중요성

목공 작업에서 조명의 역할은 중요하다. 그리고 나이가 들어감에 따라 더 중요해진다. 시력은 날로 감퇴하기 마련이며, 나이가 들수록 젊었을 때 볼 수 있었던 것을 보기 위해서는 더 많은 빛이 필요하다. 이상한 점은 시력이 떨어졌는데도 작품을 완성하고 나면 흠은 더 잘 보인다는 것이다. 시력은 작업하는 중에만 떨어지는 것 같기도 하다.

조명을 유연한 방식으로 비출 수 있으면 작업하는 데 큰 도움이 된다. 나는 늘 천장의 형광등과 더불어 높낮이와 각도 조정이 되는 작업용 조명을 추가적으로 사용한다. 작업용 조명이라고 해서 특별한 것은 아니고 어디서든 구할 수 있는 독서용 스탠드인데, 고정하는 방식만 목공인 스타일로 바꿔서 사용하고 있다. 내 작업대 곳곳에는 직경 12mm 구멍이 뚫려 있다. 거기에 스탠드를 꽂아 넣기만 하면 된다. 벤치독 하나에도 스탠드를 꽂을 수 있는 구멍을 뚫어뒀는데, 벤치독 구멍이 있는 곳이라면 어디든 스탠드를 고정할 수 있게 해준다(그림 3-1). 내 나무 클램프 중 하나에도 12mm 구멍이 뚫려 있다. 이 역시 스탠드를 꽂기 위한 구멍이다. 클램프를 물릴 수 있는 곳이라면 어디든지 나는 스탠드를 설치할 수 있다. 이렇게 하면 어디서 무슨 작업을 하든 세밀한 부분까지 잘 볼 수 있다(그림 3-2).

그림 3-1. 벤치독에 구멍을 뚫어서 스탠드 조명을 꽂을 수 있도록 만들었다. 이렇게 하면 조명을 작업대 위 어디든 설치할 수 있다.

그림 3-2. 나무 클램프에도 구멍을 뚫었다. 이로써 클램프를 고정할 수 있는 곳이라면 어디든 조명을 설치할 수 있게 되었다.

공방에 알맞은 조명 밝기

공방을 꾸밀 때 단순하게 조명 장치를 적당히 많이 달면 되겠거니 하는 경우가 많은데 거기서 한발만 더 나가면 목공 작업에 알맞은 조명 환경을 갖출 수 있다. 일반적으로 목공 작업에는 50~75피트 촉광(foot-candles) 정도의 조도가 적당하다. 이는 보통 공방들의 조명 환경보다 조금 더 밝은 수준인데, 조도 계산기(인터넷에 찾아보면 무료 프로그램이 많다)를 활용하면 주어진 공간에 조명 장치를 얼마나 설치해야 해당 조도를 얻을 수 있는지 쉽게 계산할 수 있다.

조명을 유연하게 비출 수 있는 것이 왜 중요할까? 조명을 낮은 각도로 비춰보면 천장의 형광등 불빛 아래서 볼 수 없었던 다양한 문제점들이 드러난다. 주로 희미하게 남은 칼금이나 뭉개진 모서리 선, 결을 가로질러 생긴 샌딩 스크래치와 같은 것들이다(그림 3-3, 3-4). 어차피 잘 보이지 않는 것들을 왜 드러내서 봐야 할까? 이런 표면 문제의 대부분이 마감재를 칠하고 나면 잘 보이기 때문이다. 따라서 마감제를 칠하기 전에 적절한 조명을 이용해서 점검을 하고 필요한 조치를 취하는 것이 좋다.

위치와 각도 조절이 되는 유연한 조명의 또 다른 장점은 그림자 없이 작업할 수 있다는 것이다. 칼금 선에 그림자가 져서 잘 보이지 않는다면 조명을 조금 움직이기만 하면 된다. 이것만으로도 작업의 질이 대단히 높아진다.

그림 3-3. 조명을 낮은 각도로 비추면 나무 표면을 더 잘 관찰할 수 있다.

그림 3-4. 머리 위 높은 곳의 조명은 나무 표면의 세세한 부분을 드러내주지 않는다.

그림 3-5. 곡선 가공이 잘되었는지는 끝에서 비스듬히 보면 더 잘 알 수 있다.

다양한 각도로 보기

더 많이 보기 위한 방법 중 가장 간단한 방법은 보는 각도를 달리해보는 것이다. 보는 각도에 따라 얻을 수 있는 정보의 양에 큰 차이가 있다. 너무 당연한 말이지만 실천하는 사람은 드물다. 각도를 달리해서 보는 가장 쉬운 방법은 작업물을 모든 방향에서 다 살펴보는 것이다. 이렇게 하면 어느 한 방향에서만 봤다면 몰랐을 비율의 문제나, 어느 구석의 다듬기가 덜된 부분 또는 마감칠이 고르지 않은 부분들이 눈에 보인다. 대부분의 가구는 사용 중에 사방, 아니 팔방에서 보이게 되어 있다. 따라서 만들 때도 사방팔방에서 점검을 해가며 만들어야 한다. 작업대 위에서만 작업을 끝내서는 안 되며 올려놓고도 보고 돌려도 보고 내려놓고도 보고 주위를 돌아다니면서도 봐야 한다.

더 많이 보기 위한 또 다른 방법은 낮은 각도에서 보는 것이다. 낮은 각도에서는 샌딩 스크래치나 표면의 결함이 훨씬 더 잘 보인다. 판재의 모서리가 똑바른지, 곡선이 원만하게 가공되었는지도 매우 잘 보인다. 극단적인 방법은 낮은 각도의 조명에서 낮은 각도로 보는 것이다. 이렇게 하면 아무것도 우리 눈을 피해갈 수 없다(그림 3-5).

주로 어느 쪽 눈으로 보는가

눈이 둘이라는 것의 이점은 명확하다. 우리가 사물을 보고 거리를 판단할 수 있는 것은 두 눈에 비친 약간 다른 이미지를 뇌가 분석해낸 결과다. 우리가 사물을 입체적으로 볼 수 있는 것도 마찬가지다. 정보의 내용이 겹친다는 것 자체도 좋은 점이다. 한쪽 눈에 문제가 생겨도 여전히 볼 수 있으니 말이다. 눈이 둘이라서 우리는 주위 환경을 깊이 있는 입체 공간으로 파악할 수 있다. 그러나 목공 작업을 할 때는 두 눈이 받아들이는 정보가 서로 상충하기도 한다. 이때 우리의 뇌는 어느 한쪽 눈(주로 보는 눈, dominant eye)으로부터의 정보에 의존해서 기본적인 이미지를 구성하고 다른 쪽 눈으로부터의 정보를 이용해서 깊이감 등 이미지의 세부를 구축해낸다. 도구를 선에 정확히 갖다 붙여야 할 때 우리는 양쪽 눈으로부터의 정보를 모두 필요로 한다. 그러나 그중 주로 보는 눈으로 본 정보에 더 집중하는 것이 중요하다. 이것은 이상한 방식의 집중이다. 눈의 초점을 흐리거나 눈을 가운데로 모으는 것과는 다르지만 어떤 면에서는 비슷하기도 하다. 한쪽 눈으로 보려고 하되 다른 쪽 눈을 뜬 채로 하는 것이다. 익숙한 개념은 아니다.

그림 3-6. 눈금자는 읽고자 하는 위치의 수직 바로 위에 눈을 위치시키고 봐야 정확하게 읽을 수 있다.

'주로 보는 눈'을 찾는 방법

두 눈 중 어느 쪽이 '주로 보는 눈'인지 알 수 있는 방법이 있다. 먼저 멀찍이 있는 물체 하나를 손가락으로 가리킨다. 두 눈을 뜬 채 말이다. 다음은 물체를 가리키는 손가락은 그대로 두고 눈을 한쪽씩 번갈아서 감아본다. 이때 어느 한쪽 눈으로만 봤을 때도 손가락이 그대로 그 물체를 가리키고 있다면 그 눈이 '주로 보는 눈'이다(다른 쪽 눈으로 보면 손가락이 다른 곳을 가리키고 있을 것이다).

패럴랙스

패럴랙스는 시선(보는 각도)에 따라 물체의 위치가 달라 보이는 현상이다. 목공 작업에서는 측정 오차를 일으키는 주된 원인 중 하나이며, 정렬 위치를 잘못 맞추는 원인이 되기도 한다. 대표적인 사례가 눈금자의 눈금 읽기다. 눈의 위치에 따라 0.4mm(1/64인치)에서 0.8mm(1/32인치)까지 잘못 읽기도 한다(그림 3-6, 3-7). 이런 오차를 방지하려면 눈, 그중에서도 주로 보는 눈을 읽고자 하는 눈금의 바로 수직 위에 두고 읽어야 한다. 그러나 이렇게 하는 것이 어려울 때도 있다. 그럴 땐 눈금자를 기울여서 눈금이 측정 위치 표면에 직접 닿게 하거나 두께가 얇은 자를 이용하면 오차가 줄어든다.

돋보기와 안경

돋보기나 작업용 확대 안경도 세부를 정확하게 보는 데 도움이 된다. 그러나 빛의 굴절로 인해 손의 실제 움직임과 보이는 움직임에 차이가 있어서 얼마간 적응이 필요하다. 또한 세부는 잘 볼 수 있지만 전체를 보기는 불편할 수 있다. 작은 것이 잘 안 보이는 것에 대한 보완책은 될 수 있으나 돋보기의 사용이 작업의 정확도를 높여주지는 않는다.

어디를 봐야 하는가?

어디를 봐야 하는지를 모르면 봐야 하는 것을 볼 수가 없다. 우선은 작업 동안에 봐야 하는 것이 무엇인지를 알아야 하며, 집중해서 보는 것을 연습할 필요가 있다. 그렇다면 무엇을 봐야 하는가? 가장 중요한 것은 안전과 관계된 것이며 그다음은 정확한 가공과 관계된 것이다. 실은 대부분의 작업에서 우리는

그림 3-7. 보는 각도가 달라지면 눈금의 위치도 바뀐다. 눈금자의 두께로 인해 나타나는 현상이다.

"당신은 보기만 할 뿐 관찰하질 않아."
- 아서 코난 도일의 <보헤미아 스캔들> 중에서 셜록 홈즈가 왓슨 박사에게 한 말

모든 곳을 보고 있어야 한다. 그러나 우리는 우선순위를 생각해볼 수 있으며 안전과 정확성에 관련된 부분에 보다 더 주의를 기울여야 한다. 어떤 것이 주의를 끈다고 해서 그걸 보고 있어서는 안 된다. 테이블쏘를 이용해서 판재를 켤 때 톱날이나 톱날이 나무를 켜내는 모습을 보고 있는 것은 아무 도움이 되지 않는다. 확실히 시선을 끄는 장면이기는 하지만 우리가 그것을 보고 있으므로 해서 얻을 수 있는 중요한 정보는 없다. 봐야 할 것은 판재의 가장자리가 조기대(켜기 펜스)에 잘 밀착되어 있는지와 손이 톱날로부터 안전한 위치에 있는지다. 이는 안전 및 정확한 가공 모두를 위해서 중요하다.

손톱으로 나무를 자를 때는 자르려고 하는 선과 자르고 있는 선의 사이에 집중해야 한다. 한쪽 눈은 자르려고 하는 선 바로 옆을 잘라 들어가는 바로 그 톱니에 초점을 맞춰야 하고 다른 눈은 톱질이 엉뚱한 곳을 향하지 않도록 전체적인 진행 방향을 주시해야 한다.

무엇을 봐야 할지를 아는 것은 중요하다. 그것을 계속 볼 수 있는 것은 더 중요하다. 이것은 쉬운 일이 아니며 대단한 집중력이 요구되는 일이다. 그러나 초점을 오래도록 유지할 수 있어야 정확하게 자를 수 있다.

관찰을 통해 배우고 배움으로써 더 잘 관찰하기

판재 하나를 놓고 무엇을 관찰해낼 수 있는가? 판재가 어떻게 마름질된 것인지 알 수 있는가? 두께를 손대패로 맞춘 것인지 자동대패로 맞춘 것인지 알 수 있는가? 테이블쏘를 이용해서 잘랐는지, 그렇다면 테이블쏘 톱날의 상태가 좋은지 나쁜지, 테이블쏘의 얼라인먼트 상태는 어떤지 알 수 있나? 표면 마무리를 손대패로 한 것인지 기계 샌딩을 했는지, 손샌딩을 했는지는? 또는 나뭇결이 이 판재를 마름질하는 과정에 어떤 영향을 미치고 있는지는? 이런 것들을 알아내려고 생각해본 적은 있는가?

숙련된 목공인이 아니라면 하나의 판재에서 이 모든 것들을 관찰해내긴 쉽지 않다. 그러나 이들은 작업 결과물의 품질과 밀접하게 연관되어 있으며, 마감재를 칠하고 나면 마치 돋보기로 확대해서 보는 것처럼 모든 것들이 선명하게 보인다. 칠 전에는 보려고 해도 잘 안 보이던 것들까지도 말이다. 앞서 살펴본 '더 잘 보는 법'들을 활용하면 작업 중인 부재에서 문제점을 발견하는 데 도움이 될 것이다. 그러나 잘 보는 법을 아는 것보다 중요한 것은 무엇을 봐야 할지를 아는 것과 봤을 때 그게 무엇인지를 아는 것이다.

완성된 가구를 놓고는 무엇을 관찰하는가? 어떤 것들을 찾아보는가? 아마도 마감 수준과 전체적인 만듦새를 먼저 볼 것이다. 그런데 어느 한 곳의 장부 작업이 손으로 한 것인지 기계로 한 것인지 알아낼 수 있는가? 비례 관계나 여백을 살펴보는가? 곡선은 서로 어울리는가? 전체적인 밸런스는 어떤가?

이는 단지 보이는 것 이상에 대한 질문이다. 이들 질문의 대부분은 디자인에 대한 지식과 목공 기술 그리고 도구와 나무 자체에 대한 이해를 전제하고 있다. 우선은 봐야 하고, 본 정보를 지식과 경험의 맥락 위에서 해석해야 답할 수 있는 것들이다.

우리는 이와 같은 지식과 경험의 맥락을 과거의 관찰로부터 얻는다. 만약 과거에 테이블쏘로 켜낸 판재의 옆면과 수압대패로 가공한 면, 손대패로 다듬은 면 그리고 샌딩으로 정리한 면을 서로 비교해서 관찰해본 적이 없다면 현재 눈앞에 보이는 것이 무엇인지 해석해낼 수가 없을 것이다. 비례, 형태, 디자인과 같은 문제에서도 마찬가지다.

관찰하고 해석하는 기술은 자신의 작업이나 다른 사람들의 작업을 자세히 살펴봄으로써 익힐 수 있다. 눈에 보이는 모든 작품과 작업이 관찰의 대상이 된다. 이 연습을 해서 한번 뭐가 보이기 시작하면 점점 더 많은 것들이 눈에 들어오고 안 볼려야 안 볼 수 없게 된다. 봐야 할 것을 알기 때문에 더 많은 것이 보이고, 본 것을 이해하기 때문에 더 많이 관찰할 수 있게 되는 것이다.

이와 같은 앎은 대단히 좋은 것이다. 이것은 자기 목공의 수준을 다음 단계로 끌어올리는 데 가장 중요한 한걸음이고 할 수 있다. 자기의 작업이나 작품에서 문제점을 발견하지 못하면 그것을 개선하기 위해 할 수 있는 일은 아무것도 없다. 그리고 이 과정에는 끝이 없다. 더 잘하게 되면 더 주의를 기울이게 되고, 더 많이 보게 된다. 이는 매우 즐거운 일이다. 또한 조금은 버거운 일이기도 하다.

이런 앎의 싸이클로 들어서기 위한 한 가지 방법은 나보다 더 잘하는 사람과 같이 작업이나 작품을 보는 것이다. 그게 자기의 작업이나 작품일 필요는 없다. 오히려 자기 것이 아닐 때 방어적인 마음 없이 비평을 듣고 생각해볼 수 있다.

지금까지 보는 것의 중요성에 대해서 이야기했다. 그렇다고 다른 감각들이 중요하지 않다는 것은 아니다. 이 책의 10장 '피드백 활용하기'에서 자세히 살펴보겠지만, 목공을 더 잘하기 위해서는 우리의 모든 감각을 다 활용해야 한다. 그러나 몸이 10할이면 눈이 9할이란 말이 있듯 인간은 보는 것에 크게 의존한다. 따라서 무엇을 어떻게 볼 것인지에 특별한 관심을 가져야 한다.

Chapter 04

수공구, 전동공구, 목공기계 잘 쓰는 법

공구를 대하는 가장 좋은 방법은 공구가 내 몸의 일부라고 생각하는 것이다. 공구는 우리가 할 수 있는 작업의 범위를 넓혀주고 같은 일도 힘을 덜 들이고 할 수 있게끔 도와준다. 그러나 공구가 있다고 해서 저절로 그렇게 되지는 않는다. 우선 작동 원리와 사용 방법을 알아야 한다. 더군다나 우리가 다루는 것은 나무다. 공구와 나무가 어떻게 상호작용하는지를 알 필요도 있다. 왜 그런지는 수공구 작업을 해보면 바로 알게 되는데, 전동공구나 목공기계 작업이라고 해서 달라지는 것은 없다.

공구를 내 몸처럼 쓰기 위해서는 그것을 완전히 '내 것'으로 만들어야 한다. 포장 박스에서 꺼낸 새 공구는 공구를 만드는 데 필요한 재료 키트에 불과하다. 새 대패는 대팻집 손질, 대팻날 연마 그리고 적절한 날 세팅을 한 뒤에야 믿고 쓸 수 있는 도구가 된다. 테이블쏘를 새로 사면 테이블 면과 톱날 그리고 조기대(켜기 펜스)를 수직과 평행이 맞게 정렬하고 눈금자도 정확하게 맞춰야 한다. 여기서 끝이 아니다. 자르기 작업을 위한 마이터가이드나 썰매 지그(cross-cut sled), 장부 가공을 위한 수직 지그, 다도날과 같은 액세서리들을 갖춘 뒤에야 비로소 우리가 테이블쏘에 기대했던 작업을 할 수 있게 된다. 새 공구는 새로 산 컴퓨터와 마찬가지다. 프로그램을 설치하고 데이터를 입력하지 않으면 아무리 좋은 컴퓨터로도 할 수 있는 일은 없다.

이번 장에서는 목공의 기본 공구들(끌, 대패, 마킹도구, 스크래이퍼, 톱, 사포, 테이블쏘, 수압대패, 밴드쏘, 라우터)의 작동 원리와 사용법—안전한 사용법과 효과적인 사용법, 좋은 작업 결과를 얻을 수 있는 방법들—을 차례로 살펴볼 예정이다. 깊이 있게 다루자면 하나의 공구에 관해서도 책 한 권이 모자랄 것이다. 그러나 뭐든 기본이 먼저다. 이 책에서 다루는 핵심적인 내용만 잘 이해해도 공구를 내 몸처럼 쓰기에는 부족함이 없을 것이다.

끌

끌은 공방에서 사용하는 도구 중 가장 단순한 공구에 속한다. 본질 면에서 날카로운 쐐기 모양의 쇠붙이에 손잡이를 붙여놓은 것에 불과하다. 대개 그렇듯 도구는 단순할수록 그 활용 범위가 넓다. 나무를 정밀하게 깎을 때(paring), 많은 양을 타격으로 거칠게 쳐낼 때(chopping), 나무에 모양을 조각할 때(shaping and carving), 나무의 표면을 긁어낼 때(scraping), 이 모든 경우에 끌을 효과적으로 이용할 수 있다. 단순한 도구라고 해서 용법도 단순하리라 생각해서는 안 된다. 단순한 도구일수록 숙련된 솜씨로 다루어야 하기 마련이다.

끌로 나무를 깎는 방식

끌로 나무를 깎는 방향은 크게 세 가지다. 나이테 면에서 결을 끊는 방향(end grain), 나뭇결 면에서 결을 가로지르는 방향(cross-grain), 나뭇결 면에서 결과 나란한 방향이다. 결과 나란한 방향은 다시 두 경우로 나뉜다. 결을 따르는 방향(순결, with grain)과 결을 거스르는 방향(엇결, against grain)이다. 끌로 나무를 깎을 때는 어느 방향으로 깎느냐가 중요하다. 방향이 바뀌면 끌질의 양상도 확연하게 달라진다.

어떤 방향의 가공이든 끌은 제 역할, 즉 쐐기의 역할을 한다. 나무의 섬유를 자르고 들어가서 섬유를 끊어내거나 섬유 사이로 파고 들어가서 섬유와 섬유를 분리하는 것 말이다. 그런데 나무는 뒤로 떨어져 나갈 공간이 있을 때만 떨어져 나간다. 끌로 나무의 가장자리를 깎을 때처럼 말이다. 끌을 댄 부위가 나무의 중간쯤이라면 끌은 섬유를 짓누르며 나무에 박히고 만다.

나무를 나이테 면에서 결을 끊는 방향(end grain)으로 깎을 때 끌은 나무 섬유를 수직으로 끊어낸다(그림 4-1). 이때의 주된 이슈는 나무 섬유의 압축 현상이다. 나무는 탄성이 있는 재료다. 끌의 날을 나무 섬유에 수직으로 대고 누르면 섬유는 잘리기 전까지 얼마간 뒤로 밀리는데, 날이 충분히 날카롭지 않거나 한꺼번에 너무 많은 양의 나무를 깎아내려고 하면 나무

그림 4-1. 나이테 면에서 결을 끊는 방향으로 깎기. 조금씩 깎아야 나무 섬유가 깨끗하게 잘려 나온다.

섬유는 끊어지지 않은 채 뒤로 더 밀려서 앞의 섬유와 분리된다. 이 경우의 가공 단면은 섬유가 분리되며 생긴 공간으로 엉망이 된다(그림 4-2). 나무의 나이테 면을 안에서 밖으로 깎을 때 뒤쪽 끝이 터지는 현상도 원인은 같다.

나무를 나뭇결 면에서 결을 가로지르는 방향(cross-grain)으로 깎을 때 끌은 나무의 섬유와 섬유를 분리하는 방식으로 작용한다. 끌 날이 섬유에 나란하게 대어진 채 섬유 사이로 파고드는 모양새다. 깎아내는 깊이가 얕다면 끌은 나무 섬유를 옆으로 한 꺼풀 벗겨내는 것처럼 된다. 이때 끌을 댄 자리 양옆의 섬유가 같이 뜯겨 나오기도 하는데(그림 4-3), 길게 이어진 섬유가 끌을 댄 경계선에서 끊어지기보다 끌을 댄 자리 너머의 다른 섬유들로부터 분리되는 쪽이 더 쉽기 때문이다(섬유 그 자체가 섬유 간의 결합력보다 강하기 때문이다). 경우에 따라 양 가에서 끌을 댄 위치 아래쪽의 섬유까지 뜯겨 나오기도 한다. 이는 섬유가 표면과 100% 나란하지 않아서 생기는 일이다. 이런 경우에 끌을 세게 밀어 깎거나 하면 판재 전체가 쪼개져 버릴 수도 있으므로 주의해야 한다.

나무를 나뭇결 면에서 결과 나란한 방향으로 가공할 때(끌의 진행 방향이 결과 나란하다)야말로 '결 방향'이 중요하다. 이때의 결 방향은 앞서 결을 끊는 방향, 결을 가로지르는 방향, 결과 나란한 방향이라고 구분한 것과 다른 의미다. 나무 섬유가 표면에 드러나는 방향을 뜻하는 것인데, 표면이 아닌 측면을 봐야 이 결 방향을 확인할 수 있다. 만약 섬유가 끌에서 멀어지는 방향으로 표면에 드러난다면 끌 날은 섬유를 깔끔하게 깎아 들어가게 된다(그림 4-5). 이런 경우를 결을 따르는 방향, 순결로 가공한다고 한다. 반대로 섬유가 끌을 향해서 표면으로 드러난다면 끌은 섬유를 자르기보다 섬유와 섬유 사이로 쐐기처럼 파고들어 서로 분리해버릴 것이다(그림 4-4). 이 경우를 결을 거스르는 방향, 엇결로 가공한다고 하며 끌이나 나중의 대패 가공에서 표면 뜯김이 나타나는 원인이다.

어떤 방향의 가공이든 끌이 날카로워야 한다는 것에는 차이가 없다. 반면 끌 날의 각도는 용도에 따라 다르게 연마해서 사

그림 4-2. 나이테 면에서 한 번에 너무 많은 양을 깎아내려 하면 나무 섬유가 서로 분리되며 뒤로 밀려버린다. 나무 섬유가 뒤로 밀린 자리에는 사진과 같은 구멍이 생긴다. 이는 끌이 아무리 날카로워도 마찬가지다.

그림 4-3. 결을 가로지르는 방향으로 깎으면 날 양쪽 가장자리의 나무 섬유도 같이 뜯겨 나오곤 한다. '안에서 밖으로' 깎았더니 모서리의 섬유 범위도 보기 싫게 떨어져 나왔다.

그림 4-4. 엇결로 깎으면 끌이 나무 섬유 사이로 파고든다. 나무 섬유가 잘리지 않고 서로 분리된다.

그림 4-5. 순결로 깎을 때는 나무섬유가 밀리거나 분리되지 않고 깨끗하게 잘린다. 섬유의 뒤가 다른 섬유에 의해 잘 받쳐져 있다.

목수는 연장을 탓하지 않는다

목공 작업에서 도구가 중요하긴 하지만, 더 중요한 것은 그 도구를 사용해서 작업을 '하는' 것이다. 도구를 갖추고 관리하는 것을 작업 그 자체보다 우선순위에 놓지 말라는 말이다. 도구 준비에 만전을 기하다 보면 작업은 뒤로 미뤄두게 되기 일쑤다. 목수는 연장을 탓하지 않는다는 말이 있다. 도구보다 더 중요한 것은 도구를 사용하는 목수의 솜씨라는 뜻이다. 도구 관리 요령을 배우는 것도 필요하지만 그보다 더 중요한 것은 톱질과 끌질 같은 기본 목공 기술을 연마하는 것이다. 아무리 도구가 완벽하더라도 이를 다루는 솜씨가 모자라면 결코 원하는 수준의 작업을 할 수 없다. 반대로 도구에 조금 흠이 있어도 솜씨가 좋으면 어느 정도까지는 문제없이 작업이 가능하다.

작업에 앞서 도구가 작업에 적합한 상태인지를 점검하는 것은 당연하다. 그러나 도구가 완벽하게 준비되는 순간은 없다. 이를 핑계로 당면한 작업을 미루는 함정에 빠져서는 안 된다.

물론 그런 심리를 이해하지 못하는 것은 아니다. 보통은 기술적인 자신이 없을 때 그렇다. 그러나 그렇게 해서는 문제가 해결되지 않는다. 차라리 도구를 관리하는 데 쓰는 시간과 노력의 일부만이라도 목공의 기술을 향상시키는 데 써보도록 하자.

용할 수 있다. 날의 각도가 작을수록 나무가 잘 깎이지만 비교적 날이 빨리 무뎌지는 단점이 있다. 밀어 깎기용으로 주로 사용하는 끌이라면 25° 정도로 연마해서 쓰는 것이 가장 좋고, 장붓구멍 끌과 같이 타격을 해가며 과감하게 쓰는 끌은 35° 정도로 연마하는 것이 적당하다(기본 각도를 30°로 하고 이중 각도를 5° 주면 연마하기 편리하다). 용도를 구분하지 않고 쓰는 일반 끌이라면 30°가 무난하다(기본 각도 25°, 이중 각도 5°).

5장에서 자세히 살펴보겠지만 끌의 뒷날은 평평해야 한다. 일반적인 목공 작업에서는 끌을 밀어서 깎거나 수직으로 쳐낼 때 끌이 직진하는 것이 중요한데, 뒷날이 평평해야 끌이 똑바로 나간다. 반면 조각용 끌은 사용 목적과 방식이 조금 다르기에 뒷날에 경사가 져 있거나 둥글림 처리가 되어 있기도 한다.

끌 사용 안전

끌 사용 시의 안전사항을 한 문장으로 요약하면 양손을 모두 날 뒤에 두라는 것이다. 이것이 무슨 뜻일까? 간단하다. 끌이 내 몸(손가락을 포함한)을 향하지 않도록 하라는 것이다.

많은 사람이 너무나 자연스럽게 작업물을 손으로 잡고—한 손에 나무를, 다른 한 손에 끌을 들고—작업하려고 한다. 그러나 이것은 대단히 위험한 습관이며 목공을 하다가 병원 응급실을 경험하게 되는 가장 쉽고 빠른 방법이라고 해도 과언이 아니다.

끌은 면도날처럼 날카로우며—실제로 면도가 되게끔 날을 연마한다—날 전체가 완전히 드러나 있다. 매우 쉽게 어디에든 푹 꽂힐 수 있다는 뜻이다. 끌을 사용할 때는 작업물은 클램프나 바이스 등으로 잘 고정해야 하고 손의 위치에 항상 주의를 기울여야 하며 작업대에 끌을 올려놓을 때도 주의가 필요하다. 끌이 발 위에 떨어지기라도 하면 크게 다칠 수 있다.

끌질 기법

끌을 사용하는 방법은 하려고 하는 작업의 성격에 따라 달라진다. 끌로 할 수 있는 작업이 매우 다양하므로 끌질의 방법도 다양하다. 끌질 방법은 손으로 끌을 쥐고 조작하는 방법에 국한되지 않고 대개 온몸을 사용해야 한다. 따라서 작업물에 대해 몸을 적절히 위치시키고 다양한 작업 상황에 맞춰 손을 통해 몸의 힘을 끝까지 전달하는 방법을 배워야 한다.

수직으로 깎는 작업을 할 때는 끌 손잡이를 엄지손가락을 제외한 네 손가락으로 감싸고 엄지손가락은 손잡이 뒤 끝을 막듯이 하여 쥐는 것이 좋다. 팔은 몸에 바짝 붙인다. 반대편 손은 끌의 날 끝을 작업물 위에 정확하게 갖다 대는 데 사용한다(그림 4-6). 끌을 연필을 잡는 것과 비슷하게 잡고, 가능하면 손 뒤축을 작업물 위나 어딘가 지지할 수 있는 물체 위에 붙인다. 정밀하게 깎기 위에서는 끌 날 끝을 필요한 위치에 영점 몇 밀리미

그림 4-6. 수직 깎기의 좋은 자세

그림 4-7. 이 위치에 서면 작업 상황을 잘 볼 수 있을 뿐 아니라 힘을 주거나 끌을 통제하기도 좋다.

그림 4-8. 눈과 상체를 끌 바로 위에 위치시키려면 몸을 작업대에 기대면서 작업대 위로 조금 내밀어야 할 때도 있다.

터 단위로 정확하게 갖다 붙일 수 있어야 한다. 앞에 설명한 소위 '연필 파지법'을 이용하면 감탄스러울 정도로 미세한 조정이 가능한데, 자기에게 맞는 방식으로 조금씩 변형을 해도 좋겠다. 어떤 방식으로 끌을 쥐든 끌 위치를 잡아주는 손은 작업물 위에 잘 붙이고 있어야 한다. 글씨를 쓸 때 연필을 잡은 손을 종이에 잘 대는 것과 마찬가지 이유다.

몸의 위치는 끌이 수직으로 세워져 있는지를 볼 수 있으면서 끌을 아래로 내리누를 수 있는 곳이어야 한다. 그러려면 자연스럽게 작업대에 다가서게 되는데, 균형을 잃지 않기 위해 다리나 몸을 작업대에 붙여서 기대기도 한다. 끌의 깎는 방향이 수직인지를 보려면 끌의 앞이나 뒤가 아닌 옆면을 내려다봐야 한다. 상체를 작업물 위로 숙여서 끌 손잡이가 턱이나 목의 아래에 오게끔 하면 미세한 각도 조정을 하기도 좋고 수직 하방으로 힘을 주기도 좋다. 나무를 깎는 힘은 복근으로부터 어깨와 위쪽 팔을 통해 끌로 전달된다. 손과 팔의 역할은 끌에 대한 통제를 유지하는 것으로, 손과 팔의 동작이 커서는 안 된다. 이렇게 해야 팔 힘이 아니라 상체의 체중을 이용해서 작업할 수 있다(그림 4-7).

깎는 작업에서는 끌에 힘을 세게 주면 안 된다. 깎는 것이 힘들다면 한꺼번에 너무 많은 양의 나무를 깎아내고 있다는 신호다. 이 상태로 계속하면 끌을 쥔 손은 흔들리고 몸의 자세는 흐트러진다. 이렇게 해서는 목표로 하는 정확한 끌질이 불가능하다(나이테 면을 무리해서 깎으면 나무 섬유가 압축되다 못해 밀려서 가공면에 빈 공간이 생기기도 한다). 따라서 한 번에 깎는 양을 적당히 줄여서 작업해야 한다. 힘을 많이 들이지 않고 할 수 있는 만큼씩 말이다.

타격을 통해 수직으로 나무를 쳐낼 때의 끌 파지법은 작업에서 요구되는 정밀도에 따라 다르다. 정확한 위치를 잡아서 타격하기 위해서는 깎기 작업에서와 마찬가지로 연필 파지법을 활용한다. 반면 나무를 과감하게 덜어내는 상황, 즉 정확성

그림 4-9. 수평 깎기의 끌 파지법. 끌의 뒤 끝을 손바닥 중심으로 받치고 끌과 팔뚝이 일자가 되게 해야 힘이 효과적으로 전달된다.

그림 4-10. 수평 깎기의 예. 이때도 날 끝을 섬세하게 통제하기 위해 나머지 손을 이용한다.

이 문제되지 않을 때는 끌 손잡이를 잡고 타격하는 것이 편하다. 타격 작업에서는 망치를 휘두를 수 있도록 작업물에서 조금 물러서게 되는데, 그래도 봐야 할 것—끌이 제 위치에 놓였는지, 끌이 수직인지—을 볼 수 있는 위치에서 벗어나지는 않아야 한다(그림 4-8).

끌을 이용해서 수평으로 깎는 작업을 할 때는 끌 손잡이 뒷부분을 손바닥 중심 움푹 팬 곳에 대고 손가락으로 끌을 감싸 쥐되 검지를 앞으로 쭉 펴는 식으로 끌을 잡는다(그림 4-9). 끌을 쥔 손의 반대쪽 손은 손바닥을 위로 해서 엄지로 끌의 윗면을, 검지로 끌의 뒷날 아랫면을 잡는다. 이 손의 역할은 끌을 대는 위치와 깎는 깊이 등을 조절하는 것이다. 끌질을 할 때, 이 손을 어딘가에 붙여 지지되게끔 하는 것이 좋은데, 일반적으로 검지 바깥쪽을 작업물에 갖다대면 된다. 손으로 잡은 힘으로 끌질을 하는게 아니므로 끌을 꽉 쥘 필요는 없다. 대신 팔뚝을 끌과 일직선으로 나란히 한다. 이렇게 하면 몸으로 미는 힘이 어깨와 팔을 통해 끌로 바로 전달된다(그림 4-10).

목심 끄트머리 등 목재 표면에서 돌출된 뭔가를 표면에 맞춰서 깎아 정리할 때도 이 파집법을 적용할 수 있다. 일반적인 밀어서 깎기는 힘주는 방식만

그림 4-11. 끌로 비껴서 깎기. 표면 위로 돌출된 뭔가를 제거하는 데 효과적이다.

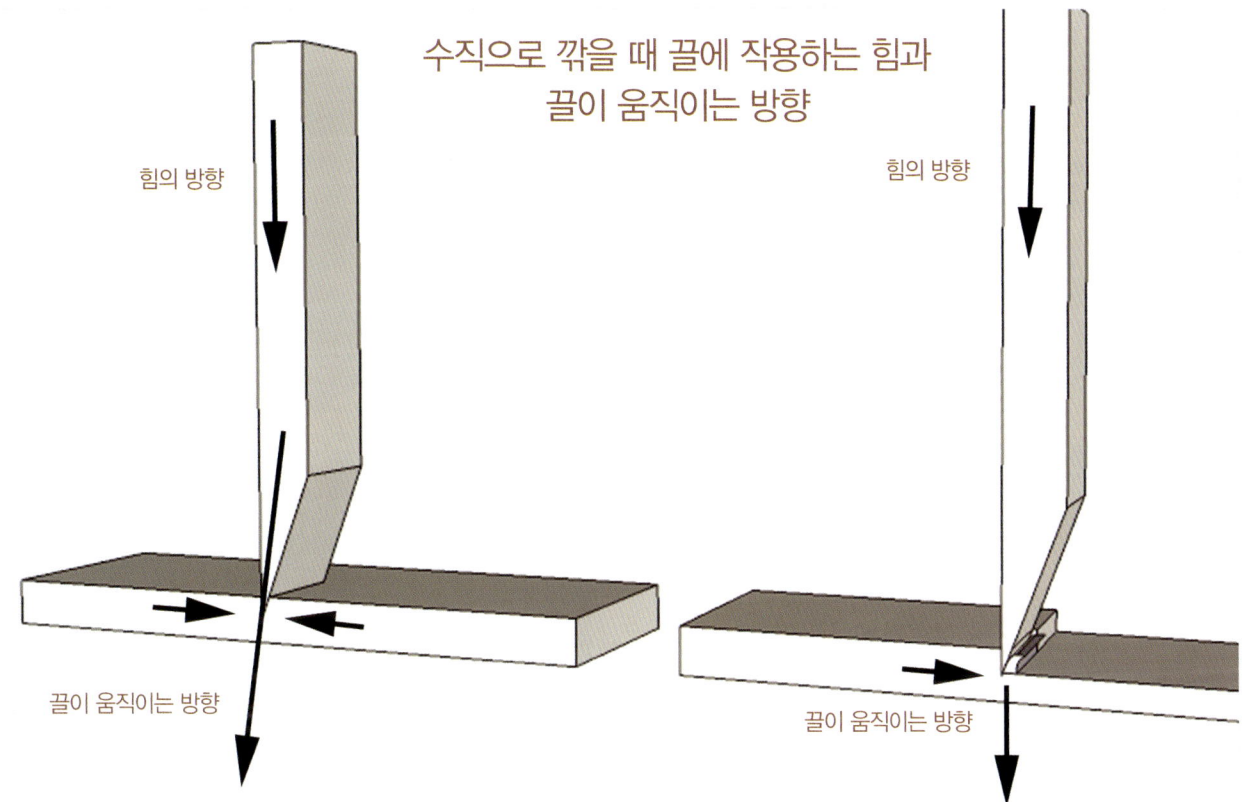

그림 4-12.

조금 다르다. 끌 뒷날을 목재 표면에 대고(오른손잡이라면) 왼손 검지를 끌 윗면에서 조금 비낀 위치에 놓는다. 그리고 끌을 밀 때 그냥 미는 것이 아니라 왼손 엄지를 지렛대의 받침으로 활용해서 끌손잡이를 살짝 틀면서 밀어주는 식이다. 이렇게 하면 끌이 나무를 비껴서 깎으므로 힘이 덜 들고 결과도 더 깔끔하다(그림 4-11).

수평 깎기 작업에서 날을 매우 섬세하게 컨트롤해야 하는 경우가 있다. 이때는 '조절하는 손'을 더 적극적으로 활용해야 한다. 예를 들어 조절하는 손 엄지로 날의 윗면을 누르는 힘을 조절함으로써 깎는 거리를 통제할 수 있는데, 압력을 달리함으로써 날이 내가 원하는 것 이상으로 멀리 나가지 않도록 할 수 있다. 이것은 칼금 바로 앞까지만 깎고 멈춰야 하는 때 활용할 수 있는, 익혀두면 매우 유용한 기술이다(그림 4-10).

정확하게 끌질하기

끌의 진행 방향을 결정하는 것은 무엇일까? 나무에 그은 선에 끌을 대고 망치로 때리면 끌이 나무를 파고들면서 선의 뒤까지 먹어 들어간다. 이렇게 되는 이유는 간단하다. 끌은 쐐기이며 쐐기는 중심선이 향하는 방향으로 나무를 파고들게 되어 있다. 쐐기가 양쪽에서 저항이 똑같다면 말이다(그림 4-12).

그러나 우리는 끌이 밀려서 선 뒤쪽으로 넘어가는 것을 바라지 않는다. 끌이 선을 뭉그러뜨리지 않고 정확하게 수직 아래로 깎아 내려가길 원한다. 이를 위해서는 두 가지 조건이 충족되어야 한다. 첫 번째 조건은 끌의 뒷면이 완벽하게 평평해야 한다는 것이다. 만약 끌 뒷면에 경사가 있다거나 곡면이 형성되어 있다면 그 끌의 진행 방향은 아무도 예측할 수 없다. 두 번째 조건은 끌로 깎고자 하는 지점이 나무의 안쪽이 아니라 가장자리, 즉 빈 공간의 옆이어야 한다는 것이다. 그래야 깎인 나무가 빈 공간으로 떨어져 나가서 끌을 반대 방향으로 밀어붙이지 않는다. 달리 말하자면 깎인 나무가 끌을 뒤로 밀어붙이지 않고 쉽게 떨어져 나갈 수 있도록 조금씩 깎아야 한다는 뜻이다. 끌이 선 뒤로 밀리지 않도록 물리적인 조처를 해두면 도움이 되기도 한다. 선 바로 위에 나무 블록을 클램프로 단단히 고정해놓으면(블록 아래에 사포를 붙여서 마찰력을 높이면 더 좋다), 끌이 나무를 깎아 들어갈 때 선 너머로 밀리지 않는다. 나무 블록뿐 아니라 그 위치에 고정된 것이라면 뭐든지 이용할 수 있다. 참, 끌은 일반적으로 평평한 뒷면을 나무의 남길 쪽, 경사진 앞면을 나무의 제거할 쪽으로 놓고 사용한다.

끌로 나무를 수직으로 깎아내릴 수 있으면 좋지만, 정확히 선 위에서 수직으로 깎으면 더 좋다. 끌은 이런 작업을 위한 최

정확한 가공은 칼금에서 시작된다.

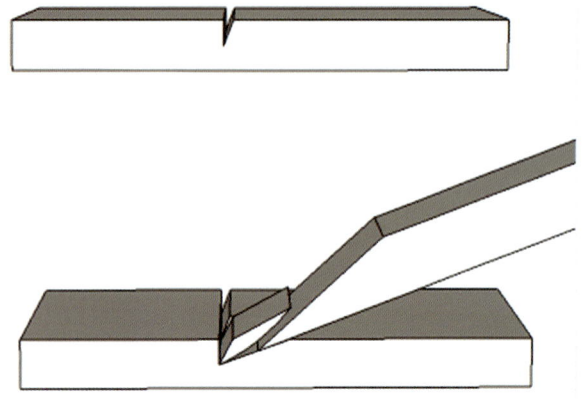

제거할 부위 칼금 바로 앞을 끌로 살짝 떠 놓으면 선이 더 잘 보일 뿐만 아니라 이어지는 톱질과 끌질 작업을 정확하게 하는 데 큰 도움이 된다.

그림 4-13.

적의 도구인데, 그므개나 마킹나이프와 같이 사용하면 어렵지 않게 해낼 수 있다. 그므개나 마킹나이프로 그은 칼금은 이상적인 선이다. 버릴 쪽의 나무를 선에서 약간의 여유를 두고 대략 제거함으로써 수직 끌질을 위한 빈 공간을 만든 뒤 칼금에 끌을 대고 정확하게 깎아내리면 된다. 이때 마킹 단계에서 칼금을 긋고 나서 칼금의 버릴 쪽 옆을 끌로 미리 살짝 떠내주면 선의 경계가 명확하게 드러나서 톱질이 편해질 뿐 아니라 수직 끌질을 할 때 끌의 뒷면을 지지하는 물리적인 턱이 생겨서 끌질의 정확도를 한층 높일 수 있다(그림 4-13).

한편 어떻게 하면 끌을 나무에 수직으로 대고 작업 동안 계속 그 상태를 유지할 수 있을까? 이에 대한 가장 좋은 방법은 끌의 수직을 볼 수 있는 위치에서 작업하는 것이다(그림 4-14). 그렇다고 제삼자가 보듯이 작업물에서 멀리 떨어져서 수직을 보라는 것은 아니다. 그렇게 해서는 끌질을 할 수가 없다. 대신 주로 보는 눈(dominant eye)으로 끌의 측면을 내려다봐야 한다. 우리는 모두 수직에 대한 감각을 가지고 있다. 벽에 걸린 액자가 조금만 비뚤어져도 알아챌 수 있지 않은가. 수직을 보는 것은 어렵지 않다. 어려운 것은 수직을 볼 수 있는 위치에 서서 작업해야 한다는 것을 기억하고 실천하는 것이다(그림 4-15). 경우에 따라 작업대 위에 직각자를 세워두고 참고하거나 여러 방향에서 동시에 직각을 확인할 수 있도록 거울을 세워놓고 작업하는 것도 도움이 된다.

끌의 날 폭보다 넓은 구간을 수직으로 깎을 때 선을 넘어가지 않는 방법은 뭘까? 우선은 준비 작업으로 나무의 버릴 쪽에 빈 공간을 만들어야 한다. 보통은 선에서 0.8mm 정도를 남기고 나무를 대략 제거하는데, 특히 단단한 나무라면 0.8mm도

그림 4-14. 작업물에 대한 몸의 위치도 중요하다. 나는 지금 장붓구멍 측면을 수직으로 깎으려고 하는데, 이 위치에서는 끌이 수직으로 세워져 있는지를 확인할 수 없다. 끌이 수직인지 보려면 끌의 측면이 보이는 위치에서 작업해야 한다.

그림 4-15. 끌의 측면을 봐야 끌 뒷면이 수직으로 세워져 있는지를 확인할 수 있다. 작업물을 돌리거나 서 있는 위치를 바꾸면 된다.

그림 4-16. 마지막에는 아주 조금만 남겨놓고 깎아야 칼금 선에 정확하게 맞출 수 있다. 깎는 양이 많으면 끌이 뒤로 밀리면서 칼금 선이 뭉개진다.

그림 4-17. 앞서 깎아 놓은 면에 의지해서 조금씩 더 깎아나가면 된다.

많다. 이 단계의 목표는 나중에 끌로 한 번에 깔끔하게 깎아낼 수 있는 양 정도만 남기는 것이다. 다음은 구간의 한쪽 끝부터 정확하게 수직으로 깎을 차례다. 끌의 앞면을 버릴 쪽으로 해서 끌을 칼금 위에 대고 조심해서 수직으로 깎아내린다(그림 4-16). 이 다음부터는 선을 따라가며 조금씩 끌질을 해나간다. 이때 나무를 깎아내는 데에는 끌의 1/4이나 1/8 정도만 사용하고 나머지는 기존의 가공 면에 겹쳐지도록 해서 기존의 가공 단부를 참고면 또는 지지면으로 활용한다. 끌을 옆으로 조금 기울여서 나무를 깎는 쪽의 날 끝이 겹쳐진 쪽보다 늦게 진행이 되도록 하면 좋다(그림 4-17). 이렇게 하면 선을 따라 빠른 속도로 가공할 수 있는데, 결과 또한 놀랍도록 정확하다. 물론 약간의 연습은 필요하지만 말이다.

끌의 앞면과 뒷면을 적절히 활용하기

수평으로 깎을 때는 끌 앞면이 위를 수직으로 깎을 때는 끌 앞면이 버릴 쪽을 향하도록 하여 끌을 사용하는 것이 일반적이다. 이는 끌의 진행 방향을 예측하고 통제하기 위해서다. 깎여 나온 나무가 끌 앞쪽의 경사면에 밀려 떨어져 나가면 끌은 뒷면을 따라 진행하게 된다. 마침 끌에 작용하는 힘의 방향도 뒷면과 나란하다. 그러나 끌의 앞뒤를 뒤집어서 사용하면 상황이 복잡해진다. 힘의 방향과 날이 바라보고 있는 방향이 제각각이기 때문이다.

때에 따라 끌 앞면을 아래로 해서 써야 할 때도 있다. 정상적인 방법으로는 닿기 어려운 구석진 곳을 깎을 때 말이다(그림 4-18). 끌로 장붓구멍을 팔 때 끌 앞면의 경사를 지렛대

그림 4-18. 끌 앞쪽 경사면을 아래로 해서 사용하면 구석진 부위를 깎거나 정리할 수 있다.

수공구, 전동공구, 목공기계 잘 쓰는 법

로 활용해서 구멍 바닥을 정리하기도 한다. 단, 이렇게 쓰면 날이 금방 망가진다는 것만 알고 있자.

대패

대패는 목공의 여러 도구 중 가장 사용하기 어려우면서도 사용하는 것이 가장 즐거운 도구다. 대패를 사용하는 것이 어려운 이유는 날을 연마하는 법, 대팻집을 수정하고 날을 세팅하는 법 그리고 나뭇결을 읽고 작업 상황에 알맞게 대패질하는 법을 종합적으로 이해하고 똑바로 경험해보지 않고서는 대패질을 제대로 할 수 없기 때문이다. 그러나 일단 이해해서 체화하고 나면 대패는 그야말로 놀라운 도구가 된다. 대패질이 잘된 나무 표면의 매끄러움에는 누군들 감탄하지 않을 수 없다. 대패질할 때 나오는 뒤가 비칠 정도로 얇은 대팻밥은 그 자체로 큰 즐거움을 준다. 감성적인 측면만 있는 것이 아니다. 대패는 기능적인 측면에서 놀라운 도구이다. 다른 어떤 도구보다 빨리 판재의 표면을 평평하고 매끈하게 다듬을 수 있는 것이 대패다. 대패를 공부하고 사용법을 익히는 데 조금만 시간과 노력을 들이면 누구나 대패가 주는 즐거움을 느낄 수 있다.

대패의 본질은 날이 기준이 되는 바닥면에 대해 일정하게 고정되어 있다는 점에 있다. 이 사실이 대패를 대패이게 하고 다른 도구로는 할 수 없는 작업을 대패로는 할 수 있게 해준다. 단적으로 끌로 테이블 상판의 평을 잡는다고 생각해보자. 아니면 미세하게 간격이 맞지 않는 서랍 앞판의 틈새나 가구를 조립한 뒤 생긴 부재 간의 의도치 않은 단차를 끌로 깎아서 맞춘다고 생각해보자. 끌이든 대패든 날 자체에는 차이가 없으며 날은 나무를 깎을 수 있다. 다만 대패의 경우 날이 대팻집에 고정되어 있고 대팻집 바닥면에 대한 날의 돌출 깊이를 조절할 수 있기에 우선은 기준 면을 갖고 작업할 수 있으며 다음은 기준 면에 대해 정해진 양만큼을 깎을 수 있는 것이다.

대패질이 잘되기 위한 조건들

대패의 종류와 크기는 너무나 다양하다. 그러나 어떤 대패든 대패질이 잘되기 위해 갖춰야 하는 조건들은 공통적이다. 최우선 요소는 당연히 대팻날이다. 대팻날은 날카로워야 할 뿐 아니라 뒷면은 완벽하게 평평하게, 앞면은 적절한 각도로 연마되어 있어야 한다(날 연마와 관련한 자세한 내용은 이 책의 5장에서 살펴보도록 하자). 그러나 대팻날이 날카롭다고 해서 대패질이 잘되리란 보장은 없다. 날이 대팻집에 고정된 것이 시원찮으면 대팻날이 아무리 좋아도 제 역할을 할 수 없기 때문이다. 대패질할 때 날이 제 위치에서 뒤로 밀리지 않는다고 해서 대팻집에 잘 고정된 것이 아니다. 대패질할 때의 문젯거리 중 하나인 날 떨림 현상이 바로 대팻날의 고정 방식과 관련이

그림 4-19. 칩브레이커와 대팻날 뒷면 사이에 틈이 있으면 안 된다.

그림 4-20. 이 칩브레이커는 괜찮다. 날 전체가 대팻날 뒷면에 잘 밀착되어 있다.

벤치플레인. 제일 왼쪽이 7번, 제일 오른쪽이 2번이다.

블록플레인. 제일 왼쪽은 로앵글(저각) 잭플레인, 왼쪽 두 번째는 로앵글(저각) 스무딩플레인, 나머지 셋은 일반적인 블록플레인이다.

있다. 날은 이런 떨림 발생도 최소화할 수 있게끔 잘 고정되어 있어야 한다. 여기서 중요한 것은 대팻날과 대팻집의 접촉면이다. 대팻집에서 대팻날이 장착되는 부위는 넓을수록 좋고 대단히 정밀하게 평면 가공되어 있어야 한다. 대팻날 자체가 평평해야 하는 것은 물론이다. 사용하는 대패가 벤치플레인(bench plane)이라면 칩브레이커(덧날, chip breaker)도 관련이 있다. 칩브레이커는 보통 대팻날에 볼트로 밀착 고정해서 사용하는데―칩브레이커의 원래 역할은 두껍게 대패질을 할 때 깎여 나온 대팻밥을 꺾어 부러뜨리는 것이다―그로 인해 대팻날이 더 두꺼워지고 묵직해진 모양새가 되어 날의 떨림을 상당 부분 감쇄시켜준다. 칩브레이커가 제 역할을 하기 위해서는 대팻날에 빈틈없이 밀착되어 있어야 하며, 이를 위해 칩브레이커의 날 끝을 펴거나 연마할 필요가 있을 때도 있다(그림 4-19, 4-20). 오래된 대패나 다소 품질이 좋지 않은 대패를 갖고 있다면 칩브레이커라도 좋은 것으로 교체해보길 바란다. 대팻날을 상급으로 바꾸는 것 이상으로 대패의 성능을 높여준다.

대패질이 잘되도록 하는 데 영향을 주는 것들이 몇 가지 더 있다. 그중 하나가 대패 바닥의 날 입구 크기다. 대패질이 잘 되는 입구의 크기는 작업에 따라 다 다르다. 따라서 날 입구를 대패질 상황에 맞게 조절해서 사용할 수 있어야 한다. 날 입구는 좁을수록 대패질할 때 표면의 뜯김이 덜하다. 날 입구 바로 앞의 대패 바닥면이 대팻날과 거의 붙어 있어서 날이 나무 섬유를 끊어내기 직전까지도 섬유를 잘 누를 수 있기 때문이다. 표면을 다듬는 마무리 작업용이라면 대패의 날 입구를 최소로 세팅해서 사용해야 한다. 반면 대패로 깎아내야 할 양이 많다면 날 입구를 넓혀주어야 한다. 그래야 두꺼운 대팻밥도 날 입구에 끼지 않고 잘 빠져나간다. 벤치플레인은 날 입구 조정이 다소 번거롭다. 날을 잡아주는 중간 장치인 프로그(frog)를 앞뒤로 움직여서 입구의 크기를 조정하는 방식이기 때문이다. 반면 블록플레인(block plane)이나 로앵글플레인(저각 대패, low angle plane)과 같은 베벨업플레인(bevel-up plane)은 날 입구 조정이 쉽다. 대패 앞쪽의 손잡이를 풀어서 입구를 열거나 좁힌 뒤 손잡이를 다시 조여주기만 하면 된다(블록플레인 중 크기가 작은 모델들은 날 입구 조정이 안 된다).

대패질에 영향을 주는 요소로 대팻집의 바닥면 그 자체도 빼놓을 수 없다. 일반적으로 대패의 바닥은 평평해야 한다. 대패 바닥은 대팻날로 목재 표면을 깎아낼 때의 기준 면이다. 우리가 대패로 하고자 하는 일은 목재의 표면으로부터 이 기준 면 아래로 일정한 깊이만큼의 나무를 깎아내는 것이다. 그런데 바닥이 뒤틀려 있는 등 평평하지 않은 대패는 이 기준 자체가 불분

벤치플레인 vs 블록플레인

벤치플레인에는 대팻날의 앞날 경사면이 아래로 가게끔 하여 장착한다. 반면, 블록플레인에는 대팻날 앞날 경사면을 위로 하여 장착한다. 벤치플레인에는 프로그(대패 몸체로부터 분리 및 위치조정이 가능하다)라는 고정 장치 위에 대팻날을 장착한다. 반면 블록플레인은 대팻날을 대패 몸체에 직접 장착한다. 벤치플레인의 대팻날 장착 각도는 45°다(간혹 50°나 55°인 경우도 있다). 대팻날이 장착되는 프로그가 해당 각도로 만들어져서 나온다. 반면 블록플레인의 대팻날 장착 각도는 12° 또는 20°이며 대패 몸체의 대팻날 장착 부위가 해당 각도로 가공되어 있다.

그러나 두 대패 간에 대팻날의 실질적인 절삭 각도에는 큰 차이가 없다. 대팻날을 장착하는 방향이 서로 반대여서다(벤치플레인은 앞날 경사면을 아래로, 블록플레인은 앞날 경사면을 위로 하여 장착한다). 벤치플레인의 프로그는 앞뒤로 이동 가능하게 되어 있으며, 이를 통해 대패의 날 입구 크기를 조정할 수 있다. 다소 번거롭긴 하지만 말이다. 반면 블록플레인은 대패 바닥의 앞쪽을 움직여서 날 입구 크기를 조정하게 되어 있다. 대부분의 벤치플레인에는 칩브레이커(덧날)가 있다. 반면 블록플레인에는 칩브레이커가 없다.

블록플레인형 저각 스무더(좌)는 대팻날을 앞날 경사면을 위쪽으로 해서 대패 몸체에 직접 장착하며, 날 입구는 손쉽게 조정할 수 있도록 되어 있다. 반면 벤치플레인형 스무딩플레인(우)은 대팻날을 비교적 높은 각도의 프로그 위에 장착하며 칩브레이커와 함께 사용한다.

명한 셈이므로 우리가 원하는 방식으로의 가공이 되지 않는다. 그러나 바닥면 전체가 완전 평면이 되어야 하는 것은 아니다. 테두리와 날 입구 주위의 바닥면의 평이 맞는 것이 중요하다.

흔히 쇠(cast iron)는 단단하므로 쇠로 만든 대팻집도 변형되지 않는다고 생각하기 쉽지만, 실제로는 힘을 받음에 따라 조금씩 변형된다. 따라서 대패 바닥의 평을 직접 맞출 때는—유리나 주물 정반 위에 사포를 붙여놓고 연마하면 된다—대팻날을 대팻집에 장착한 상태에서 해야 한다. 단, 대팻날을 바닥보다 안쪽으로 물려놓아서 사포에 날이 상하지 않도록 주의한다.

대팻날 깊이와 기울기를 조정하는 장치는 대패질이 잘되느냐 마느냐는 관계가 없으며 편의 사양일 뿐이다. 최상급의 대패 가운데는 날 조정 장치가 없는 제품도 많은데, 이런 대패는 대팻날 뒤쪽이나 대팻집 몸체를 작은 망치로 두드려서 날 깊이와 기울기를 조정한다. 그 외 대부분 대패는 스크류 방식으로 된 작은 노브(knob)를 돌려서 대팻날 깊이를 조정하고 지렛대 손잡이를 좌우로 움직여서 대팻날의 좌우 기울기를 조정한다. 노브와 지렛대 손잡이가 일체형으로 되어 있는 대패도 있다.

벤치플레인과 블록플레인

대패는 크게 벤치플레인과 블록플레인으로 나뉜다. 대팻집에 장착된 상태에서 날의 앞부분 경사면이 아래를 향한다면 벤치플레인으로, 위를 향한다면 블록플레인으로 구분하면 된다. 대패를 이렇게 나누는 것이, 대팻날 앞면이 아래를 보느냐 위를 보느냐가 무슨 의미가 있을까? 대개의 경우 아무 의미도 없다. 날과 목재와의 관계에서 봤을 때 중요한 것은 대팻날의 절삭 각도밖에 없다. 여기서 대팻날의 절삭 각도는 대팻날 자체의 연마 각도를 뜻하는 것이 아니다. 대팻날이 목재에 닿는 각도, 쐐기를 이루는 두 면 중 윗면과 목재 표면이 이루는 각도가 대팻날의 절삭 각도다. 외견상으로는 벤치플레인의 대팻날 절삭 각도가 블록플레인의 절삭 각도보다 더 높아 보인다. 그러나 블록플레인의 대팻날은 앞날의 경사부가 위를 향해 있다. 따라서 대팻날이 장착된 각도에 대팻날 자체의 각도를 더해야 블록플레인의 절삭 각도가 된다. 이것을 계산해보면 겉보기와는 달리 두 종류의 대패 간에 절삭 각도의 차이가 거의 없다는 것을 알게 된다. 일반적으로 벤치플레인의 대팻날은 프로그 위에 45°의 각도로 장착된다. 벤치플레인의 대팻날은 평평한 뒷날이 위를 보고 있으므로 45°가 그대로 절삭 각도가 된다. 블록플레인은 일반 모델과 저각 모델로 나뉘는데, 일반 모델에서는 대팻날이 20°의 각도로, 저각 모델에서는 12°의 각도로 대팻집에 장착된다. 그런데 여기에 대팻날 자체의 각도

그림 4-21. 스크럽플레인의 대팻날은 눈에 띄게 볼록해서 놀랄 만큼 빠른 속도로 나무를 깎아낼 수 있다. 대패질한 면이 깔끔하진 않지만 그것이 초벌 단계에서 중요한 문제는 아니다.

를 더해야 블록플레인의 절삭 각도가 된다. 대팻날의 앞날 경사부가 위를 향하고 있기 때문이다. 대팻날을 25°로 연마했다면 일반 모델의 절삭 각도는 45°로 벤치플레인과 같으며, 저각 모델의 절삭 각도는 37°가 된다. 저각 블록플레인은 목재의 나이테 면을 대패질할 때 유용하다. 대패의 절삭 각도가 낮을수록 나무의 섬유를 짓누르지 않고 슬라이스하듯 잘 잘라낼 수 있기 때문이다.

우리가 벤치플레인을 두고 굳이 블록플레인을 쓰는 이유가 뭘까? 저각 모델의 경우 나이테 면을 쉽게 대패질할 수 있다는 점, 작은 블록플레인의 경우 한 손으로 잡고 쓸 수 있어서 다양한 상황에 사용하기 편하다는 점을 제외하고 말이다. 벤치플레인에 비해 구조가 비교적 단순하다는 것도 좋은 점이기는 하다. 그러나 블록플레인의 진짜 좋은 점은 절삭 각도를 원하는 대로 바꿔가며 쓸 수 있다는 것이다. 바꾸는 방법도 간단하다. 대팻날의 각도만 다르게 연마하면 된다. 결이 복잡해서 대패질하기 어려운 면을 대패질할 때는 대팻날을 높은 각도로 연마해서 사용해보자. 대패의 절삭 각도가 높을수록 표면이 잘 뜯기지 않는다. 대패를 살 때 대팻날을 한두 개 더 사서 각각 다른 각도로 연마해놓고 쓰면 정말 편리하다.

그에 반해 벤치플레인은 절삭 각도를 바꾸기가 어렵다. 대패 제조사에서 대팻날 장착 각도를 높여놓은 프로그를 별도로 판매하는 때도 있기는 하지만 흔치는 않다. 프로그를 바꾸는 것 외 벤치플레인의 절삭 각도를 바꾸는 유일한 방법은 대팻날의 뒷면에 뒤 경사(back bevel)를 주는 것이다. 뒤 경사를 줄 때는 대팻날 뒷면과 칩브레이커 간의 밀착에 영향이 없게끔 각별히 주의해야 하며, 날 연마 시 날 넘김(burr)을 제거하는 단계에서 뒤 경사 각도를 정확하게 재현할 수 있어야 한다(날 연마와 관련한 자세한 내용은 이 책 5장을 참고하도록 하자).

날 끝을 직선으로 연마할 것인가, 아니면 약간 둥글게 연마할 것인가

대다수 목공인은 대팻날 끝을 직선으로 연마해서 그 상태 그대로 쓴다. 일부 목공인은 대팻날의 양쪽 끝을 살짝 둥글게 연마해서 쓰는데, 이렇게 하면 대패로 깎아낸 부위의 좌우에 생기곤 하는 단차가 어느 정도 숨겨진다. 그리고 또 다른 목공인 몇몇은 대팻날 끝의 전 구간을 완만한 곡선으로 둥글게 연마해서 쓴다. 스크럽플레인(scrub plane)이 대팻날을 둥글게 연마해서 쓰는 극단적인 예다(그림 4-21). 스크럽플레인은 한 번에 많은 양의 목재를 깎아낼 수 있게끔 만들어진 대패로 제재목의 거친 표면을 빠르게 다듬기에 좋다. 스크럽플레인의 대팻날은 폭이 좁으며 눈에 띄게 둥근 모양으로 날을 세운다. 이런 모양의 날은 대패질 중에 목재에 잘 끼지 않으며 빠르게 작업하는 데 도움이 된다(내 스크럽플레인의 날 폭은 37mm인데 날 가운데가 양 끝 대비 앞으로 2.4mm 정도 볼록하게 나와 있다). 미세하게 둥글게 연마한 대팻날도 쓰임이 많다. 표면 마무리용 대패(smoothing plane)에 날 가운데가 0.1mm 이하로 돌출되게끔 미세하게 둥글게 연마한 대팻날을 장착해서 사용하면 대패질한 표면에 대팻날 가장자리의 흔적이 전혀 남지 않는다. 날의 양 가로 갈수록 나무를 깎아내는 깊이가 얕아지다가 결국 0이 되기 때문이다. 대신 아주 미세한 굴곡 면이 반복적으로 겹쳐지면서 표면에 드러나는데, 이는 다른 가공 흔적들과 달리 고급스러운 느낌을 주며 장인이 손으로 작업한 증거와 같이 여겨진다(그림 4-22).

둥글게 연마한 대팻날은 판재 모서리의 직각을 맞추는 데도 유용하다. 대팻날이 대패의 가운데 부분에서 가장 돌출되어 있으므로 대패의 중심을 어느 한쪽으로 옮겨서 깎음으로써 그쪽을 조금 더 많이 깎아내는 원리다. 이렇게 하면 판재 모서리의 높은 쪽을 0.1mm보다도 높은 정밀도로 더 깎아가면서 모서리의 직각을 맞출 수 있다(그림 4-23). 비슷한 방법을 이용해서 날 끝을 직선으로 연마한 대팻날로도 판재 모서리의 직각을 맞출 수 있다(그림 4-24).

대팻날을 둥글게 연마하는 것은 직선으로 연마하기보다 당연히 어렵다. 그리고 일반적인 목공 작업에서 둥근 대팻날이 꼭 필요한 것도 아니다. 따라서 대팻날을 곡선으로 연마해서 사용해보는 것은 우선 직선 연마를 숙달하고 대패를 사용하는 것에도 어느 정도 익숙해진 후에 선택적으로 도전해보는 것이 좋겠다.

대팻날 세팅법

대팻날을 날카롭게 연마하는 것 못지않게 중요한 것이 작업의 성격에 맞게 날을 잘 세팅하는 것이다. 날 세팅이 잘되었는지는 테스트 컷을 통해서 확인해야 하는데, 이를 위한 테스트용 나무를 늘 가까이 두는 것이 좋다.

벤치플레이의 경우 칩브레이커와 대팻날을 서로 고정하는 것이 먼저다. 칩브레이커가 대팻날 끝을 건드려서 날을 상하게 하는 일이 없게 하려면 대팻날과 칩브레이커를 십자 모양으로 먼저 겹친 뒤 칩브레이커를 90° 돌려서 대팻날과 칩브레이커를 서로 나란하게 만들고 그다음에 칩브레이커를 대팻날 끝까지 밀어 올리는 방식으로 고정하면 된다. 대팻날 끝에서 칩브레이커까지의 거리는 0.4~0.8mm 정도가 적당하다. 대팻날과 칩브레이커가 움직이지 않게 조심하면서 고정 볼트를 단단히 조인다.

이제 결합된 대팻날 뭉치를 칩브레이커가 위로 가게 해서 대패에 장착한다. 이때도 역시 날 끝이 대패 몸체에 부딪히지 않도록 조심하고 칩브레이커의 홈을 프로그 윗면의 대팻날 깊이 조정쇠에 잘 맞춰서 장착한다. 그리고 나면 레버캡(lever cap)을 덮고 레버 손잡이를 내려서 고정하면 끝이다.

블록플레인은 더 쉽다. 대팻날을 앞날의 경사면이 위를 향하게 해서 대패에 장착하고 대팻날의 홈과 대패 몸체의 날 깊이 조정쇠를 서로 맞춘 후 캡아이언(cap iron)을 덮고 조이기만 하면 된다.

캡아이언 또는 레버캡은 얼마나 세게 조여야 할까? 날을 잘

그림 4-22. 대팻날을 미세하게 볼록하게 연마해서 대패질해보면 대팻밥이 이런 식으로 나온다. 대팻밥의 가장자리로 갈수록 두께가 점점 얇아지다가 결국에는 두께가 없어져버린다.

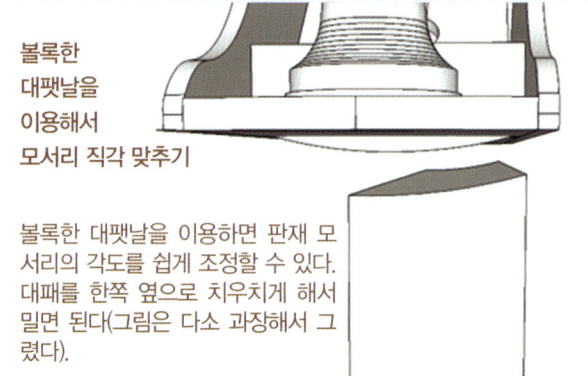

볼록한 대팻날을 이용해서 모서리 직각 맞추기

볼록한 대팻날을 이용하면 판재 모서리의 각도를 쉽게 조정할 수 있다. 대패를 한쪽 옆으로 치우치게 해서 밀면 된다(그림은 다소 과장해서 그렸다).

그림 4-23.

곧은 대팻날로 모서리 직각 맞추기

대패 바닥의 양 가에는 대팻날이 없다는 점을 이용하면 곧은 대팻날로도 모서리 직각을 맞출 수 있다. 모서리의 높은 쪽으로 대패를 치우치게 하되 대패 측면을 판재의 면과 맞춰서 대패질하면 모서리의 한쪽만 일정한 양으로 깎이는데, 이렇게 한두 차례 대패질한 후 다시 전체 면을 깎아주면 모서리의 각도가 조금씩 바뀐다.

그림 4-24.

잡아줄 수 있을 만큼은 죄되 날을 조정할 때 힘을 세게 주지 않아도 될 만큼만 조여야 한다. 다 조였는데도 날을 손힘만으로 밀어서 움직일 수 있다면 더 조아야 한다. 그러나 캡아이언이나 레버를 풀지 않고 날 깊이 조정 노브나 좌우 기울기 조절 레버를 이용한 날 조정이 가능해야 한다.

장착이 끝났다면 날을 세팅할 차례다. 우선은 눈으로 보고 느낌에 따라 세팅해본다. 대패를 뒤집어서 바닥에 대한 날의 위치를 확인한 뒤, 날이 바닥 위로 조금 더 올라오도록 날 깊이를 조정한다. 날이 눈에 띌 정도로 기울어져 있다면 좌우 기울기를 조정해서 수평도 대략 맞춰본다. 블록플레인의 경우 좌우 기울기 조정 장치가 없는 모델도 많다. 이때는 작은 말렛이나 망치로 대팻날의 옆을 두드려 조정하거나 캡아이언을 조금 풀어서 손으로 조정하면 된다.

대팻날은 날 폭 전체에 걸쳐서 일정한 깊이로 나무를 깎아낼 수 있게끔 세팅해야 한다. 날의 어느 한쪽이 더 깎이게 세팅해서는 안 된다. 이를 위해서는 날이 대패 바닥으로부터 돌출된 양이 날 폭 전체에 걸쳐 일정해야 한다. 대패를 뒤집어서 앞쪽 끝에서 봤을 때 날의 끝 선과 대패 바닥이 서로 완벽하게 평행을 이루어야 한다. 날을 이처럼 정확하게 세팅하는 가장 좋은 방법은 테스트 커트를 해보고 조정하는 것이다. 이때 조정은 반드시 매 차례 테스트 컷의 결과에 따라서 해야 한다. 나무가 깎이지 않는다면? 날을 더 깊이 밀어 넣는다. 나무가 너무 많이 깎인다면? 날을 뒤로 조금 뺀다. 최종적으로는 날의 좌우 양쪽이 나무를 고르게 깎아내는지 확인해야 한다. 날의 왼쪽을 이용해서 깎아낸 대팻밥과 오른쪽을 이용해서 깎아낸 대팻밥을 서로 비교해보면 된다. 우연히 양쪽이 고르게 나오는 경우

그림 4-25. 날의 전체가 아니라 어느 한쪽에서만 대팻밥이 나온다면 날 기울기를 바로잡아야 한다.

는 거의 없다. 날 양쪽의 깎는 깊이를 똑같이 맞추려면 어떻게 해야 할까? 우선 대팻밥이 어느 한쪽에서만 나올 때까지 날을 뒤로 뺀다. 이렇게 하면 아주 미세한 깊이 차이도 알아차릴 수 있다(그림 4-25). 그런 다음 날 기울기를 조금 조정해서 다시 깎아본다. 날 어느 쪽에서도 깎여 나오는 것이 없거나 날 전체에서 대팻밥이 나온다면 기울기가 조금 바로잡아진 것이다. 만약 깎여 나온 것이 없었다면 날을 조금 내밀고, 날 전체에서 깎여 나왔다면 날을 조금 빼서, 깊이 조정만으로 다시 날의 어느 한쪽에서만 대팻밥이 나오는 상태로 만든 뒤 날 기울기를 다시 조금 조정한다. 이와 같은 과정을 반복해서 대팻밥이 대팻날 전체에서 고르고 얇게 깎여 나오면 날 기울기 세팅이 끝난 것이다(4-26). 이제 날 깊이만 필요에 따라 조정해서 사용하

그림 4-26. 와우!

대팻날은 날카롭기만 하면 되는가?

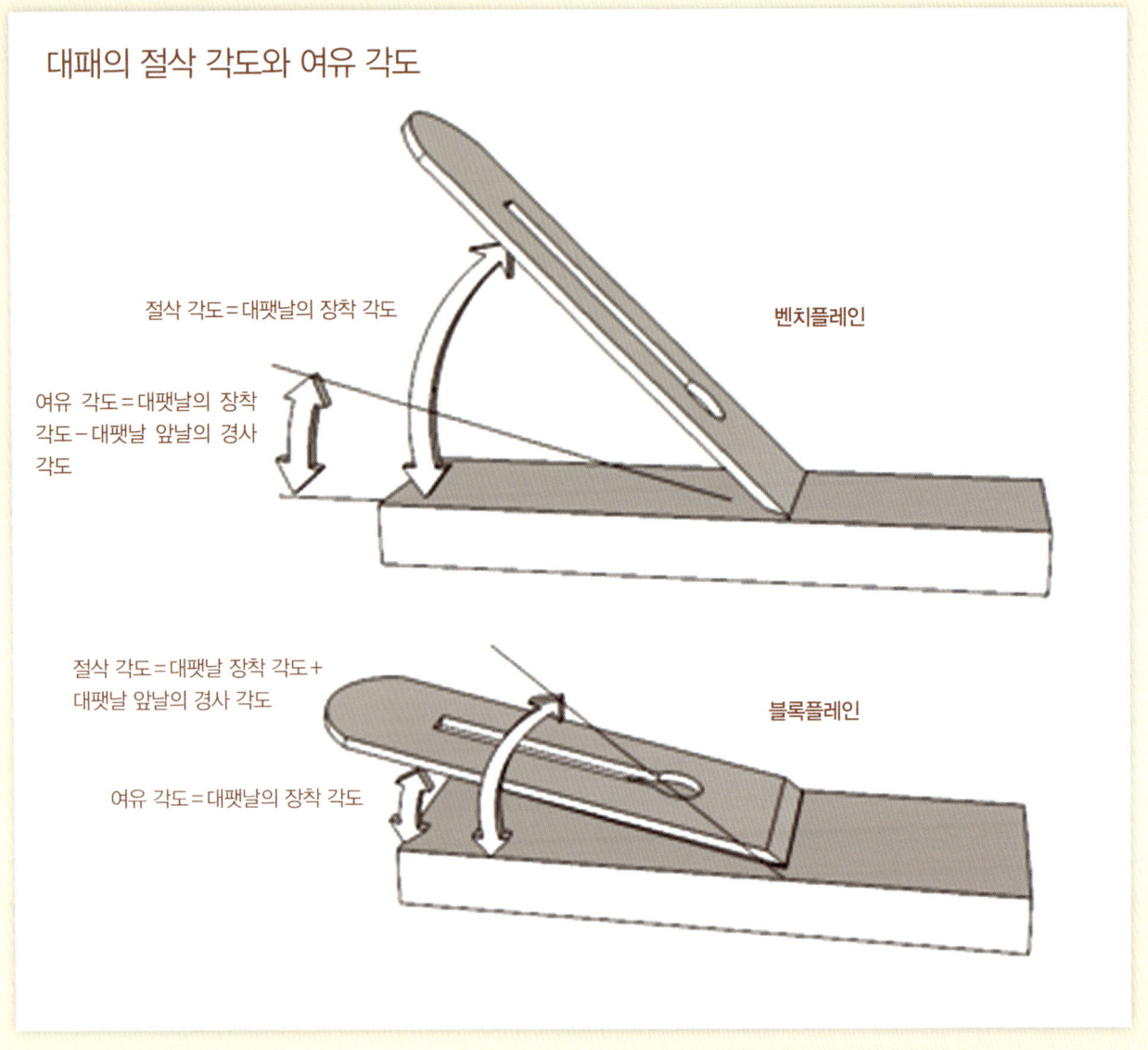

대패질이 잘되려면 우선 대팻날이 날카로워야 한다. 그런데 대패질의 양상이 달라지는 중요한 요소가 하나 더 있다. 바로 대팻날과 연관된 여러 '각도'들이다. 첫 번째 '각도'는 절삭 각도다. 절삭 각도는 나무 표면과 대팻날 윗면 사이의 각도다. 벤치플레인에서는 대팻날의 장착 각도가 그대로 절삭 각도가 되며, 블록플레인에서는 장착 각도에 대팻날 앞날의 경사 각도를 더한 값이 절삭 각도가 된다. 절삭 각도는 대패질의 양상에 직접적인 영향을 준다. 각도가 높을수록 나무 표면의 뜯김 현상이 덜해져서 까다로운 나뭇결 면을 대패질할 때 좋다. 그러나 대패를 미는 것이 더 힘들며 대패질하고 난 표면이 대패질한 표면에 기대하는 것과 같이 대단히 매끄럽다는 느낌이 들지는 않을 수 있다. 높은 각도(특히 55° 이상)에서는 날이 나무 섬유를 잘라낸다기보다 섬유를 짓이겨서 긁어내는 것과 비슷한 방식으로 작용하기 때문이다.

두 번째 각도는 여유 각도다. 여유 각도는 나무 표면과 대팻날 아랫면 사이의 각도다. 벤치플레인에서는 대팻날의 장착 각도에서 대팻날 앞날의 경사 각도를 뺀 각도가 여유 각도가 되며, 블록플레인에서는 대팻날의 장착 각도가 그대로 여유 각도가 된다. 여기서 벤치플레인의 경우 대팻날을 연마하는 각도에 따라 여유 각도가 달라진다는 것에 주목할 필요가 있다. 보통은 여유 각도라는 것에 대해 생각해볼 일이 거의 없다. 드물게 문제가 생기는 경우가 벤치플레인에서 대팻날 앞날의 각도를 지나치게 높게 연마한 경우다. 특히 이중 각도 연마를 지나치게 높게 하면 문제가 생긴다. 대패질이 문제없이 되려면 여유 각도가 최소한 12°는 돼야 한다(저각 블록플레인의 대팻날 장착 각도가 12°로 되어있는 이유다). 프로그 각도(대팻날이 장착되는 각도)가 45°인 벤치플레인의 대팻날을 25°로 연마했을 때의 여유 각도는 20°이며 이때는 문제가 없다. 그런데 이 대팻날을 이중 각도로 9°를 더 높여서 연마하면 여유 각도가 11°밖에 남지 않으므로 대패질에 문제가 생길 수 있다.

면 된다. 처음에는 시간이 제법 걸리겠지만 날 기울기를 세팅하는 목적을 이해하고 조정에 따른 결과의 차이를 몸소 느껴보면 방법을 금세 터득해서 필요할 때면 아무 거리낌 없이 할 수 있게 된다.

대패질하는 법

대패질은 온몸을 다 써서 하는 작업이다. 알맞은 위치에 좋은 자세로 서야 하고, 동작과 동작은 부드럽게 연결해야 한다.

한 손으로 대패 앞쪽의 손잡이를, 다른 한 손으로 뒤쪽의 손잡이를 잡는데, 이때 손목이 꺾여서는 안 된다. 대패와 대패를 미는 팔뚝이 일직선 위에 정렬되어야 한다. 앞쪽 손잡이도 앞쪽 팔뚝의 연장선에 있는 것이 좋다. 뒤쪽 팔꿈치는 몸에 바짝 붙인다(그림 4-27). 앞쪽 발의 발가락 끝이 대패 앞부분쯤에 오도록 맞춰서 선다. 목공 기본 자세를 이용하면 좋다. 뒤쪽 발은 바깥으로 45°에서 60° 정도 벌린다. 양쪽 무릎은 다 구부리고 엉덩이가 뒤로 빠져서 엉거주춤한 자세가 되지 않도록 주의한다(그림 4-28).

대패질을 시작할 때는 대패 앞쪽을 누르는 것이 중요하다. 대팻날은 아직 판재의 바깥에 있는 상태에서 앞쪽 손으로만 대패를 판재 위로 눌러 밀착시킨다. 그 상태에서 몸을 먼저 움직인다. 앞쪽 발을 내디디며 골반을 포함하여 몸통 전체를 앞으로 움직이는데, 펜싱의 런지(lunge) 동작을 천천히 하는 느낌이다(그림 4-29). 대패를 밀기 시작하는 것은 엉덩이가 팔꿈치 뒤쪽을 5~10cm 정도 통과했을 무렵이다(대패보다 몸이 먼저 나가는 것이 포인트다). 이때 대패를 뒷발로 민다는 느낌이 들어야 한다. 만약 뒷발로 미는 느낌이 안 든다면 더 천천히 해본다. 천천히 할수록 뒷발로부터 밀게끔 되어 있다. 보통의 속도로

그림 4-27. 대패 잡는 방법. 미는 손의 팔뚝이 대패와 일직선을 이뤄야 한다.

그림 4-28. 대패질을 시작할 때의 몸의 위치와 자세

그림 4-29. 왼발을 내딛으며 몸이 먼저 움직인다. 대패는 아직 밀지 않는다.

그림 4-30. 이제 대패를 앞으로 민다. 그러나 이때도 오른쪽 팔꿈치가 몸통을 크게 벗어나지 않는다. 대패를 미는 힘은 뒤쪽 발에서부터 올라온다.

할 때는 대패의 앞쪽을 누르고 마무리할 때는 뒤쪽을 누르는 것을 두고 판재의 가운데를 파내려고 하는 느낌으로 하면 된다고 말하는 사람도 있다.

대패질을 할 때도 대패에 힘을 주는 것과 대패를 컨트롤하는 것을 분리해야 한다. 힘은 역시 하체로부터 온다. 발가락 끝에서부터라고 봐도 된다. 대패질할 때의 하체 동작은 펜싱의 런지 동작과 흡사하다. 물론 상체의 동작도 있다. 특히 짧은 부재를 대패질할 때는 상체 위주로만 하기도 한다. 그러나 만약 팔만으로 대패를 민다면 컨트롤이 제대로 되지 않을뿐더러 금방 지치게 된다.

대패질은 매우 능동적인 압력 컨트롤을 필요로 한다. 이것은 양손 간의 균형 문제다. 대패를 그냥 미는 것으로는 좋은 결과를 기대할 수 없다. 하체의 힘으로 밀되, 동작을 시작하면서는 대패의 앞부분을 더 누르면서 밀어야 하고 대패질을 진행함에 따라 누르는 압력을 대패의 뒤쪽으로 옮겨가면서 밀어야 한다. 많은 이들이 대패질 부드럽고 깔끔하게 시작하는 것이 어렵다고 한다. 대개는 대패 앞쪽을 충분히 누르지 않고 팔 힘에 지나치게 의존해서 대패를 미는 것에 그 원인이 있다.

밀 때도 그 느낌을 살려서 하면 된다. 마지막에는 어깨로부터 팔을 쭉 뻗어서 대패를 밀면서 동작을 마무리한다(그림 4-30).

한자리에서 서서 대패질을 하더라도 발을 앞으로 내디디며 몸의 무게 중심 이동을 이용해서 대패질하는 것이 좋다. 단, 앞발을 너무 멀리 내디뎌서 몸의 균형을 잃어버리는 일은 없도록 한다. 긴 판재의 대패질이라고 해서 더 어렵지 않다. 판재 모서리처럼 좁은 부위를 얇게 깎아내는 경우라면 대패질을 걸어가면서 할 수도 있을 것이다. 그러나 대개는 동작을 끊어서 하는 것이 낫다. 한자리에 서서 대패질하는 동작을 자리를 옮겨가며 하는 식인데, 대패를 밀고 난 뒤 대패와 양손을 그 자리에 그대로 둔 채(대패를 누르고 있는 힘도 그대로 유지해야 한다) 발의 위치를 바꾸고 대패질을 다시 시작하면 된다. 조금만 연습하면 대팻밥을 끊지 않고도 동작을 연결할 수 있고, 조금 더 연습하면 동작을 끊어서 하더라도 판재에 대패를 멈춘 자국이 남지 않는다.

대패질 동작을 시작할 때는 대패의 앞쪽을 누르는 것이 중요했던 것처럼 대패질 동작을 마무리할 때는 대패의 뒤쪽을 누르는 것이 중요하다. 즉, 판재의 끝으로 갈수록 뒤쪽 손을 이용해서 대패를 아래로 눌러야 한다. 주의하지 않으면 판재의 뒤쪽을 더 깎아내거나(over-cut) 대패를 떨어뜨릴 수도 있다. 시작

처음에는 대패를 진행 방향에 대해 나란하게 놓고 대패질을 연습해야 한다. 그러다가 양손 간의 압력 밸런스를 잡는 데 익숙해지면 대패를 진행 방향에 대해 비스듬하게 놓고 대패질을 해볼 수 있다. 대패질을 비스듬하게 하면 같은 작업도 힘을 덜 들이고 할 수 있다. 절삭의 양상이 비껴서 자르기에 더 가까워지기 때문이다. 스테이크를 썰 때 칼을 그냥 눌러서 자르는 것과 칼을 비끼면서 자르는 것의 차이를 생각해보면 된다. 대패를 비스듬히 놓음으로써 대팻날의 절삭 각도를 낮추는 효과도 있다. 산을 오를 때 곧장 위로 오르는 것보다 옆으로 비스듬하게 올라가면 가파른 정도를 낮출 수 있는 것과 같은 원리다. 결이 까다로운 표면을 대패질할 때 대팻날의 절삭 각도가 낮을수록 잘 뜯기는 것이 일반적이다. 따라서 대패질을 비스듬히 하면 표면이 더 심하게 뜯길 것 같지만 그렇지는 않다. 비껴서 자르는 방식의 장점이 더 크게 작용해서 이와 같은 경향을 상쇄

몸통으로 대패질하기

대패질은 몸통으로 해야 한다. 실제로 대패를 팔 힘으로 밀어서는 안 되며 몸통의 힘으로 밀어야 하는데, 그러려면 대패를 밀기 직전의 동작에서 팔꿈치가 엉덩이보다 뒤로 많이 빠져서는 안 되며, 미는 동작에서도 대패를 쥔 손이 몸통보다 앞으로 많이 뻗어나가서는 안 된다. 손과 팔이 몸통의 가까운 곳에 있을 때(그리고 적절한 각도를 유지하고 있을 때) 몸통의 힘을 손실 없이 대패로 전달할 수 있으며 양손으로 대패에 가하는 압력의 균형을 조절하기도 쉽다.

비스듬히 대패질하기

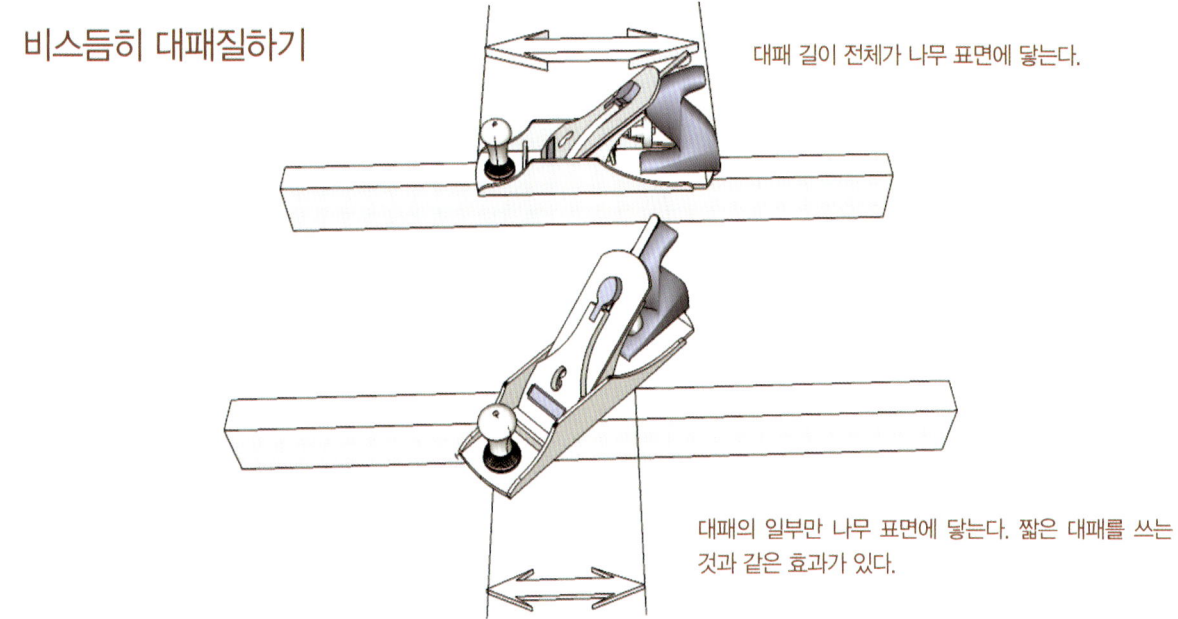

대패 길이 전체가 나무 표면에 닿는다.

대패의 일부만 나무 표면에 닿는다. 짧은 대패를 쓰는 것과 같은 효과가 있다.

그림 4-31. 비스듬히 대패질하기

해준다(그림 4-31).

대패를 진행 방향에 비스듬히 두는 것은 대패의 길이를 짧게 만드는 효과가 있다. 이렇게 함으로써 판재 표면에서 그냥은 닿지 않는 부분을 대패질하거나 완만한 곡면도 대패질할 수 있다.

판재 모서리를 대패질할 때 모서리의 직각이 자꾸 깨진다면 점검해봐야 할 것이 몇 가지 있다. 첫째는 대팻날의 세팅을 확인해야 한다. 대팻날이 바닥면에 대해 평행하지 않고 틀어져 있으면 대패질을 하면 할수록 모서리는 더 기울어지게 되어 있다. 대패는 사용하기 전에 날 전체에 걸쳐 대팻밥이 고르게 나오는지 점검을 하고 사용해야 한다. 대팻날은 세팅을 잘 해두었다고 해도 나중에 보면 틀어져 있곤 한다. 특히 레버캡이나 캡 아이

그림 4-32. 대패질하고 있는 면의 변화를 관찰하면 면이 직각에서 벗어나고 있는지를 알 수 있다. 위쪽 다리는 면이 직각에서 벗어나고 있고(대패질이 한쪽으로 치우쳐 있는 것이 결과물에서 보인다) 아래 다리는 직각이 유지되고 있다.

런이 다소 느슨하다면 말이다. 대패 작업 도중에도 날이 틀어질 수 있으므로 작업 중에도 항상 대팻밥에 주의를 기울여야 한다.

대팻날 세팅에 문제가 없는데도 모서리 직각이 깨진다면 이제는 기술의 문제다. 대패질하는 동안 대패 바닥이 모서리 면에 잘 밀착된 것을 느낄 수 있어야 한다. 대패가 면에 붙어 있는 느낌, 똑바로 미는 느낌, 좌우 중심이 잘 맞는 느낌에 집중해서 연습해야 한다. 대패질 자체가 몸에 익고 쓸데없는 힘을 안 주게 되면 대패가 내 손인 것 마냥 대패 바닥을 느낄 수 있게 될 것이다.

대패질을 빨리 숙달하려면 작업 경과를 자주 점검하는 습관을 가져야 한다. 대패질의 목적은 면을 매끈하게 만드는 것만이 아니다. 작업이 어떻게 되어가는지 보지도 않고 열심히 대패질만 하다 보면 치수는 맞춰졌는데 모서리가 85° 기울어져 있는 상황과 맞닥뜨린다. 처음 연습할 때라면 대패질 다섯 번에 한 번씩 모서리를 직각자로 검사해보는 것이 좋다. 한쪽으로 기울어지는 경향이 있다면 큰 문제가 되기 전에 수정해야 할 것, 작업물뿐 아니라 대팻날 세팅이나 대패질 습관을 수정할 수 있다.

대패질하면서 작업물의 표면에 생기는 변화를 관찰하는 것도 중요하다. 기계 가공된 면을 대패로 다듬고 있다면 원형 톱이나 기계 대패, 라우터 또는 밴드쏘 가공 흔적이 점차 매끄럽고 반짝거리기까지 하는 면으로 대체되는 것을 볼 수 있을 것이다. 이 변화를 잘 이용하면 대패질 깊이를 한결 수월하게 컨트롤할 수 있다. 기계로 가공한 판재 모서리의 직각이 잘 맞는 상태라면, 모서리 면에 남아 있는 기계 가공 흔적이 균일하게 제거되도록 대패질하여 직각상태를 유지하는 것이 대표적인 예다(그림 4-32).

그림 4-33. 손가락을 대패 옆쪽에 대면 대패의 옆면을 판재의 옆면에 맞추기 쉽다.

그림 4-34. 서양 대패라고 늘 밀어야 하는 것은 아니다. 당기는 경우에도 자세는 비슷한데, 대패를 잡는 방법과 움직임의 방향은 다르지만 몸 전체를 써야 한다는 것은 같다.

 직각이 아닌 모서리를 직각으로 맞추기는 쉽다. 날 끝 선을 둥글게 연마한 대팻날이 아니라도 관계없다(그림 4-22, 4-23, 4-24). 대패를 모서리에 놓을 때 좌우를 가운데에 맞추지 말고 모서리의 높은 쪽으로 치우치게 놓는다. 낮은 쪽 모서리에 대패 측면을 딱 맞추면 된다(그림 4-33). 대패 바닥에서 양 끝 5mm 정도에는 대팻날이 없다. 따라서 이 상태로 대패질을 하면 모서리의 높은 쪽만 깎이고 낮은 쪽은 깎이지 않는다. 대패질 몇 번이면 높은 쪽의 높이가 낮은 쪽 높이와 같아진다. 그러면 대패를 가운데로 옮겨서 전체를 한두 번만 밀어주면 된다.

 대패에 앞뒤 손잡이와 그에 맞는 기본 파지법이 있다고 해서 다르게 잡고 쓰지 말라는 법은 없다. 대패를 밀거나 당길 때 필요한 컨트롤을 유지할 수만 있다면 어떻게 잡아도 상관없다. 일본식 대패는 당겨서 쓰도록 만들어져 있는데, 서양 대패라고 해서 당겨서 쓰지 말라는 법은 없다. 다만 대패와 몸의 정렬 방식만 조금 달라진다. 힘과 컨트롤을 분리하는 것은 여전히 중요하다. 그리고 당길 때도 힘은 하체에서 나와야 한

그림 4-35. 좁은 모서리를 대패질할 때 좌우 균형을 잡기가 어렵다면 대패의 더 아래쪽을 잡고 해보자.

다. 이때 팔의 정렬은 자연스럽게 된다. 대패의 원래 앞쪽 손잡이를 쥐고 당기는 팔의 팔뚝이 대패와 나란하면 되는 것이다(그림 4-34).

판재의 모서리를 대패질할 때는 대패를 다르게 잡아보는 것도 좋다. 이때의 주안점은 손의 위치를 바짝 낮추는 것이다. 바닥에 가까이 잡을수록 작업 중에 대패가 어느 한쪽으로 잘 기울어지지 않고 대패가 판재 모서리에 밀착되는 느낌을 더 잘 느낄 수 있다. 대패 앞쪽은 손잡이를 잡지 말고 엄지손가락으로 손잡이 옆의 바닥을 누른다. 뒤쪽은 손을 최대한 낮춰서 손잡이와 대패 몸체를 감싸 잡는다. 이렇게 하면 대패질이 훨씬 더 안정되는 것을 느낄 수 있을 것이다(그림 4-35).

직각이 아닌 모서리를 직각으로 맞추기 위해 대패질을 할 때는 어떤 파지법이 좋을까? 기본 파지법에서 약간 변형하면 충분하다. 뒤쪽 손의 검지, 중지, 약지로 손잡이를 감싸 쥐는 대신 대패의 측면과 판재 옆면에 갖다 대 가이드처럼 사용하면 된다(그림 4-33).

대패는 한 손으로도 사용할 수 있지만 이를 위해서는 연습이 필요하다. 미는 동시에 압력 컨트롤까지 한 손으로 해야 하기 때문이다. 한 손으로 쓰기에는 작은 대패가 좋은데, 작은 블록플레인이 특히 좋다(그림 4-36).

작지 않은 대패를 한 손으로 쓰는 경우는 대개 슈팅 보드와 함께 사용해서 부재의 나이테 면이나 모서리를 대패질하는 경우다(그림 4-37). 이때는 힘의 앞뒤 밸런스를 유지하기 위해 대패의 가운데를 잡고 대패질하기도 하고, 전용 핸들을 갖춰서 사용하기도 한다.

그림 4-36. 블록플레인은 한 손으로 잡고 쓰기 좋다. 물론 필요에 따라 두 손으로 잡고 써도 된다.

결을 가로질러 대패질하기

대패질은 대개 순결로 한다. 표면 마무리 다듬기가 목적이라면 특히 더 그렇다. 그러나 판재의 표면 평을 잡는 것이 목적이라면 여러 방향으로 대패질할 필요가 있으며 처음에는 결을 수직으로 가로질러 대패질하게 된다. 이렇게 하면 나무 섬유가 잘

그림 4-37. 부재를 슈팅 보드에 놓고 대패질하기. 이때도 대패를 한 손으로 잡고 밀어야 하는데, 대패를 잘 통제할 수 있으면서도 편한 자세를 찾아야 한다.

려 나오기보다 벗겨져 나온다. 진행 방향은 결 방향에 대해 수직을 유지하되 대패를 진행 방향에 대해 25°에서 35° 정도 비스듬하게 잡고 미는 것도 좋다. 힘도 덜 들고 깎아낸 표면도 대체로 더 깔끔하다.

결을 가로질러 대패질할 때는 뒤쪽 모서리가 떨어져 나가는 현상에 유의해야 한다(그림 4-38). 해당 모서리에 모따기를 미리 해둔다거나 뒤쪽으로 나무를 대어놓으면 이와 같은 현상을 방지할 수 있다. 아니면 치수에 조금 여유를 두고 부재를 준비해서 면 다듬기가 끝난 뒤 가장자리를 켜내버리는 것도 방법이다.

나이테 면을 가로질러 대패질하기

나이테 면 대패질은 나이테 면 끌질과 크게 다르지 않다. 오히려 더 쉽다고 볼 수도 있는데, '밖에서 안으로'의 원칙만 지키면 된다. 안에서 밖으로 대패질을 하면 예외 없이 면의 가장자리에 있는 섬유가 뒤로 떨어져나갈 것이다(그림 4-39). 다행히 나이테 면에는 나뭇결 면과 달리 '방향'이 없다. 따라서 한쪽 방향으로 중간까지 대패질한 뒤 방향을 바꿔 반대쪽 끝에서 중간까지 마저 대패질해도 아무 문제가 없다.

나이테 면 대패질을 할 때도 나무 섬유가 밀리면서 나이테 면에 구멍이 나는 현상이 생길 수 있다. 이를 피하려면 대팻날을 매우 날카롭게 연마해서 써야 한다. 절삭 각도가 낮은 저각 대패를 쓰는 것도 도움이 되지만 대팻날만 적당히 날카로우면 꼭 그럴 필요는 없다. 물이나 미네랄스피릿으로 나이테 면을 적셔놓으면 대패질이 조금 더 수월해진다.

그림 4-38. 결을 가로질러 대패질하면 뒤쪽 가장자리의 나무 섬유가 늘 떨어져 나간다.

그림 4-39. 나이테 면을 대패질할 때도 뒤쪽이 늘 뜯어진다. 미리 조치를 취해놓지 않으면 말이다.

마킹나이프와 마킹게이지

마킹나이프와 마킹게이지는 수공구 작업의 중요한 동반자이다. 목재에 그어놓은 칼금은 끌의 날 끝을 댈 수 있는 정확한 지점이 되어줄 뿐 아니라, 나무 섬유를 칼로 끊어서 더없이 깔끔한 절단부가 그대로 장부-춤 등 짜맞춤 결구의 최종 모서리가 된다. 대패질로 판재의 두께를 맞출 때는 그므개로 그은 칼금을 보고 작업하는데, 작업이 막바지에 이르면 칼금 앞에 남겨진 바스라질 듯 얇은 나무 '한 겹'을 볼 수 있다(그림 4-40).

마킹나이프와 마킹게이지는 기계 작업의 정확도도 향상시켜준다. 다른 선과 달리 칼금은 선명하며 모호하지 않다. 테이블쏘의 톱날을 어디에 댈지, 가공을 어디까지 할지를 매우 분명하게 볼 수 있다. 또한 마킹게이지는 한 번 세팅해놓으면 동일한 선을 여러 부재에 반복적으로 표시할 수 있다. 이 책의 6장에서 이에 대해 더 자세히 살펴보겠지만 표시의 정확성과 반복 가능성은 목공 작업에서 최상의 결과를 얻기 위한 필수 조건이다.

마킹나이프는 꼭 어떤 것을 쓰란 법이 없다. 문구용 커터칼도 괜찮고 목공구 전문 회사에서 나온 마킹나이프도 좋다. 또는 개인 제작자가 만든 멋진 커스텀 칼도 좋다. 그러나 어떤 칼이든 이들의 역할은 같다. 바로 나무에 깨끗하고 정확한 선을 긋는 일이다. 대신 칼날의 모양은 한번 자세히 살펴볼 필요가 있다. 어떤 칼날은 한쪽 면은 평평하고 반대쪽에만 경사가 져 있다. 반면 양면 모두가 경사면으로 이루어진 칼날도 있다. 일반적으로는 한쪽이 평평한 칼이 사용하기 더 편하다. 자(직자나 연귀자, 직각자 등)에 대고 금을 그을 때, 칼날의 평평한 쪽을 자 쪽으로 대고 칼을 수직으로 세우기만 하면 칼날이 자에 밀착된다. 반면 칼날 양쪽이 모두 경사면으로 되어 있으면 칼을 적당히 기울여야 칼날을 자에 밀착시킬 수 있다. 마킹나이

그림 4-40. 판재의 측면에 칼금으로 목표 두께를 표시한 뒤 손대패로 판재를 깎아 내려가면 마지막에는 칼금 바로 앞에 얇은 나무 한 겹만 남는 것을 볼 수 있다.

날 끝에 이중 각도면이 있는 마킹나이프

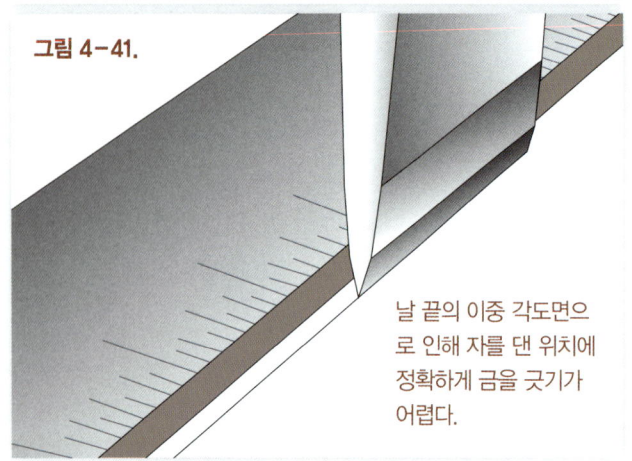

그림 4-41.

날 끝의 이중 각도면으로 인해 자를 댄 위치에 정확하게 금을 긋기가 어렵다.

그림 4-42. 마킹게이지에는 칼날형(왼쪽), 침형(오른쪽), 디스크 칼날형(앞쪽)이 있다.

프의 날도 무뎌지면 연마를 해야 한다. 한쪽이 평평한 칼날은 끝을 연마할 때와 마찬가지로 날 끝에 이중 각도를 줘서 연마해도 아무 문제가 없다. 반면 양면에 경사가 있는 칼은 연마에 더 주의를 기울여야 한다. 날 끝에 이중 각도가 들어가면 원하는 위치, 즉 자를 댄 위치에 정확하게 마킹을 하기가 어려워진다(그림 4-41).

마킹게이지는 크게 끝에 칼(마킹나이프와 같은 칼날 또는 디스크형 칼날)이 달린 게이지와 뾰족한 침이 달린 게이지로 나뉜다(그림 4-42). 끝에 연필이 달린 게이지도 있지만 잘 사용되지는 않는다. 이 중 칼날이 달린 게이지가 가장 유용하다. 부재의 결 방향과 관계없이 깨끗한 선을 마킹할 수 있기 때문이다. 마킹게이지의 칼날을 연마할 때는 상당한 주의가 필요하다. 날 끝이 뾰족한 것 보다 약간 둥글려져 있을 때 더 잘 그어

진다(그림 4-43). 디스크형 칼날이 달린 게이지도 정확한 선을 마킹할 수 있지만 금의 깊이가 다소 얕은 것이 불편할 때가 있다. 디스크형 칼날은 비교적 쉽게 연마할 수 있다. 디스크를 게이지에서 분리한 뒤 평평한 면을 숫돌에 대고 문질러주기만 하면 된다. 다른 날 연마와 마찬가지로 숫돌의 입도를 높여가면서 한다.

뾰족한 침이 달린 게이지는 장부와 장붓구멍을 마킹할 때 유용하다. 전통 방식의 장부 마킹게이지에는 침이 두 개 달려 있는데, 침 사이의 간격은 조정할 수 있게 되어 있거나 특정 장부 끝의 너비에 맞춰서 간격이 고정되어 있다. 침은 결을 가로질러 마킹하기에는 좋지 않다. 나무 섬유를 자르는 것이 아니라 긁어서 찢는 방식으로 금이 그어지기 때문이다(그림 4-44). 그러나 결 방향대로 마킹할 때는 칼보다 침이 낫다. 칼금은 결에 묻혀 잘 보이지 않을 때가 있는데, 침으로 그은 금은 결에 묻히지 않는다. 그런데 장부와 장붓구멍 마킹은 모두 결과 나란히 하게 된다. 장부 마킹게이지에 칼이 아니라 침이 달려 있는 이

뾰족한 마킹나이프

마킹나이프의 칼 끝은 뾰족한 것보다 약간 둥근 것이 사용하기 편하다.

그림 4-43.

그림 4-44. 침 형 마킹게이지는 결을 가로질러 마킹하기에는 적합하지 않다. 침이 나무 섬유를 뜯어내서 선이 깨끗하게 그어지지 않는다.

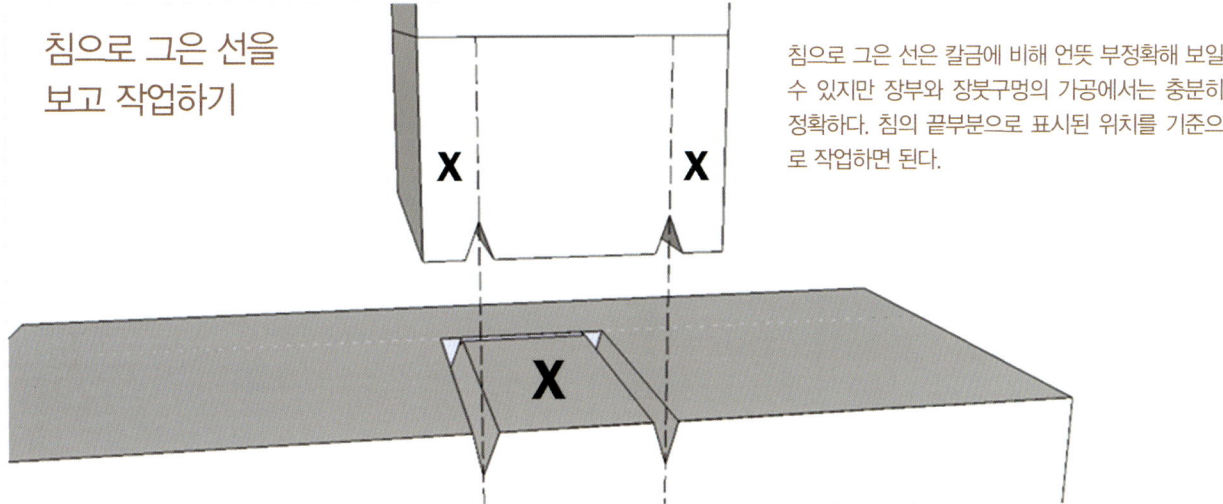

침으로 그은 선을 보고 작업하기

침으로 그은 선은 칼금에 비해 언뜻 부정확해 보일 수 있지만 장부와 장붓구멍의 가공에서는 충분히 정확하다. 침의 끝부분으로 표시된 위치를 기준으로 작업하면 된다.

그림 4-45.

유다. 마킹 자체의 정확도는 칼이 침보다 낫다. 칼로 그은 선은 선의 한쪽이 직각이지만—이쪽을 살릴 쪽으로 쓴다—침으로 그은 선은 양쪽 모두에 경사가 생기기 때문이다. 그러나 장부와 장붓구멍을 가공하는 데는 이런 차이가 무의미하다. 장부와 장붓구멍 양쪽에서 침으로 그은 선의 바닥까지 깎아 들어가면 결국에는 서로 완벽하게 꼭 맞는 위치가 찾아지기 때문이다. 침으로 그은 선의 경우 어디를 기준으로 가공해야 하는지만 명확하게 이해하고 있으면 된다(그림 4-45).

끝에 연필이 달린 게이지는 칼이나 침이 달린 게이지처럼 정확하지는 않지만, 잘 보이고 선을 지울 수 있어서 대략적인 위치 표시를 할 때 사용하면 좋다.

마킹게이지 사용법

마킹게이지는 단순한 도구이지만 막상 금을 그을 때 게이지를 부재의 끝에 단단히 밀착시키는 것은 생각보다 간단하지 않다. 우선은 부재를 작업대에 잘 고정해야 한다. 벤치독으로 판재가 밀리지 않게만 해줘도 좋다. 마킹을 할 때는 마킹에 집중해야 한다. 부재가 움직이지 않도록 잡는 데 신경을 쓰는 것은 좋지 않다. 마킹게이지를 잡는 방법은 게이지의 종류에 따라 다르지만 마킹게이지의 펜스를 부재의 끝에 눌러 붙일 수 있는 방식으로 잡아야 한다. 선을 긋기 위해 게이지를 아래로 누르는 것은 부차적인 문제다. 그보다 게이지 펜스를 부재에 밀착시키는 데 집중해야 한다.

선을 긋는 동작은 마킹게이지를 몸 쪽으로 당기는 방향으로 한다. 그러면 어깨와 팔꿈치 관절의 동작 특성상 게이지가 부재 쪽으로 더 밀착된다. 반대로 게이지를 밀어서 선을 그어보면 게이지를 부재로부터 떨어뜨리는 방식으로 팔 동작이 이루어진다는 것을 알 수 있다(그림 4-46).

칼날이나 침이 달린 게이지의 경우 게이지를 앞으로(진행 방향 쪽으로) 조금 기울여서 긋는 것도 선을 깨끗하게 긋는 데 도움이 된다. 반면 디스크형 칼날이 달린 게이지는 그럴 필요가 없다(그림 4-47).

그림 4-46. 디스크 칼날형 마킹게이지 사용하기. 몸 쪽으로 당기면서 선을 긋는 것이 좋다.

그림 4-47. 마킹게이지를 앞으로 살짝 기울여서 당기면 마킹이 좀 더 수월하다.

스크레이퍼

카드 스크레이퍼에는 전문가들만의 비밀 공구 같은 느낌이 있다. 앞치마 주머니에서 쓱 꺼내서 대패로 해결할 수 없는 어려운 나뭇결을 거침없이 깎아내는 모습에서 그런 인상을 받을 만하다. 스크레이퍼는 여러 목공 도구 중 저렴한 편이다. 3~4만 원이면 최고 품질의 스크레이퍼를 세트로 구매할 수 있다. 그러나 결 방향과 관계없이 나무 표면을 매끈하게 다듬을 수 있는 유용함은 다른 어떤 비싼 도구에 뒤지지 않는다. 목공인들이 스크레이퍼를 써보고는 싶지만 쉽게 다가갈 수 없는 도구로 여기는 이유가 뭘까? 가장 큰 이유는 날을 세우는 과정이 다소 생소하고 어렵게 느껴져서일 것이다. 그러나 약간의 요령만 터득하면 누구나 스크레이퍼날을 잘 세울 수 있으며 주머니에서 스크레이퍼를 쓱 꺼내서 나무를 멋지게 깎아내는 것도 시간문제다.

카드 스크레이퍼와 관련해서 이해할 수 없는 것이 있다면 그건 스크레이퍼라는 이름이다. 스크레이퍼는 나무를 '스크레이프'하지 않는다. 사전적인 의미로 나무를 '스크레이프'하는 것은 나무의 세포를 짓눌러서 긁어내는 것을 뜻하는데, 이것은 스크레이퍼의 날이 제대로 세워지지 않았을 때 발생하는 일이다. 날이 잘 세워졌다면 스크레이퍼는 대패와 마찬가지로 나무를 깎아낸다. 어떤 것이 스크레이퍼의 날이 잘 세워진 것일까? 날 면 전체에 걸쳐 '버(burr)'를 알맞은 각도로 일정하게 만들어놓으면 스크레이퍼 날을 잘 세웠다고 말할 수 있다. 스크레이퍼의 버는 아주 얇은 깊이로 세팅한 대팻날이라고 볼 수 있다. 그리고 카드 스크레이퍼 자체는 대팻날 끝에 극단적으로 바짝 붙여서 세팅한 칩브레이커로 생각할 수 있다. 나무 섬유는 버에 의해 깎여 나오자마자 스크레이퍼의 카드 면에 의해 꺾여버린다. 섬유가 들려서 뜯어질 거리상 여유가 없는 셈이다.

스크레이퍼의 버는 오래가지 않는다. 하드우드 표면을 몇 차례 깎아내고 나면 버가 뭉개져서 나무가 더 이상 깎여나오지 않고 긁혀서 가루가 되어 나온다. 그러나 카드 스크레이퍼 한 장에는 버를 세울 수 있는 모서리가 네 군데나 있다. 게다가 스크레이퍼의 날면은 충분히 길다. 잡는 위치를 옮겨가며 사용하면 각 모서리의 전체 날면을 다 이용할 수 있다.

스크레이퍼 날 세우는 방법

스크레이퍼는 금속 성형 원리를 응용해서 날을 세운다. 일반적인 날 연마에 비해 거쳐야 하는 단계가 많아 처음에는 복잡하게 느낄 수 있지만 몇 번만 해보면 속도도 빨라지고 그리 어려울 것도 없음을 알게 된다.

첫 단계는 스크레이퍼의 모서리를 줄로 갈아내는 것이다. 일반적인 날 연마처럼 생각해서 이 단계를 건너뛰어서는 안 된다. 철물점에서 파는 금속용 평줄이면 충분한데, 안전과 작업 편의를 위해 줄에 손잡이를 붙여서 쓰는 것이 좋다. 줄의 뾰족한 끝에 찔리면 상당히 아프다. 줄로 모서리를 갈아내는 목적은 기존의 버, 즉 경화된(workhardened) 금속 부위를 제거하는 것이다. 스크레이퍼의 모서리에 버를 세우는 과정 — 버니싱 과정은 금속을 경화시키기 때문에 앞서 세워뒀던

그림 4-48. 스크레이퍼의 날(버)을 세우려면 줄로 기존의 버를 먼저 갈아내야 한다. 별도의 지그 없이 손으로도 할 수 있다.

그림 4-49. 스크레이퍼 모서리를 직각으로 갈아내는 데 도움이 되는 지그. 나무 부분을 스크레이퍼 면에 밀착시킨 채 줄질하면 된다.

버를 제거하지 않은 채로는 새로운 버를 만드는 것이 불가능하다. 스크레이퍼를 모서리가 작업대 위로 25mm 정도 올라오게 바이스에 고정한 뒤 왼손으로 줄 손잡이를, 오른손으로 반대쪽 끝을 잡고 줄이 스크레이퍼 모서리에 수직으로 닿게 해서 앞으로 민다(그림 4-48). 처음에는 갈려 나오는 것이 거의 없을 것이다. 이전의 버니싱 작업으로 인해 금속이 경화된 상태여서 처음에는 잘 갈리지 않는다. 계속해서 밀다 보면 스크레이퍼의 모서리 전체에 걸쳐 쇠가 갈려 나오기 시작한다. 미는 동작 간에도 스크레이퍼에 대해 줄을 직각으로 유지해야 한다. 오른손을 작업대에 대고 스크레이퍼를 잡은 높이를 일정하게 유지해서 밀면 쉽다. 손과 팔, 상체의 자세는 고정한 채 앞뒤로 움직이는 것은 하체를 이용하도록 한다.

스크레이퍼에 줄을 수직으로 댈 수 있는 지그를 사용하는 것도 괜찮다. 사서 쓸 수도 있고 만들어서 쓸 수도 있는데, 만들기는 대단히 쉽다. 적당한 크기의 나무토막에 줄의 두께에 맞는 홈을 판 뒤 줄을 끼우기만 하면 된다(그림 4-49).

다음 단계는 줄의 모서리를 매끄럽게 연마하는 것이다. 앞선 단계에서 줄로 갈아낸 모서리 면은 버를 만들기에는 다소 거칠다. 따라서 다이아몬드 숫돌이나 사포—정반 위에 놓고 쓴다—를 이용해서 매끄럽게 연마해주어야 한다. 대팻날이나 끌을 연마할 때와 마찬가지로 거친 입도에서 시작해서 고운 입도로 마무리한다. 이때 스크레이퍼를 숫돌이나 사포에 수직으로 대고 연마하는 것이 중요하다. 적당한 크기의 각재—40×40×200mm 정도면 적당하다—를 가이드로 이용할 수 있다. 스크레이퍼를 각재 옆면에 딱 붙여서 잡고 연마하면 된다. 이때 스크레이퍼를 적당히 움직여줘서 연마 면의 일부만 닳지 않도록 한다(그림 4-50).

최종 입도까지의 연마가 끝나면 연마 과정에서 생긴 날 넘김을 제거하기 위해 스크레이퍼를 숫돌 위에 눕혀서 한두 차례

그림 4-50. 스크레이퍼 모서리 연마하기. 숫돌 전체를 고르게 사용하도록 한다.

그림 4-51. 버를 세우기에 앞서 버니셔를 이용해서 해당 부위의 쇠를 경화시켜준다.

그림 4-52. 마침내 스크레이퍼의 모서리에 후크 모양의 버를 세운다.

문지른다. 그러고 나면 모서리 전체에 걸쳐 직각으로 날이 세워졌는지 확인한다. 모서리에 줄질의 흔적이 남아 있다면 연마 단계를 처음부터 다시 한다. 모서리가 직각이 아니라 둥그스름하다면 줄질부터 다시 시작한다. 그 상태에서는 제대로 된 버를 만들 수 없다.

이제 '버'를 세울 차례다. 이 작업에는 버니셔가 필요하다. 버니셔는 매우 단단한 강철봉에 손잡이를 붙여놓은 것이다. 전용 지그에 맞게 만든 것도 있지만 일반적이지는 않다. 버를 세우는 것도 순서대로 해야 한다.

우선 버를 세우고자 하는 모서리를 작업대 가장자리와 나란하게 놓되 안쪽으로 20mm만큼 들여서 놓는다. 스크레이퍼 위에 버니셔를 수평하게 댄 채 모서리를 따라 앞뒤로 몇 차례 문지른다(그림 4-51). 다음에는 버니셔를 아래로 약간 기울여서 — 작업대 가장자리로 인해서 버니셔를 많이 기울이지는 못할 것이다 — 수차례 더 문질러준다. 이때 세게 누를 필요는 없다. 빵에 땅콩버터를 펴 바르는 정도의 세기면 된다. 문지르는 횟수도 4~6회 정도면 충분하다.

버니싱을 할 때 스크레이퍼 모서리에 오일을 바르는 사람도 있다. 윤활 목적이라고 하는데, 그렇게 해도 되지만 꼭 필요한 것은 아니다. Tage Frid는 콧잔등 기름을 사용한다고 말하곤 했다. 손가락으로 콧등을 쓱 한번 문질러서 버니싱할 모서리에 묻힌다는 것이다. 그것도 좋다. 그러나 사실 오일을 전혀 사용하지 않아도 잘 된다.

이제 스크레이퍼를 작업대 가장자리에 걸쳐 놓는다. 스크레이퍼의 모서리가 작업대의 가장자리 바깥으로 조금 튀어나와야 한다. 한 손으로는 스크레이퍼가 움직이지 않도록 잘 누르고 다른 손으로는 버니셔를 이용해서 스크레이퍼 모서리에 힘을 가할 준비를 한다. 버니셔를 스크레이퍼 모서리에 90°로 대고 누른 채 몸 쪽으로 세 차례 당긴다. 그리고 버니셔 위 끝을 안으로(스크레이퍼 쪽으로) 5° 정도 기울여서 세 차례 더 눌러 당긴다(그림 4-52). 이때도 그렇게 세게 누르지 않아도 된다.

이제 스크레이퍼의 모서리 위쪽에 버가 만들어졌다. 스크레이퍼의 앞뒷면을 뒤집어서 모서리의 반대쪽에도 버를 만들면 된다.

스크레이퍼 사용법

스크레이퍼는 밀어서 깎기도 하고 당겨서 깎기도 한다. 중요한 것은 작업 간에 스크레이퍼의 각도를 일정하게 유지하는 것과 스크레이퍼의 뒷면—깎는 부위 바로 뒤—을 손으로 잘 받치는 것이다. 스크레이퍼를 밀거나 당기는 것은 하체를 이용해서 한다. 팔로 밀거나 당기면 스크레이퍼의 각도가 바뀌어서 잘 깎아지지 않는다. 스크레이퍼를 쥔 손과 팔, 상체를 고정한 그대로 하체를 이용해서 발가락 끝으로부터 움직인다고 생각하면 좋다.

스크레이퍼를 밀어서 깎을 때는 양손의 검지로 스크레이퍼 위를, 중지와 약지로는 옆을 감싸 쥐고 엄지손가락으로는 스크레이퍼 아래쪽 뒤를 받쳐준다. 스크레이퍼가 바깥으로 약간 휘게끔 손에 힘을 주면 스크레이퍼 모서리의 일부—엄지손가락으로 받치고 있는 그 부분—만이 나무에 닿는다. 엄지손가락은 스크레이퍼 뒤를 받침과 동시에 나무 표면에도 닿게 된다. 팔꿈치는 몸통 바로 앞으로 모은다. 스크레이퍼는 앞으로 45° 정도 기울인다. 버를 세운 각도에 따라 이 각도는 달라질 수 있지만 어쨌든 스크레이퍼의 버가 나무를 탁 무는 것을 느낄 수 있어야 한다. 이 상태 그대로 스크레이퍼를 표면 위로 가볍게 누르면서 민다. 이렇게 하면 나무가 얇게 깎여 나와야 한다. 만약 가루가 나온다면 무언가가 잘못된 것이다. 나무가 잘 깎여 나올 때까지 각도와 누르는 힘을 조절해가며 연습해보도록 한다(그림 4-53).

스크레이퍼를 당겨서 깎을 때는 엄지손가락만 스크레이퍼 앞쪽에 두고 나머지는 모두 뒤로 보낸다. 엄지손가락을 스크레이퍼 양 가에 두고 검지로 스크레이퍼 뒤쪽 아래를 받친다. 이렇게 하면 양 팔꿈치가 자연스럽게 벌어질 것이다. 손에 힘을 줘서 스크레이퍼가 안쪽으로 약간 휘어지게 하면 스크레이퍼를 통제하기 좋다. 이 상태에서 스크레이퍼를 몸 쪽으로 45° 기울여서 당긴다(그림 4-54, 4-55). 체중을 뒷발로 옮기면서 몸 전체로 당기면 된다.

스크레이퍼를 밀든 당기든 양손의 힘 조절을 잘해서 좌우 균형을 잘 잡아야 한다. 특히 판재 모서리와 같이 좁은 면을 깎을 때 누르는 힘이 한쪽으로 치우치면 면의 가장자리가 손상될 수

그림 4-53. 스크레이퍼를 밀어서 깎을 때의 파지법. 엄지손가락 스크레이퍼가 나무를 깎는 부위 바로 뒤를 받친다.

그림 4-54. 스크레이퍼를 당기며 깎을 때의 파지법. 이번에는 엄지손가락을 바깥쪽에 둔다.

그림 4-55. 스크레이퍼를 당기며 깎을 때 나머지 손가락들로 스크레이퍼의 뒷면 가운데를 받친다.

그림 4-56. 스크레이퍼는 금세 뜨거워진다. 골무나 냉장고 자석으로 손을 보호할 수 있다.

그림 4-57. 대팻날을 극단적인 고각으로 연마할 때는 보조 블록을 이용하면 좋다(잘 보이게 하려고 왼손을 잠시 뗐다).

있다. 자투리 나무로 충분히 연습을 해보기 바란다.

스크레이퍼를 사용하다 보면 스크레이퍼가 뜨거워져서 손을 데기도 한다. 밀어서 깎을 때 특히 더 빨리 뜨거워지는 것 같다. 쉬운 해결책이 있다. 일반 목장갑의 손가락 부분을 잘라서 골무처럼 사용하는 것이다. 만들어 쓰는 것이 싫으면 가죽으로 된 골무를 사서 쓰면 된다. 얇고 부드러운 냉장고 자석을 스크레이퍼에 붙여서 쓰는 것도 좋다. 냉장고 자석은 열을 잘 차단할 뿐 아니라 붙였다가 떼기도 쉽다(그림 4-56).

스크레이퍼처럼 쓸 수 있는 공구들

카드 스크레이퍼 외의 도구로도 목재의 표면을 '스크레이프'할 수 있다. 분류상 카드 스크레이퍼와 대패의 중간쯤에 위치한 도구들이라고 볼 수 있다. 대표적이 예가 스크레이퍼 플레인과 캐비닛 스크레이퍼다. 로우앵글 베벨업 플레인도 대팻날을 고각으로 연마하면(이중 각도만 고각으로 연마해도 된다) 스크레이퍼 플레인처럼 쓸 수 있다. 이들은 카드 스크레이퍼와 달리 판재 표면의 평을 깨뜨리지 않고 '스크레이프'할 수 있는 장점이 있고, 표면을 아주 얇게 깎아낼 때 유용하다. 제재목의 표면을 다듬거나 판재의 평을 맞추는 작업에서 이들 도구를 사용하는 것은 적절하지 않다. 일반 대패를 사용하는 것보다 힘이 훨씬 더 든다. 날 연마도 일반 대패와 다른데 보통은 45° 각도로 연마하며 사람에 따라 날 끝에 버를 추가적으로 만들어서 쓰기도 한다. 그러나 대부분은 날 끝을 날카롭게 연마하는 것만으로 충분하다. 로우앵글 베벨업 플레인을 스크레이퍼 플레인처럼 쓰기 위해서는 날을 75°에서 90° 정도로 연마해야 하는데, 이를 맨손으로 하기는 어렵다. 그렇다고 시중에서 파는 날 연마 지그가 도움이 되지도 않는다. 좋은 해결 방법이 있다. 적당한 각재를 연마하려고 하는 각도로 자른 뒤 지그처럼 이용하는 것이다. 이때도 날 끝에 버를 따로 세울 필요는 없다(그림 4-57).

스크레이퍼 플레인을 두고 로우앵글 베벨업 플레인을 스크레이퍼 플레인처럼 사용하는 것이 이상해 보일지도 모른다. 그러나 이렇게 하는 것의 이점이 두 가지 있다. 첫째는 날 조정이 쉽다는 것이다. 애초에 스크레이퍼 플레인으로 만들어진 제품보다 훨씬 쉽다. 둘째는 작업 중에 날 떨림이 덜하다는 것이다. 로우앵글 베벨업 플레인의 날이 스크레이퍼라고 생각해보면 이 스크레이퍼는 두께가 10cm에 달하는 반면 높이가 3~4mm밖에 되지 않기 때문이다. 반면 스크레이퍼 플레인에서는 이 수치가 거꾸로 된다.

때로는 끌도 스크레이퍼처럼 쓸 수 있다. 끌을 부재 위에 세워서 15° 정도 몸 쪽으로 기울인 채 당겨 깎으면 된다(그림 4-58). 두 손을 모두 사용하는데, 한 손으로 끌을 연필 쥐듯 낮게 잡고 다른 손으로는 끌의 손잡이를 잡는다. 이 상태로 자세를 흐트러트리지 않고 하체를 이용해서 끌을 당기면 된다. 끌을 당기는 힘과 아래로 누르는 힘의 균형이 잘 맞아야 깨끗하게 깎인다.

그림 4-58. 끌도 스크레이퍼처럼 쓸 수 있다. 좁은 곳이나 구석진 곳 등 스크레이퍼나 스프레이퍼 플레인을 사용하기 어려운 경우에 특히 유용하다.

톱

톱질은 모든 목공 활동의 근본이라고 할 수 있다. 겉으로 보기에 톱이 나무를 자르는 방식은 매우 단순해 보인다. 날카로운 톱니가 나무를 잘라내는 것이다. 그러나 우리가 톱질을 하면서 접하는 여러 상황들에서 톱질은 그렇게 단순하지 않다. 다시 말해 톱질을 그렇게만 이해해서는 적절하게 톱질을 할 수 없다. 왜 그럴까? 답은 나무가 섬유질 재료이기 때문이다.

켜기

나무를 섬유의 방향과 나란하게 자르는 것을 나무를 켠다고 한다. 나무를 켤 때 톱은 섬유를 자르지 않는다. 나무 섬유는 인접한 섬유로부터 쉽게 분리되므로 톱은 섬유 가닥을 조금씩 긁어내기만 하면 된다. 켜기용 톱의 톱니도 섬유를 긁어내는 작업에 알맞게 만들어져 있다.

켜기용 톱의 톱니가 늘어선 모양은 끌을 수직으로 세워서 줄

켜기 톱의 톱니 모양

톱니의 단면이 납작하다.

그림 4-59.

자르기 톱의 톱니 모양

톱니 단면이 칼날처럼 뾰족하다. 뾰족한 끝이 섬유를 절단한 뒤 톱니 몸통이 절단된 섬유를 제거한다.

그림 4-60.

세워놓은 것과 같은데, 이처럼 높은 각도에서 각각의 끝, 즉 톱니는 마치 스크레이퍼처럼 작용한다(그림 4-59). 일련의 스크레이퍼, 즉 켜기용 톱의 톱니는 나이테 면 쪽에서 나무 섬유를 긁어내기에 알맞다. 바로 나무를 켜는 상황이다. 긁어냈음에도 불구하고 절단면은 깔끔하다. 긁혀 나오는 섬유의 조각과 이웃한 섬유 간의 결합력이 약해서 깔끔하게 떨어져 나오기 때문이다. 때로는 '켜기'를 톱을 나뭇결 면 위에 놓고 섬유와 나란한 방향으로 톱질할 때도 있는데, 이때도 켜기용 톱의 톱니는 제 역할을 잘 해낸다.

자르기

나무를 섬유의 방향과 수직으로 자르는 것을 나무를 자른다고 한다. 자르기의 양상은 켜기와 다른데 켜기용 톱을 사용해서 자르기를 해보면 그 차이를 쉽게 알 수 있다. 켜기용 톱의 톱니들은 언제나 제 할 일을 한다. 바로 나무 섬유를 긁어내는 것이다. 그러나 이들 섬유는 톱을 댄 위치의 좌우 양옆으로 연결되어 있으며 나무 섬유는 서로 분리될지언정 잘 끊어지지는 않는다. 따라서 톱니는 톱을 댄 위치 주변의 나무 섬유까지도 깔끔하지 않은 모양새로 뜯어내버린다. 자르기용 톱의 톱니는 이와 같은 상황을 해결할 수 있도록 만들어져 있다. 각각의 톱니 끝이 마치 칼날과 같이 뾰족하게 경사져 있어서 톱니의 몸통이 섬유를 긁어내기에 앞서 섬유의 가장자리를 깨끗하게 절단해버린다. 각각의 칼날은 섬유를 톱날의 양쪽 가장자리에서 절단할 수 있도록 톱날 전체에 걸쳐 좌우로 번갈아 가며 배치되어 있다(그림 4-60).

자르기용 톱을 켜기에 사용했을 때의 문제점은 그 반대의 상황에 비하면 별것 아니다. 단지 작업 속도가 조금 느려질 뿐이다. 이 사실만 놓고 보면 자르기용 톱이 켜기용 톱보다 더 유용하다고 말할 수 있을지도 모르겠다. 그러나 켜기용 톱으로도 자르기를 할 수 있으며 단지 덜 깔끔하게 잘릴 뿐 목적에 따라 더 효율적으로 작업할 수 있는 경우도 많다.

목공기계에 장착해서 사용하는 톱날에도 켜기와 자르기의 구분이 적용된다. 테이블쏘에 장착하는 원형 톱날의 톱니가 구성된 방식은 손톱과 놀라울 만큼 유사하다. 원형 톱날은 자르기 전용, 또는 켜기 전용으로 나오며, 켜기와 자르기를 모두 다 해내는 겸용 톱날도 있다. 겸용 톱날의 구조는 자르기용 톱날에 더 가까운데, 톱니의 일부는 나무 섬유를 잘라낼 수 있도록 톱니 끝이 날카롭게 경사져 있으며, 다른 일부는 섬유를 빠른 속도로 긁어내기에 알맞은 모양으로 디자인되어 있다. 겸용 톱날은 켜기 작업에서는 효율이 다소 떨어지지만 전반적인 작업 효율을 높여주는 훌륭한 선택지다.

날어김

톱니의 구성 방식에서 중요한 특징은 날어김이다. 톱니는 번갈아가며 톱날 면보다 좌우로 조금씩 삐져나와 있는데, 이를 날어김이라고 한다. 날어김으로 인해 톱질로 생긴 틈이 톱날 면의 두께보다 조금 더 넓게 형성되는데, 이 조금의 여유 간격이 톱질하는 도중에 톱날이 잘린 나무 틈새에 끼는 것을 방지하는 중요한 역할을 한다. 날어김의 양과 정밀도는 톱의 품질 그리고 그 톱으로 할 수 있는 가공의 품질에 영향을 주는 주요한 요소다. 톱날이 나무 틈새에 끼는 것을 방지하려는 방법이 날어김만 있는 것은 아니다. 어떤 톱날은 날어김이 없는 대신 뒤로 갈수록 톱날 면이 얇아지도록 만들어져 있다. 그러나 흔히 볼 수 있는 방식은 아니다. 날어김이 전혀 없는 톱도 있다. 목심 등 표면에서 튀어나온 부위를 표면 높이에 맞춰 자를 때 쓰는 톱이다. 이런 톱에 날어김이 있다면 돌출 부위를 잘라내는 동안 표면에 온통 스크래치가 생길 것이다. 날어김이 없어도

그림 4-61. 톱 쥐는 법. 톱과 팔뚝이 일직선을 이루어야 한다.

약간의 스크래치가 생기긴 하지만 그 정도를 최소화할 수 있다(날어김이 한 방향으로만 나 있는 목심 자르기 톱도 있다. 표면에는 상처를 내지 않으면서 톱이 잘린 틈새에 끼는 것을 방지할 수 있는 형태다).

올바른 톱질 자세와 동작

톱질을 정확하고 깔끔하게 할 수 있느냐 없느냐는 전적으로 톱을 쥔 사람의 실력에 달려 있으며, 작업물에 대한 몸의 위치와 자세, 힘이 전달되는 경로의 정렬 상태 등이 중요하다.

좋은 자세는 톱을 쥐는 방식에서부터 시작된다. 톱을 바른 방식으로 쥐면 신체의 다른 부위들을 톱에 대해 똑바로 정렬시키는 데도 도움이 된다. 톱의 손잡이를 감싸 쥐는 것은 중지, 약지, 새끼손가락의 역할이다. 검지는 앞으로 뻗어서 톱 등의 옆으로 붙여야 한다. 고급 톱의 경우 손잡이에 이를 감안한 홈이 파여 있기도 하다. 엄지도 역시 앞으로 뻗는 것이 좋다(그림 4-61). 톱과 팔뚝은 일직선 위에 있어야 한다. 톱질하는 도중에도 톱과 팔뚝이 직선으로 정렬된 상태에서 벗어나지 않도록 늘 주의를 기울여야 한다(그림 4-62). 이 상태에서의 톱질은 일차원적이다. 팔을 어깨 관절에서만 움직여주면 나머지는 톱이 알아서 한다. 반면 만약 손목이 꺾여 톱과 팔뚝이 나란하지 않게 되면 톱질은 삼차원적인 행위가 된다. 톱 자체는 앞뒤로만 움직여야 한다. 이 상태에서는 어깨 관절뿐 아니라 팔꿈치 그리고 손목 관절까지 매우 통제된 방식으로 움직여야 톱을 앞뒤 일직선상에서 움직일 수 있다(그림 4-63). 불가능한 일은 아니지만 쉬운 방법을 두고 어렵게 작업할 필요가 없다.

이제는 몸 전체의 자세를 살펴볼 차례다. 서는 것은 역시 목공 기본 자세다. 톱을 쥔 손의 반대쪽 발을 작업대 쪽으로 내민다. 다른 발은 어깨너비 정도로 뒤에 두고 옆으로 45° 정도로 벌린다. 골반도 정면에 대해 45° 정도로 비껴서 선다. 톱질을 하는 동안 팔꿈치가 골반 앞으로 자유롭게 왔다 갔다 할 수 있어야 한다.

톱질에서 힘은 어깨로부터 나온다. 어깨 관절을 움직여 팔꿈치를 밀고 당기는, 다르게 말하면 팔꿈치를 폈다 접었다 하는 동작에만 유의할 뿐, 손을 비롯한 팔의 나머지 부분은 능동적으로 움직이지 않는 그저 연결고리처럼 작동해야 한다(그림 4-64). 힘은 손바닥 중심에서 톱등으로 똑바로 전달된다. 손잡이는 가볍게 쥐고 있으면 된다. 힘이 전달되는 것은 손잡이를 잡는 것과 전혀 관계가 없다. 세게 잡으면 긴장만 더해져서 톱질이 잘 안 된다.

톱질과 관련된 몸의 동작 원리와 정렬에 대해 이해했다면 이제 톱을 앞뒤로 부드럽게 움직이는 것을 연습하기만 하면 된다. 톱등이 일직선 위에서 움직이도록 주의해야 하는데, 마치

그림 4-62. 정확한 톱질에 있어 작업물과 톱 그리고 신체의 정렬이 매우 중요하다. 톱날과 주요 관절-손목, 팔꿈치, 어깨가 한 평면 안에 들어 있어야 하며 이 상태에서의 톱질은 일차원적인 동작이 된다.

그림 4-63. 정렬 상태가 나쁘면 동작이 복잡해지며 정교한 컨트롤도 어려워진다.

그림 4-64. 어깨 동작에 집중한다.

시험 사용해보기

톱은 구입하기 전에 시험 사용해보길 권한다. 시험 사용을 해보면 그 톱(날)이 자기가 원하는 수준의 가공을 하는 데 적합한지 아닌지를 바로 알 수 있다. 점검해야 하는 것이 하나 더 있다. 바로 손잡이의 크기다. 손잡이가 너무 크면 톱을 쥐기 위해 손이 불필요한 긴장을 하게 된다. 손잡이가 너무 작아도 손이 불편한 문제가 있다. 어느 경우든 톱질을 잘하는 데 적지 않게 방해가 된다.

그림 4-65. 나무에 톱니 자국이 한 번 찍히면 톱질을 시작하기가 더 어려워진다.

레일 위를 오가듯 좌우로 흔들리는 일 없이 앞뒤로만 움직인다고 상상하면 도움이 된다.

톱질 연습하기

초보 목공인들은 톱질에서 가장 어려운 부분으로 단연 나무에 처음 톱 길을 내는 동작을 꼽을 것이다. 특히 켜기 작업에서 처음 톱 길을 내는 것이 어렵다. 많은 사람이 톱을 반대로 한 번 당겨서 톱 길을 만들고는 하는데, 썩 좋은 방법은 아니다. 이렇게 하면 나무에 톱니 자국이 찍히기 쉬운데 그러면 톱니가 그 자리에 걸려서 톱질을 부드럽게 시작하기가 더 어려워진다.

톱질은 면 전체에 걸쳐서 시작하는 것보다 한쪽 모서리에서 시작하기가 쉽다. 톱을 잡은 반대쪽 손의 손가락을 톱날 면에 대고 가이드로 이용하면 정확한 위치에 톱을 놓고 그 위치를 유지하는 데 도움이 된다. 톱질을 시작할 때 힘을 줘서 톱을 아래로 눌러서는 안 된다. 오히려 톱을 살짝 들어 올리면서 민다고 생각하는 것이 도움이 될 수도 있다. 물론 톱을 뒤로 한 번 빼는 동작으로 톱질을 시작할 수도 있지만 이때도 톱을 나무 표면에서 들어 올린다는 느낌으로 해야 톱니 자국이 찍히는 것을 방지할 수 있다(그림 4-65). 톱질을 시작하고 몇 번의 왕복 동작 간에는 동작을 짧게 하는 것이 톱질 방향을 통제하는 데 도움이 되기도 한다. 그러나 최종적으로는 톱날의 전체 길이를 사용해서 길고 부드러운 왕복 동작으로 톱질해야 한다. 판재를 세워놓고 톱질할 때 윗면의 선을 따라 정확하게 톱 길을 잡기 위해 톱

톱날 드리프트 조정하기

톱질이 어느 한쪽으로 계속 치우쳐진다면 톱의 날어김을 점검해볼 필요가 있다. 날어김이 한쪽으로 더 많으면 톱질이 그 방향으로 치우치는 현상이 생긴다. 날어김을 바로잡는 방법은 어렵지 않다. 날어김이 더 많은 쪽의 톱날 면에 마스킹테이프를 두 줄 붙이고(한 줄은 톱날 바로 옆, 나머지 한 줄은 약 40mm 정도 옆. 마스킹테이프의 역할은 톱날 면을 보호하는 것이다) 이 면을 위로해서 톱을 작업대 위에 잘 올려놓은 뒤 입도 #1,000 정도의 숫돌로 한 두차례 가볍게 문질러주기만 하면 된다. 이렇게 하면 날어김의 좌우 불균형 및 불규칙한 날어김이 바로잡아지는데, 톱질의 정확성과 절단면 품질을 향상시키는 데 큰 도움이 된다.

질 동작을 짧게 가져가곤 한다. 몇 번의 동작 간에 톱질 방향을 미세하게 조정해서 선에 맞출 수 있다. 일단 윗면의 선에 맞춰 톱 길이 만들어지고 나면 판재 앞면에 그어놓은 선을 따라 길고 부드럽게 톱질해서 내려오면 된다. 이때 서두르거나 의도를 가지고 톱에 힘을 줘선 안 된다. 톱이 일하게 둬야 한다. 톱질이 잘 될 때는 톱의 무게에 의해 톱질이 되는 것처럼 느껴진다. 오히려 당기는 동작에서 톱날이 절단 부위 바깥으로 튀어나오지 않게 하려고 톱을 적당히 눌러야 하는 경우가 있다.

누구에게나 잘 맞는 최고의 톱질 방식은 없다. 톱질에는 여러 가지 방식들이 있으며(반대쪽 모서리에서 톱질을 시작하거나 면 전체에 걸쳐서 톱질을 시작하는 등) 각각의 방식들을 테스트해보고 자기와 더 잘 맞는 방식을 찾아서 익히면 된다. 그러나 어떤 방식으로 하든 근본 원리는 같다.

톱질 실력 향상을 위해선 톱질할 때 나는 소리에도 주의를 기울일 필요가 있다. 더덕더덕거리는 불규칙적이고 거친 소리는 좋지 않다. 부드럽고 고른 소리, 리드미컬한 소리여야 한다. 숙련된 목공인들은 작업을 하는 동안의 소리에 귀를 기울인다. 소리를 이용하면 정말 많은 것들을 배울 수 있다. 톱질이 잘되고 있는지 잘 안 되고 있는지도 소리만 들어도 알 수 있다.

부드럽게 톱질 동작을 할 수 있다면, 아래로 똑바로 자르는 연습을 할 때다. 우선 작업물을 바이스에 수직으로 잘 고정한다. 우리의 감각은 수직으로 똑바로 되어 있는 것을 더 자연스럽고 편하게 느낀다. 톱질도 기울여서 하는 것보다 수직으로 하기가 더 쉽다. 작업물을 비뚤게 고정해서 비스듬한 각도로 톱질을 할 필요가 없다. 그 상태에서 톱의 감각, 톱질의 감각, 톱질이 아래로 똑바로 내는 감각을 찾아야 한다. 이것은 온전히 자기의 몫이다. 수직으로 잘라 내려가는 느낌이 어떻다, 톱을 어느 쪽으로 약간 기울이는 것이 좋다 등 말과 글로 설명할 수 있는 것이 아니며 스스로 감각을 익히는 수밖에 없다. 어떤 톱은 똑바로 톱질해도 한쪽으로 쏠리기도 한다. 톱질 연습을 할 때는 톱질 자체에만 집중할 수 있도록 상태가 좋은 톱날을 사용할 필요도 있다. 아래로 똑바로 자를 수 있게 되었다면, 이제 나무에 선을 그려 따라 자르는 것을 연습해도 좋다.

사포

사포를 '도구'로 분류하는 것이 어색할 수도 있다. 그러나 사포도 매우 자주 사용하는 목공도구다. 따라서 사포가 나무를 어떻게 깎는지, 그리고 사포를 어떻게 사용하는 것이 가장 좋은지 살펴볼 필요가 있다.

사포는 단순하다. 사포에 붙어 있는 연마 입자가 나무 표면을 긁어내는 것이다. 사포질하면 나무가 조금씩 긁혀 나오면서 표면에는 전체적으로 연마 입자의 굵기 — 입도에 해당하는 스크래치가 남는다. 특정 입도의 사포로 사포질을 마치고 나면 필요에 따라 더 미세한 입도의 사포로 다시 표면을 긁어주기도 한다. 이렇게 하면 앞서 굵은 입도의 사포가 남긴 거친 스크래치가 미세한 입도의 사포가 남기는 고운 스크래치로 대체된다. 사포의 입도를 높여가며 이 과정을 반복하면 나무 표면을 원하는 만큼 부드럽게 만들 수 있다.

사포질로 만든 부드러움은 대패질해서 만든 부드러움과 전

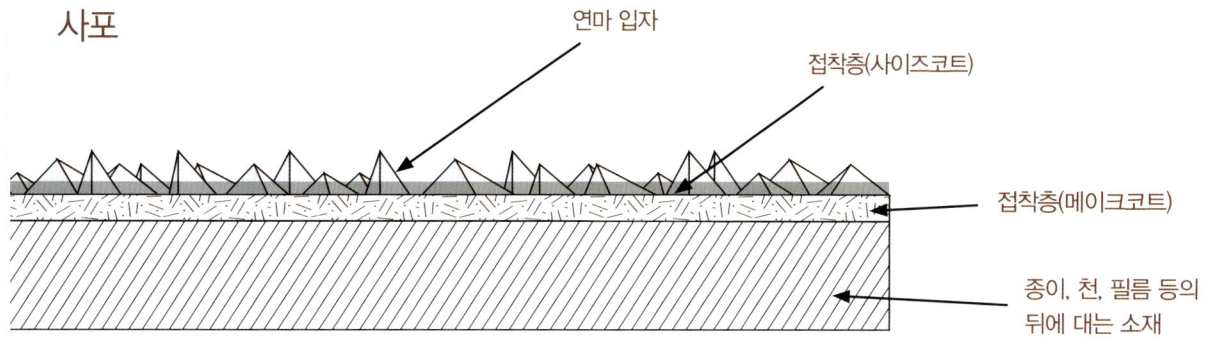

그림 4-66.

혀 다르다. 사포질한 면은 닳아서 부드럽게 된 것이다. 자세히 보면 미세한 스크래치로 가득 차 있다. 반면 대패질한 면은 한 칼에 매끄럽게 깎아놓은 것이다. 사포질한 면은 표면이 전체적으로 고르며 미세한 스크래치가 빛을 굴절시키기 때문에 대패질한 면에 비해 좀 더 포근한 느낌을 준다. 반면 대패질로 마무리한 표면은 사포질한 면에 비해 좀 더 단단하고 차가운 느낌이다. 사포질한 면이 나으냐, 대패질한 면이 좋으냐에 대한 논쟁은 이 책의 몫이 아니다. 둘 중 무엇을 선택할지는 결과적으로 표면에 어떤 느낌을 남기기 원하느냐의 문제다. 이는 품질보다는 스타일과 디자인의 문제다. 품질은 사포냐 대패냐가 아니라 사포질이나 대패질을 잘했느냐 못했느냐에 달려 있다.

사포에는 종류가 많다. 목공에서만 사포를 사용하는 것이 아니며, 갈아내야 하는 대상이 무엇이냐에 따라 그에 맞는 다양한 사포와 사포질 필름을 시중에서 구할 수 있다. 이들은 연마 입자의 종류, 연마 입자가 부착된 재질 및 부착된 방식에 차이가 있다(그림 4-66). 목공용 사포는 주로 석류석, 산화알루미늄, 탄화규소 등을 연마 입자로 사용한다. 이 중 탄화규소는 입자가 매우 날카로워서 낮은 입도로 사용할 경우 목재 표면에 깊은 스크래치를 남기므로 주로 윤활제와 함께 높은 입도용으로 사용한다. 연마 입자에 특수한 광물 성분(스테아르산염)을 추가해서 나무나 마감재 가루가 엉겨 붙는 것을 줄이는 목적으로 개발된 사포도 있다. 바니시 등 사포에 잘 엉겨 붙는 마감재를 사용한 표면을 사포질할 때 특히 유용하며, 나무 표면을 높은 입도로 사포질할 때도 미세한 나무가루가 사포에 잘 끼지 않아서 편리하다.

사포의 입도를 구분하는 방식에는 여러 가지가 있는데 그중 CAMI 등급 분류, FEPA 등급 분류, 마이크론 등급 분류가 주로 쓰인다. CAMI는 미국식 분류 방식으로 120, 150, 220, 320과 같은 숫자를 사용한다. FEPA는 유럽식 분류 방식이며 P220, P280과 같이 표시한다. 마이크론 등급은 연마 입자의 실제 크기를 나타낸다. 예를 들어 15micron, 0.5micron과 같은 식이다.

사포질의 가장 중요한 규칙은 나무의 결 방향대로 사포질하라는 것이다. 결과 나란하게 만들어진 사포 스크래치는 나무의

입도 등급 분류 비교표

미국의 CAMI 방식과 유럽의 FEPA 방식은 복잡한 공식을 통해 입도 등급을 산출하는데, 이때 연마 입자의 평균적인 크기가 등급 산출에 중요한 역할을 하기는 하지만 등급 산출에 영향을 주는 다른 요소들도 있다. CAMI 방식이든 FEPA 방식이든 각각의 입도 등급에 대해 비슷한 수준의 마이크론 등급을 대응시켜 서로 비교해볼 수는 있으나 각 방식 간에 입도를 산출하는 기준 자체가 다르므로 동일선상에서의 입도 비교는 불가능하다. 이와 같은 점을 이해하고 아래의 표를 참고하도록 하자.

CAMI(미국)	FEPA(유럽)	마이크론 등급
	P80	197
80		192
	P100	156
100		141
	P120	127
120		116
	P150	97
150		93
180	P180	78
220		66
	P220	65
	P320	46
320		36
	P400	35
	P600	26
400		23

그림 4-67. 결을 가로질러 사포질해서는 안 된다.

결 자체와 거의 구별되지 않는다. 반면 결을 가로질러 사포질하면 사포의 연마 입자가 나무 표면의 섬유를 끊어놓는데, 그렇게 해서 생긴 스크래치는 보기 싫을 뿐 아니라 너무나 쉽게 눈에 띈다(그림 4-67). 더 나쁜 것은 마감 도료를 칠해놓으면 이 스크래치가 더 선명해진다는 것이다.

나이테 면을 사포질할 때는 결 방향에 대해 고려할 필요가 없다. 그러나 나이테 면에는 나이테 면의 문제가 있다. 나이테 면에 드러나 있는 것은 나무 섬유의 끝단이다. 섬유의 끝단은 쉽게 긁혀나가지 않으며 따라서 나이테 면을 사포질하는 것은 나뭇결 면을 사포질하는 것에 비해 훨씬 힘들고 시간이 오래 걸린다. 나이테 면은 인접한 나뭇결 면보다 한 단계 더 고운 입도의 사포로 마무리하면 좋다. 나이테 면에 마감 도료를 칠하면 나뭇결 면에 비해 더 짙고 어두워지는데, 이렇게 하면 그 정도가 덜해진다.

사포질은 사포만으로 할 수도 있고 뒤에 샌딩 패드나 블록을 대고 할 수도 있다. 사포만으로 사포질하면 사포가 나무를 긁어내는 감각을 직접 느낄 수 있고 블록을 이용하는 것에 비해 공격적인 사포질이 가능하다. 그러나 사포질이 고르지 않게 될 확률이 높고 춘재와 추재의 강도 차이가 많이 나는 나무의 경우 비교적 무른 춘재 부위가 추재 부위보다 더 깊게 사포질되기도 한다. 샌딩 블록을 이용하면 누르는 압력이 블록면 전체로 분산되므로 이와 같은 문제를 해결할 수 있다.

샌딩 블록이 없을 때는 사포를 접어서 사포 자체를 패드처럼 만들어 쓰면 좋다. 이렇게 하면 사포를 잡기도 편하고 누르는 압력이 어느 정도 분산된다. 사포를 접을 때는 연마 입자가 있는 면이 서로 겹쳐지지 않도록 해야 한다. 작은 사포는 그냥 반으로 접어서 쓰면 된다. 큰 조각은 3등분해서 접어 쓰면 된다. 더 큰 사포는 4등분해서 접는데, 연마 입자가 있는 면이 서로 겹쳐지지 않게 하려면 가운데를 반쯤 가위로 오려야 한다(그림 4-68).

좋은 사포질 블록의 표면은 코르크나 펠트 재질로 처리되어 있다. 적당히 물렁해서 압력을 적절히 배분하는 데 도움이 된다. 곡면을 사포질할 때는 그에 맞는 샌딩 블록을 만들어 사용하면 매우 효과적이다. 따로 만들 것 없이 곡면을 오려낼 때 나온 반대쪽 부분을 이용하면 되는 경우가 많다. 곡면은 나뭇결이 다양한 방식으로 드러나므로 대패로 면을 정리하기 까다롭다.

그래 봐야 사포인데, 사포를 어떻게 잡아야 하고 어떻게 사용해야 하는지를 설명할 필요가 있을까 싶을 것이다. 박물관이나 미술관의 도록에서 가구 작품에 대해 설명하면서 사포질이 얼마나 잘되었는지 평가해놓은 것을 본 적 있는가? 물론 없을 것이다. 그러나 사포질을 잘못하면 애초에 작품이 될 수 없다. 이렇게 생각하면 사포질과 관련된 신체 역학에 대해 잠깐 살펴보는 시간이 아깝지 않을 것이다.

작업물을 앞에 놓고 좌우로 사포질을 하면 신체 구조상 사포는 팔꿈치나 어깨를 축으로 원호를 그리며 움직인다(그림 4-69). 원호는 직선이 아니다. 의도치 않게 결을 비스듬히 가로질러 사포질을 한 셈이다. 해법은 작업물의 옆으로 돌아가서 손을 앞뒤 방향으로 움직여 사포질하는 것이다. 이 경우도 문제점이 있다. 샌딩 블록을 사용하지 않고 사포만으로 샌딩하는 경우 몸에 가까운 쪽에서 손에 압력이 조금 더 가해진다는 점이다. 섬세한 마무리 사포질에서는 이 정도의 차이도 문제가 될 때가 있다.

그림 4-68. 사포 접어서 쓰기

그림 4-69. 좌우로 사포질을 하면 사포는 원호를 그리며 움직이기 쉽다.

큰 테이블의 상판을 사포질할 때도 문제가 생긴다. 손을 앞뒤로 움직이는 방식으로는 테이블의 가운데까지는 손이 닿지 않는다. 이때는 어쩔 수 없이 손을 좌우로 움직여서 사포질을 해야 한다. 이렇게 움직이는 것은 신체 역학을 고려하면 이상적인 방식은 아니지만 동작을 섬세하게 조절해서 사포가 좌우로 직선상에서 움직이게끔 하는 것은 좋은 훈련이 된다. 다행인 것은 사포가 가볍고 사포질이 힘든 동작이 아니라는 점이다. 따라서 사포를 직선으로 움직이는 데 집중할 수 있으며 이렇게 한동안 반복 연습을 하면 동작이 어색하게 느껴지지 않을 것이다.

판재의 모서리를 사포질할 때는 사포의 가장자리를 조심해야 한다. 종이에 살을 베이곤 하는 것처럼 사포 가장자리가 나무 섬유 사이에 끼이면서 나무를 부분적으로 쪼개버리기도 한다. 판재의 가장자리를 사포질할 때는 모서리를 의도치 않게 둥글리지 않도록 주의해야 한다. 샌딩 블록을 사용하고 블록을 판재의 넓은 면에 잘 밀착시켜서 작업하면 모서리를 둥글리지 않는 데 도움이 된다.

전동 공구와 목공 기계

기계가 주는 안도감이 있다. 많은 사람이 기계가 알아서 해주길 기대한다. 그리고 기계를 사용하면 우리가 상대하고 있는 것이 나무라는 것을 무시하고 작업해도 된다고 생각하기도 한다. 그러나 오래지 않아 우리가 자르거나 깎고 있는 것이 나무라는 사실을 자각하게 된다. 나무의 규칙을 어기면 대가를 치르게 되어 있다. 기계를 사용한다고 해서 그 사실이 바뀌지 않는다. 전기 동력의 도움을 받으면 내 힘을 덜 들이고 빠른 속도로 작업할 수 있다. 그러나 전기 동력이 목재의 성질을 바꿔놓지는 않는다. 날이 나무를 자르고 깎는 방식은 날을 미는 것이 내 손일 때나 전기 모터일 때나 동일하다. 따라서 기계를 사용해서 작업할 때도 나무의 성질에 유념해야 하며 날이 나무를 자르고 깎는 방식을 이해하고 적용하면 기계 작업에서도 더 좋은 결과를 얻을 수 있다.

그림 4-70. 톱날이 낮으면 톱니가 비스듬히 앞으로 움직이는 부분에서 절단이 일어난다.

그림 4-71. 톱날이 높으면 톱니가 아래로 내려가는 부분에서 절단이 일어난다.

테이블쏘

원형 톱의 기원은 명확하지 않다. 16세기 또는 17세기 네덜란드에서 처음 사용되었다는 주장이 있지만 구체적인 증거는 없다. 원형 톱과 관련된 최초의 특허는 1777년 영국 사우샘프턴(Southampton)의 사무엘 밀러(Samuel Miller)가 받은 것으로 되어 있다. 미국 매사추세츠 하버드 인근의 세이커 공동체의 일원이었던 타비서 배빗(Tabitha Babbitt)도 1813년에 원형 톱을 발명한 것으로 인정된다. 원형 톱은 단순하면서도 훌륭한 발명품이다. 톱날을 회전시키기만 하면 톱니가 끊임없이 나타나서 나무를 자른다. 손톱으로 자르기 위해서는 미는 동작에서뿐 아니라 톱을 당기는 동작에도 힘과 시간이 든다. 원형 톱에는 낭비의 요소가 없다.

톱니의 생김새나 톱니가 나무를 자르는 방식은 손톱과 거의 동일하다. 켜기용 톱날은 톱니의 끝부분이 톱날면에 대해 직각으로 평평하다. 나무 섬유를 긁어내기 좋은 모양이다. 반면 자르기용 톱날은 톱니의 끝부분에 뾰족하게 날이 세워져 있다. 하나씩 좌우로 번갈아가며 말이다. 나무의 섬유를 잘라내기 좋은 모양이다. 가공의 효율을 높이기 위한 세부적 개선이 이루어지고 있지만 원형 톱날의 이와 같은 기본적 구성에는 변화가 없다.

톱질의 본질에는 변화가 없지만 톱날의 움직임이 직선 왕복운동에서 회전운동으로 바뀐 차이는 크다. 우선 운동에서 낭비되는 요소를 없앰으로써 자르는 속도가 더 빨라졌다. 또한 단순히 자르는 것뿐 아니라 다양한 방식의 가공이 가능하다. 나무를 회전하고 있는 톱날에 대해 다양한 방식과 방향으로 지나가도록 할 수 있기 때문이다. 중요한 차이점이 또 있다. 훨씬 더 위험하다는 것이다. 뭐든지 잘라버리는 톱날 자체도 위험하지만 회전력 그 자체가 중대한 위험 요인이다.

톱날이 작업자를 향해 1~5마력의 힘과 3,000~4,000rpm의 속도로 돌고 있다는 것이 무슨 의미일까? 톱날이 작업자를 향해 무엇이든 시속 160km 이상의 속도로 집어 던질 수 있다는 것을 뜻한다. 톱날은 제자리에서 돌고 있다. 나무를 자르기 위해서는 어떤 방식으로든 나무가 회전하는 톱날과 만나서 지나쳐야 한다. 나무가 톱날을 통과하는 방식을 통제하는 것은 전적으로 작업자 자신이다. 물론 조기대(켜기 펜스), 마이터가이드, 썰매 지그 등의 보조 장치들을 활용하면 작업물을 통제하는 데 도움이 된다. 그러나 어쨌든 나무를 미는 것은 작업자 자신이며 통제의 책임도 작업자에게 있다. 작업물에 대한 통제가 잠깐이라도 잘못되면 심각한 안전사고가 발생할 수 있다.

테이블쏘의 톱니는 테이블 위에서 원호를 그리며 움직인다. 테이블 뒤쪽에서 올라와서 원호의 최고점에 도달한 뒤 테이블 앞쪽에서 테이블 밑으로 다시 내려간다. 나무의 절단은 원호의 앞쪽만을 이용하는데, 톱날의 높이에 따라 나무가 절단되는 양상이 달라진다. 톱날의 높이가 자르려고 하는 나무의 두께보다 아주 약간만 높게 세팅되어 있다면 톱니가 앞으로 움직이며 나무를 절단한다. 반면 톱날이 꽤 높게 세팅되어 있다면 톱니가 아래를 향해 움직이며 나무를 절단한다(그림 4-70, 4-71). 켜기 작업에서 전자는 나무의 결 방향과 거의 나란하게 절단된다. 반면 후자는 결에 수직인 방향으로 절단된다. 전자는 힘은 덜 들지만 그게 테이블쏘 작업에서 중요한 요소는 아니다. 후자는 손톱으로 판재를 켤 때와 상황이 거의 비슷하다.

나무가 톱날을 통과할 때 나무는 톱날의 앞쪽에만 닿아야 한다. 앞서 원호의 앞쪽만을 이용해서 나무를 절단해야 한다는 것과 같은 말이다. 원형 톱날의 톱니는 가운데의 톱날 판보다 더 두껍다. 손톱에 날어김이 있는 것과 같은 이유다. 절단 중에 나무가 안쪽의 톱날 판에 닿을 일은 없고 닿아서도 안 된다. 얼핏 원호의 뒤쪽에서 나무가 톱날에 다시 닿을 수밖에 없는 것처럼 보인다. 그러나 테이블쏘의 세팅이 잘되어 있고 절단이 순조롭게 이루어지는 상황이라면 원호의 뒤쪽에서 톱니는 이미 절단된 나무의 옆을 스치기만 하고 조금이라도 걸릴 정도로 닿아서는 안 된다.

그러나 실제 작업 상황에서는 톱날의 모든 부분이 나무에 닿게 될 가능성이 있다. 문제의 원인은 셋 중 하나다. 첫째는 기계의 세팅 상태가 나빠서다. 두 번째는 작업 중에 나무가 휘어서다. 세 번째는 작업자가 나무를 잘 통제하지 못해서다. 원호의

그림 4-72. 조기대가 톱날과 평행하지 않은 상태에서 판재를 켜면(특히 조기대의 뒤쪽이 톱날과 더 가까운 경우) 판재가 톱날의 뒤쪽에 필연적으로 닿는다.

그림 4-73. 테이블쏘의 정반(의 홈)도 톱날과 평행해야 한다. 정반이 그림과 같이 삐뚤어져 있으면 마이터가이드를 이용한 자르기 도중에 잘린 판재가 톱날의 뒤쪽에 닿는다.

뒤쪽에서 톱날이 목재와 닿으면 가공 치수가 부정확해지고 가공 면의 품질이 떨어지는 것은 물론, 돌발적인 킥백으로 인한 심각한 안전사고까지 발생할 수 있다.

기계 세팅과 관련해서는 우선 테이블쏘의 정반과 톱날의 정렬부터 맞춰야 한다. 마이터가이드나 썰매 지그를 끼워서 사용하는 홈이 톱날과 완벽하게 평행해야 한다. 그렇지 않으면 마이터가이드나 썰매 지그를 이용한 자르기 작업을 할 때 목재가 톱날의 뒤쪽에 닿게 된다(그림 4-73). 다음은 조기대와 톱날의 정렬을 맞춰야 한다. 조기대 역시 톱날과 완전히 평행하게 정렬되어 있어야 한다. 그렇지 않으면 켜기 작업 중 목재가 톱날의 뒤쪽에 닿아서 대단히 위험한 상황이 발생할 수 있다(그림 4-72). 테이블쏘를 사면 가장 먼저 해야 하는 것이 이 셋의 정렬 상태를 확인하고 조정하는 일이다. 한 번 맞췄다고 끝이 아니다. 주기적으로, 또는 테이블 톱의 상태가 이상하게 느껴질 때마다 확인하고 조정해야 한다. 방법은 어렵지 않다. 사용 매뉴얼을 꼼꼼하게 읽어보기만 하면 누구나 할 수 있는 일이다.

절단 도중 나무가 휘는 것도 종종 있는 일이다. 주로 켜기 작업에서 이런 일이 발생하는데, 잘린 양쪽이 안으로 오므라들면서 톱날을 붙잡기도 하고 조기대나 정반에 대한 밀착을 유지하기 어려운 모양으로 변형이 되기도 한다. 이런 상황에 대한 일차적 안전장치가 라이빙나이프(스플리터라고도 함)다(그림 4-74). 라이빙나이프는 목재가 톱날 뒤쪽을 붙잡는다거나 톱날 뒤쪽에 닿는 것을 방지하도록 설계되어 있다. 톱날 뒤쪽을 지키는 가드인 셈이다. 그러나 라이빙나이프가 있다고 해서 모든 사고를 예방할 수 있는 것은 아니다. 중요한 것은 작업자가 부적절한 상황을 만들지 않는 것이다. 톱날은 언제든 나무를 잡아채서 엄청난 속도로 집어던질 준비가 되어 있다.

테이블쏘 작업 중 나무가 톱날과 조기대(또는 테이블상에 고정된 어떤 물체) 사이에 끼는 상황은 대단히 위험하다. 톱날의 회전력이 나무에 그대로 전달되어서 시속 160km 이상의 속도로 나무가 튕겨 나올 수 있다. 켜기 작업에서 판재를 조기대에 밀착시키지 않아서 틈이 생긴다거나, 판재가 테이블로부터 들뜨게 하는 것도 위험하다. 조기대와 테이블 면은 판재를 통제된 방식으로 톱을 통과시키는 데 가장 중요한 역할을 하는 가이드 장치다.

테이블 톱에서의 사고는 예측이나 예방할 수 없는 종류의 사고라는 생각이 들지도 모르겠다. 기계의 문제나 작업자의 부주

그림 4-74. 라이빙나이프(스플리터)는 테이블쏘 작업의 필수 안전장치다.

테이블쏘 안전 수칙

테이블쏘는 위험한 장비이며 사용 중에는 항상 100% 주의를 집중해야 한다. 테이블쏘를 잘 알수록 더 안전하게 사용할 수 있으므로 사용 방법을 제대로 배울 필요가 있다. 어느 정도 숙달되었을 때는 장비에 대해 지나치게 편안하게 생각하지 않도록 주의해야 한다. 그럴 때 안전 수칙에 어긋나는 뭔가를 하게 되기 때문이다.

- 작업 중에 보안경, 귀마개, 마스크를 반드시 착용한다.
- 품이나 소매가 헐렁한 옷, 끈 달린 옷을 입고 작업하지 않는다. 목걸이나 귀걸이, 팔찌 등의 장신구 착용도 삼간다. 톱날에 걸려 들어갈 수 있는 모든 것을 배제해야 한다. 긴 머리도 뒤로 잘 묶는다.
- 안정된 자세로 서서 작업한다.
- 산만한 마음 상태로는 작업하지 않는다. 테이블쏘 작업을 할 때는 100%의 주의를 작업에 집중해야 한다. 누군가가 부르거나 전화가 와도 하고 있는 절단 작업을 끝내고 톱날이 완전히 멈출 때까지는 응답하지 않는 것이 좋다.
- 테이블쏘와 함께 제공된 안전장치가 있다면 최대한 활용한다.
- 라이빙나이프는 테이블쏘 작업의 필수 안전장치다. 따라서 라이빙나이프가 빠져 있는 상태로는 테이블쏘 작업을 하지 않도록 한다. 홈파기 등의 목적으로 라이빙나이프를 빼고 작업해야 하는 경우에는 작업이 끝나자마자 라이빙나이프를 다시 꽂아놓도록 한다.
- 나무를 톱날 근처에 그냥 내버려 두는 일이 없어야 하며 항상 작업자의 100% 통제 아래에 있도록 해야 한다. 테이블쏘는 기본적으로 뭔가를 앞으로 집어던지기 쉬운 기계이며 이런 일이 생기지 않도록 하는 것은 작업자의 책임이다. 나무를 통제된 방식으로 켜거나 자르기 위해서는 켜기 펜스나 마이터가이드, 각종 지그를 활용하는 것이 필수적이다. 경우에 따라 페더보드나 킥백 방지용 보조 장치들이 도움이 되기도 한다. 나무를 아무런 가이드 장치 없이 톱날에 그냥 갖다 대는 일은 절대 하지 않도록 한다.
- 테이블쏘 작업에서 신경 써야 할 밀착 세 가지
  1. 작업물은 테이블 면에 항상 잘 밀착되어 있어야 한다.
  2. 나무를 켤 때는 나무의 가장자리와 켜기 펜스가 잘 밀착된 상태로 작업해야 한다.
  3. 나무를 자를 때는 나무를 마이터가이드나 썰매 지그의 펜스에 잘 밀착시키고 작업해야 한다. 이때 잘려 나갈 쪽의 나무를 잡고 같이 미는 것은 금물이다.

- 30cm보다 짧은 나무를 자르거나 켜지 않는다. 테이블쏘는 작은 조각을 가공하기에 적합한 도구가 아니다.
- 회전하는 톱날과 켜기 펜스 사이에 나뭇조각이 남겨지는 상황을 절대 만들지 않는다. 킥백이 발생하는 주요한 원인 중 하나다.
- 마이터가이드와 켜기 펜스를 같이 사용하지 않는다. 이렇게 하면 잘려 나간 조각이 톱날과 켜기 펜스 사이에 끼어서 킥백이 발생할 수 있다.
- 판재를 켤 때는 판재가 톱날을 완전히 통과하도록 끝까지 밀어줘야 한다. 그렇지 않으면 나무가 톱날과 켜기 펜스 사이에 끼어서 킥백이 발생할 수 있다.
- 얇은 살대를 켜야 할 때는 켜진 살대가 톱날의 바깥쪽(켜기 펜스의 반대편)으로 떨어지도록 작업해야 한다. 반대로 살대가 톱날과 켜기 펜스 사이에 남겨지게 설정해서 작업하면 킥백의 가능성이 매우 높다.
- 어떤 경우에도 톱날 가까이로 손을 가져가지 않도록 한다. 잘린 나뭇조각들은 기계를 끄고 톱날이 완전히 멈춘 뒤에 치우도록 한다.
- 밀대를 가까이 두고 필요할 때 적극적으로 활용하도록 한다. 좋은 밀대는 나무를 앞으로 미는 동시에 바닥으로 누를 수도 있어야 한다. 가장 좋은 밀대는 손이다. 작업물이 적당히 커서 톱날 근처로 손을 가져가지 않고도 충분히 밀 수 있다면 손으로 미는 것이 작업을 더 잘 통제할 수 있으며 더 안전하다.
- 어떤 경우에도 손이 절단선상에 놓이지 않도록 한다. 톱날의 앞이든 뒤든 말이다.
- 톱날의 뒤쪽으로 손을 뻗어 판재나 잘린 나뭇조각들을 잡지 않도록 한다. 예상치 못한 킥백 발생 시 손이 톱날로 딸려 들어가게 된다.
- 킥백에 의해 나무는 어디로든 날아갈 수 있지만 가장 가능성이 높은 방향은 톱날의 정면이다. 따라서 해당 방향에 다른 사람이 있을 경우 작업을 해서는 안 되며, 작업자 자신도 마지막에 판재를 끝까지 밀어주기 위해 불가피하게 톱날의 정면에 서야 하는 경우를 제외하고는 이 방향에 서 있지 않도록 주의해야 한다.
- 작업을 위해 선 위치와 손의 위치도 중요하다. 특히 켜기 작업에서는 판재를 켜기 펜스에 밀착시키는 방향으로 힘을 주기 좋은 위치에 서서 작업해야 한다(그림 4-75 참고).
- 만약 하려고 하는 작업에 대해 조금이라도 의구심이 있다면 작업을 중단하고 전문가의 조언을 구하거나 다른 도구를 이용하도록 한다.

테이블쏘 작업을 '어떻게든 되겠지'라는 생각으로 하는 것은 금물이다. 실수를 하더라도 사고로 이어지지 않을 만큼 안전에 대한 조치를 확실하게 취하고, 작업에 대한 통제를 확실하게 가지고 작업해도 가끔은 어이없는 실수를 하는 것이 테이블쏘 작업이다. 느슨한 마음으로 작업하다 보면 언젠가는 대가를 치르게 된다. 작업이 위험한지 어떤지를 가장 잘 아는 것은 작업자 자신이다. 이렇게 하면 위험하다는 생각이 들 때 작업을 멈춰야 사고로 이어지지 않는다.

제일 아래쪽 밀대는 사용하지 않는 것이 좋다. 밀 수는 있지만 작업물을 테이블 면 위에 밀착시키는 데는 도움이 되지 않는다. 다른 두 개의 밀대는 작업물을 앞으로 미는 것과 동시에 아래로 눌러서 바닥에 밀착시킬 수 있다.

그림 4-75. 켜기 작업에서 킥백을 우려해서 조기대 뒤로 숨는 것은 오히려 위험을 가중시키는 행동이다. 몸이 조기대 뒤쪽에 있어서는 판재를 조기대에 밀착시키기가 어렵다.

의 때문만이 아니라 작업 중에 목재가 뒤틀리는 것으로 인해 사고가 날 수도 있으니 말이다. 그러나 테이블쏘는 안전하게 사용할 수 있는 기계이며 사고는 예방할 수 있다. 단순하게 생각하면 안전의 마진을 높여놓으면 된다. 작업 중 문제가 생기더라도 사고로까지는 이어지지 않는 방식으로 작업을 하는 것이다.

그러기 위해서는 많이 알아야 한다. 안전 수칙을 실천하는 것에서 그치지 않고 그렇게 하는 것이 왜 안전한지를 이해해야 한다. 올바른 작업 방법을 배우고 습관화해야 한다. 보안경, 귀마개, 방진마스크 등 안전 장구를 잘 착용하고, 밀대나 페더보드 등의 보조 장치도 효과적으로 사용해야 한다. 무엇보다 자기와 주위 사람의 안전을 지키기 위한 노력을 게을리해서는 안 된다.

테이블쏘와 바른 자세

수공구 작업에서 자세가 중요하다는 것은 의심의 여지가 없다. 나쁜 자세로는 힘을 주기도 어렵고 깎거나 자르는 동작을 통제하기도 어렵기 때문이다. 기계 작업에서도 마찬가지 이유로 올바른 자세가 필요하다. 그리고 이유가 하나 더 있다. 바로 안전이다. 기계 작업에서의 나쁜 자세는 안전사고와 직결될 수 있다. 테이블쏘 작업에서 어떤 자세가 올바른 자세라고 딱 잘라 말하기는 어렵다. 그러나 고쳐야 할 안 좋은 자세는 있다. 켜기 작업에서 많은 이들이 조기대의 뒤쪽으로 몸을 숨기곤 한다. 톱날이 나무를 집어 던지는 것, 바로 테이블쏘 킥백이 두려워서다(그림 4-75). 그러나 불행하게도 이 위치에서 작업하면 킥백 사고가 발생할 확률이 오히려 더 높다. 이 위치에서는 나무가 안전하게 톱날을 통과할 수 있게 제어하는 것이 더 어렵기 때문이다.

테이블쏘를 이용한 켜기

톱날의 정면에서 골반을 45°로 틀어서 조기대를 바라보고 선다. 대개의 경우 조기대를 톱날의 오른쪽에 두고 사용하므로 이렇게 하면 톱날을 기준으로 왼쪽으로 조금 비껴서 조기대를

그림 4-76. 이 자세가 이제는 낯익을 것이다.

향해서 서게 된다. 이 위치에서는 몸이 톱날의 절단 선상에서 벗어나 있을 수 있으며 작업 진행 동안에 판재를 조기대에 단단히 밀착시키기에도 좋다. 하체는 목공 기본 자세. 왼발을 앞에 두고 오른발은 바깥으로 조금 벌려서 뒤쪽에 둔다. 무릎은 약간 구부리는 것이 좋고 엉덩이를 뒤로 빼지 않도록 한다(그림 4-76). 서는 위치는 판재의 크기에 따라 다르다. 긴 판재를 켜기 위해서는 테이블쏘에서 멀리서부터 판재를 톱날로 밀어 넣으면서 걸어 들어와야 할 것이다. 몸을 테이블쏘 본체에 붙여서 기대는 것도 좋다. 테이블쏘에서 몸이 엉거주춤 떨어져 있으면 작업의 안정성이 떨어지고 작업을 통제하기도 쉽지 않다. 그렇다고 손을 가깝게 가져가라는 뜻은 아니다.

양손에는 각각의 역할이 있다. 조기대가 톱날의 오른쪽에 있다면 오른손이 판재를 톱날로 밀어 넣는 손이다(그림 4-77). 판재가 길다면 오른손으로 판재의 끝을 잡고, 길이가 적당하다면 오

그림 4-77. 양손에는 각각의 역할이 있다. 오른손은 판재를 앞으로 밀고 판재의 수평을 유지한다. 왼손은 판재를 조기대에 밀착시키고 판재가 테이블 위로 들뜨지 않도록 누른다.

엄지손가락 트릭

긴 판재를 켤 때는 부득이하게 작업 도중에 판재를 미는 손 모양을 바꿔야 하는데, 엄지손가락 트릭을 이용하면 판재를 미는 것을 멈추지 않고도 손 모양을 바꿀 수 있다.

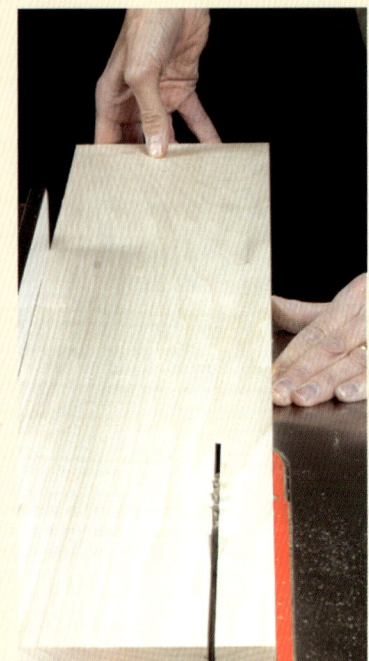

긴 판재를 미는 초반의 손 모양. 손바닥을 위로 보게 해서 엄지손가락을 제외한 네 손가락으로 판재 끝을 당기는 식으로 판재를 톱날로 밀어 넣는다.

판재가 테이블 면 위에 안정적으로 얹어지면 손 모양을 바꿔야 하는데, 기존의 손 모양에서 손목을 돌리면서 엄지손가락의 측면에 판재의 끝에 닿도록 한다. 이때도 검지와 엄지를 이용해서 판재를 계속 앞으로 밀 수 있다.

엄지로 판재를 계속해서 밀면서 나머지 네 손가락을 판재의 위로 옮겨 온다.

른손을 판재의 끝에 대고 동작을 시작한다. 어떤 경우든 작업 도중에 판재가 테이블 면에서 들리지 않게 하려면 오른손이 테이블 면과 같은 높이에서 움직여야 한다. 오른손으로 판재 끝을 들어 올리거나 누르지 말라는 말이다. 판재를 눌러도 지렛대 효과에 의해 판재가 테이블 면에서 들뜬다. 판재가 길면 작업 도중 오른손의 모양을 바꿔줘야 한다. 작업의 초반에는 판재가 뒤로 처지지 않도록 오른손으로 판재의 끝을 잡고 있어야 하며, 손이 몸보다 뒤로 빠져 있는 상태에서 손으로 판재를 끌어당기며 톱날로 밀어 넣는다. 그러나 손이 몸을 통과하는 시점에서 손 모양을 바꿔줘야 한다. 특히 판재를 잡은 상태로는 테이블 면 위에서 판재를 밀 수 없다. 작업의 진행을 멈추지 않고 손 모양을 바꿀 방법이 있다. 위에 설명한 엄지손가락 트릭을 참고하자.

판재를 밀어주는 동작에서 오른 팔뚝이 진행 방향에 대해 나란하게 정렬된 것이 좋지만 수공구 작업을 할 때만큼 중요하게 작용하지는 않으므로 크게 신경 쓰지 않아도 된다. 왼손의 역할은 작업물을 조기대에 밀착시킴과 동시에 테이블에서 들뜨지 않게 아래로 누르는 것이다. 왼손의 위치는 톱날 인써트의 몇 인치 앞이다. 너무 가까우면 위험하고 너무 멀면 작업물을 조기대와 테이블 면에 밀착시키기가 어렵다. 작업물이 움직일 때 왼손이 따라가서는 안 된다. 작업물은 톱날을 향해 움직이고 있다. 또한 왼손으로 판재를 톱날을 향해 밀어서도 안 된다. 미는 것은 오른손의 몫이다. 왼손은 위치를 고정한 채 판재를 조기대와 테이블 면에 밀착시키는 방향으로만 적당한 압력으로 눌러야 한다.

테이블쏘로 판재를 켤 때는 두 군데를 봐야 한다. 우선은 판재가 조기대에 잘 밀착된 채 진행되고 있는지를 계속 확인해야 한다. 그리도 양손이 톱날로부터 적당한 거리를 유지하고 있는지도 봐야 한다. 톱날이 나무를 자르는 모습을 관찰하고 있을 필요는 없다. 손이 톱날로부터 최소 몇 인치 이상 떨어져 있다는 것만 확인하면 된다.

긴 판재 켜기는 걸어가면서 해야 한다. 테이블쏘에서 멀리 떨어진 위치에서 시작해서 작업이 진행됨에 따라 판재를 들고 테이블쏘를 향해 걸어 들어가야 한다. 이때 판재를 잘 들어야 한다.

그림 4-78. 긴 판재 켜기

이동하는 동안에 조기대와 테이블 면과의 밀착 상태를 유지하는 것이 중요하다. 그냥 서서 하는 것과 걸어가면서 하는 것은 다르다. 우선 자기 몸의 균형을 잃지 않아야 하고 상황에 따라 나무에 다양한 방면에서의 압력을 주고 유지해야 한다. 당연히 걸음걸이가 이에 영향을 미친다.

걷기 시작할 때의 자세는 역시 목공 기본 자세다. 무릎은 살짝 굽힌 채로 뒷발을 떼서 앞으로 가져온다. 이때 골반 위로의 상체를 같이 이동한다. 움직일 때 골반의 높이, 즉 상체 전체의 높이를 일정하게 유지해야 하는데, 그 조정은 무릎으로 한다. 무릎을 적당히 굽히고 움직여야 하는 이유다. 뒷발을 바닥에 놓을 때의 방향은 여전히 측면을 향한 채다. 이제 다른 쪽 발을 앞으로 옮길 차례다. 이 발은 정면을 향한 그대로 움직이고 놓는다. 두 발이 서로 다른 방향을 향해 있는 상태로 움직이면 자기 몸과 작업물에 대한 균형과 통제를 유지하는 데 도움이 된다. 걷는 동안 골반, 즉 상체의 높이를 일정하게 유지하는 것이 중요하다. 그래야 이동 간에 판재가 테이블 면 위에서 들썩이지 않는다(그림 4-78, 4-79 및 4-80).

커기 작업의 테이블 바짝 다가서서 목재가 톱날을 완전히 벗어날 때까지 밀어주는 것으로 마무리한다. 톱날의 절단 선상으로 손을 집어넣으라는 뜻이 아니다. 어쨌든 끝까지 완전히 밀어주는 것은 중요하다. 긴 판재를 켤 때라면 판재 대부분이 톱날을 통과해 있는 상태이므로 킥백이 일어날 확률은 낮다.

판재를 미는 손이 조기대가 있는 구간으로 진입하면 손가락 몇 개를 조기대에 거는 것도 좋다. 이렇게 하면 손이 톱날 옆을 통과할 때 손과 톱날과의 거리를 일정하게(안전거리 이상으로) 유지하는 데 도움이 된다. 만약 판재가 좁아서 손이 톱날 옆을 통과할 때 톱날에 수 인치 이내로 근접하게 된다면 손 대신 밀대를 이용해서 밀어야 한다. 커기 작업을 할 때 밀

그림 4-79. 몸의 무게중심을 앞으로 옮겨감에 따라 뒷발을 앞으로 옮긴다. 이때 발끝이 측면을 향하도록 놓는 것이 후속 동작을 위해 좋다.

그림 4-80. 원래의 앞발을 다시 앞으로 옮긴다. 이렇게 하면 테이블쏘 앞에 목공 기본자세로 서게 되는데, 이 상태로 커기 작업을 마무리한다.

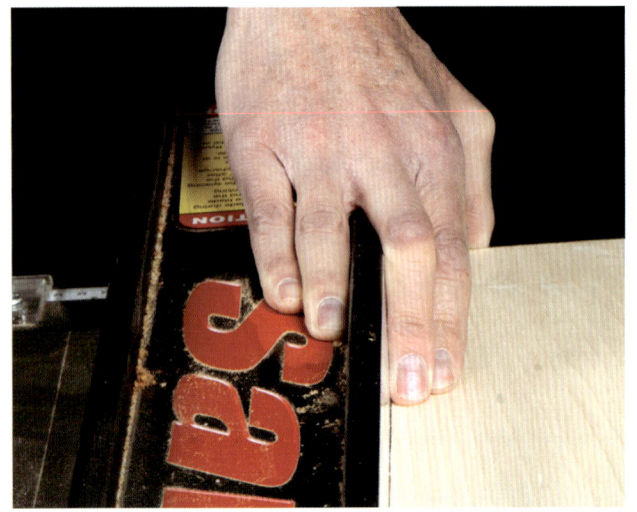

그림 4-81. 켜기 작업에서 오른손 손가락의 일부를 조기대에 건 채로 판재를 미는 모습

그림 4-82. 수직 가공 작업에는 이를 위한 지그가 필요하다.

대는 늘 가까이 둬야 한다(그림 4-81).

이제는 연습해볼 차례다. 테이블쏘를 끄고 톱날을 내려놓은 상태에서 판재를 테이블 면과 조기대에 밀착시킨 상태로 밀어 넣는 것을 연습해보자. 톱날이 올라와 있는 것처럼 생각하고 손의 위치에도 신경을 써야 한다.

테이블쏘를 이용한 자르기

일반적으로 자르기는 켜기보다 쉽다. 작업물을 마이터가이드에 잘 밀착 고정해서 자르는 동작 중에 작업물이 흔들리지 않도록 해주면 된다. 작업물 폭이 너무 넓거나 길이가 길어서 마이터가이드로 작업하기가 적절치 않은 경우에는 썰매 지그를 이용해야 한다. 썰매 지그는 테이블쏘를 제대로 활용하기 위해 필수적으로 갖춰야 하는 보조 장치다. 자르기를 할 때도 목공 기본 자세를 활용할 수 있다. 목공 기본 자세에서 몸을 테이블쏘에 바짝 붙이면 된다. 기계에 살짝 기대는 것도 작업의 안정성을 높여준다.

마이터가이드를 사용한다면 작업물은 두 손을 모두 이용해서 마이터가이드에 밀착 고정한다. 이때 나무의 잘려 나갈 부분을 잡아서는 안 된다. 잘려 나갈 쪽을 손으로 잡고 작업하면 잘린 나무가 톱날과 닿아서 튕겨 나갈 수 있어 대단히 위험하다. 잘려 나간 토막은 톱을 꺼서 톱날이 완전히 멈추고 나서 치우도록 한다. 만약 테이블쏘를 끄지 않고 잘린 부분도 톱날 바깥으로 완전히 밀어내길 원한다면 보조목을 이용해서 마이터가이드를 톱날 너머로까지 연장해서 쓰면 된다.

어떤 경우든 자르기 작업을 하는 동안 조기대는 작업물과 간섭되지 않도록 멀리 치워둔다. 잘린 부위가 톱날과 조기대 사이에 끼면 엄청난 속도로 튕겨나가서 큰 사고로 연결될 수 있다. 조기대는 자르기 작업을 위한 보조 장치가 아니다. 마이터가이드를 사용하

수직 지그 만들어서 쓰기

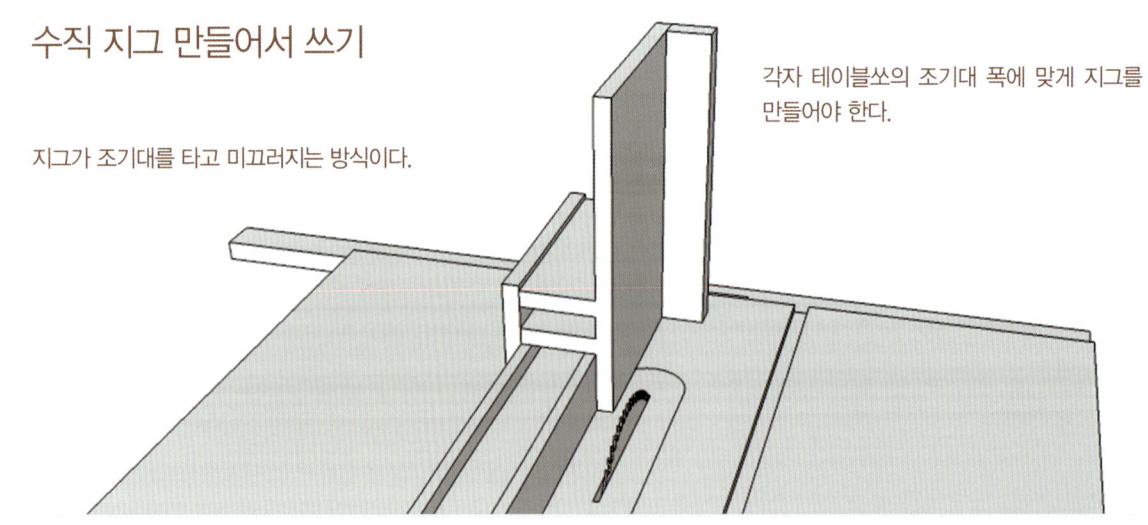

지그가 조기대를 타고 미끄러지는 방식이다.

각자 테이블쏘의 조기대 폭에 맞게 지그를 만들어야 한다.

그림 4-83.

든 썰매 지그를 사용하든 보조목을 이용해서 절단 부위 뒤를 받쳐주면 좋다. 나무가 뒤로 터지는 현상을 방지할 수 있다.

작업물을 세워서 가공하기

켜기와 자르기는 테이블쏘로 하는 일반적인 작업이다. 그러나 그것 말고도 테이블쏘로 할 수 있는 일은 많다. 나무를 세워서 가공할 수도 있다. 테이블쏘를 다양하고 창조적인 방식으로 활용하는 대부분의 경우가 나무를 세워서 하는 작업을 통해서다. 세워서 작업하기 위해서는 지그의 도움이 필요하다. 제품

면 된다. 그러나 켜기 작업은 조금 더 숙련된 솜씨가 필요하다. 판재에 따라 손의 위치를 바꾸거나 밀대를 잡기 위해 미는 동작을 잠시 멈춰야 할 때가 있는데, 그 자리에는 어김없이 톱날 모양의 요철이나 탄 자국이 생기곤 한다. 앞서 살펴본 엄지손가락을 이용한 손바꿈 요령이 이럴 때 도움이 된다. 그리고 밀대를 잡기 좋은 위치에 두고 작업하는 것도 판재가 멈추어 서 있는 시간을 줄여준다. 왼손의 역할도 중요하다. 왼손으로 판재를 조기대에 잘 밀착시키고 있으면 절단면에 요철이 생기는 것을 최소화할 수 있다. 왼손 대신 페더보드를 이용해도 같은 효과를 볼 수 있다.

그림 4-84. 적당한 속도로 자른 단면 / 너무 천천히 자른 단면 / 너무 빨리 자른 단면

으로 나와 있는 장부 가공용 수직 지그는 테이블 면에 톱날과 나란하게 파진 홈을 타고 움직이도록 되어 있다. 수직 지그는 만들어 쓸 수도 있다. 조기대에 걸칠 수 있게 만들어서 조기대를 타고 움직이는 방식이다. 작업할 때의 몸의 위치와 자세는 자르기 동작에서와 동일하다(그림 4-82 및 4-83).

절단 품질

테이블쏘 절단면은 직선과 평면이 잘 맞아야 하며 다시 다듬을 필요가 거의 없는 수준으로 매끄러워야 한다. 이를 위해선 중간에 멈추지 않고 일정한 속도로 부드럽게 나무를 밀어 넣어야 하며 작업이 끝나서 목재가 톱날면을 완전히 벗어날 때까지 목재와 펜스의 밀착 상태를 잘 유지해야 한다. 자르기 작업은 크게 어려울 것이 없다. 나무를 마이터가이드나 썰매 지그에 잘 밀착한 채 나무가 잘리는 것을 느끼면서 부드럽게 움직여주기만 하

목재를 톱날로 부드럽게 밀어 넣을 수 있는 것도 실력이며 실력을 향상시키기 위해서는 연습이 필요하다. 그런데 목재는 다 다르며 그에 따라 밀어 넣는 방식도 조금씩 달라져야 한다. 기본을 숙지한 상태에서 연습을 통해 감각을 익히는 수밖에 없다. 톱을 끄고 톱날을 내린 상태에서 다양한 상황을 충분히 연습해보도록 한다.

깔끔하게 자르고 켜기 위해 미는 동작을 멈추지 않는 것도 중요하지만 미는 속도, 즉 절단 속도도 중요하다. 톱니가 목재를 깨끗하게 잘라낼 여유는 주되 톱니와 목재 사이의 마찰열로 인해 절단면이 탈 시간은 주지 않아야 한다. 적절한 속도는 나무의 종류와 두께에 따라 다르다. 여기서도 연습이 필요하다. 속도를 달리해서 자르고 켠 결과물들을 비교 관찰하며 적당한 속도에 대한 감각을 찾아야 한다. 어느 순간부터는 나무가 잘리는 느낌만 갖고도 미는 속도를 자동으로 조절할 수 있게 될 것이다(그림 4-84).

수압대패

수압대패는 본질적으로 손대패와 같다. 손대패에 전동 기능을 추가한 것이 수압대패라고 생각하는 것이 수압대패를 잘 사용하는 데도 도움이 된다. 실제로 손대패를 바이스에 거꾸로 고정해 놓고 작은 수압대패처럼 사용하기도 한다. '전동'은 동력을 전기 모터에서 끌어다 쓴다는 것이지 스위치만 누르면 알아서 해주는 식의 자동을 뜻하지 않는다. 가공할 목재를 잘 관찰해서 그에 알맞은 가공 방법을 찾아서 적용하는 것은 작업자 자신이다. 손대패로 작업할 때와 마찬가지인 것이다.

물론 수압대패는 손대패와 다르다. 수압대패에서 손대패의 대팻날에 해당하는 것은 회전하는 날뭉치(cutterhead)다. 날뭉치에는 대팻날이 수압대패의 종류에 따라 다양한 방식으로 고정되어 있는데, 겉보기에도 대팻날이 세워진 각도가 꽤 가파르다. 손대패의 절삭 각도로 환산하자면 60~80° 정도 되는 각도다. 이처럼 높은 절삭 각도는 결이 맞지 않을 때 목재 표면이 뜯기는 현상을 조금이나마 줄여준다. 목재가 회전하는 날뭉치 위를 지날 때 각각의 대팻날은 옆에서 보면 원호 모양으로 목재를 깎아낸다. 즉 수압대패로 가공한 표면은 미세한 곡면이 반복적으로 겹쳐져서 만들어진 평면이다. 표면을 자세히 보면 이 미세한 곡면들을 볼 수 있는데, 대팻날의 상태, 회전 속도, 목재를 미는 속도 등 절삭 조건에 따라 음영의 차이 정도로만 느껴질 정도로 거의 안 보이기도 하고 굴곡이 만져질 정도로 눈에 잘 띄기도 한다.

수압대패의 테이블 면은 두 부분으로 나눠져 있으며 날뭉치는 그 사이에 위치한다(그림 4-85). 날뭉치의 높이는 뒤쪽 테이블 면에 맞춰져 있는데, 회전하는 대팻날의 최고점이 뒤쪽 테이블 면의 높이와 정확하게 맞아야 한다. 그래야 목재가 대팻날을 통과하며 깎인 후 뒤쪽 테이블 면 위에 곧바로 놓아진다. 이것이 수압대패의 가공 원리다. 판재의 일부가 뒤쪽 테이블 면을 올라타면 뒤쪽 테이블 면 위에 놓인 이 평면을 기준으로 나머지 전체 면이 가공된다. 따라서 판재를 뒤쪽 테이블 면에 잘 밀착시키는 것이 앞쪽 테이블 면에 밀착시키는 것보다 훨씬 중요하다. 수압대패의 가공 깊이는 뒤쪽 테이블 면과 앞쪽 테이블 면의 높이차로 정해진다.

수압대패 사용하기

작업 방식은 단순하지만 — 테이블 면 위로 판재를 밀기만 하면 된다 — 목공 기계 중 숙달하기 가장 어려운 것이 수압대패다. 수압대패를 잘 사용하기 위해서는 손대패를 잘 사용하기

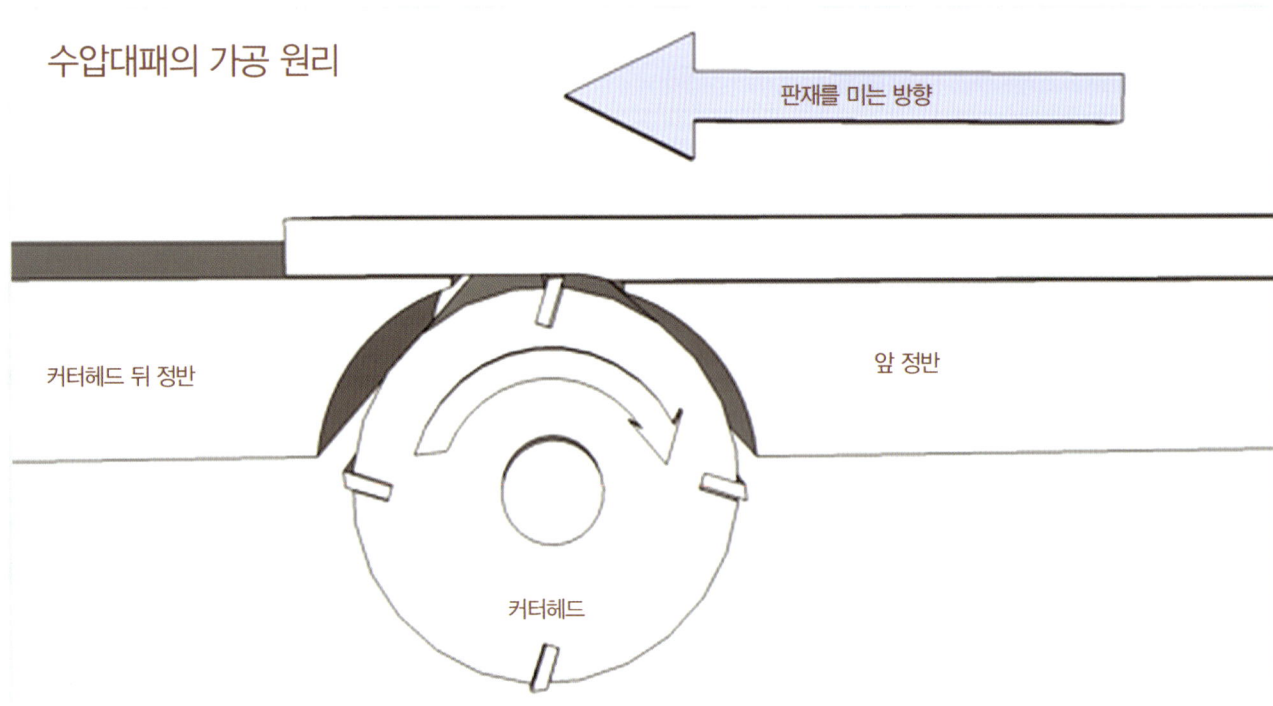

그림 4-85.

수압대패 안전 수칙

보기보다 훨씬 위험한 기계가 수압대패다. 어떤 경우에도 손이 커터헤드(대팻날 뭉치)로 들어가지 않도록 하는 것이 대단히 중요한데, 이는 작업물의 크기와 밀접하게 연관되어 있다. 수압대패는 작은 조각을 가공하는 데는 적합하지 않은 기계다. 길이가 300mm보다 짧은 판재는 어떤 경우에도 가공하면 안 된다. 폭이 75mm보다 좁은 판재는 세워서 모서리 가공할 때가 문제인데, 밀대나 페더보드 등의 적절한 보조 장치를 사용해서 작업하는 것이 안전하다. 두께가 12mm보다 얇은 판재는 면 가공을 삼가도록 한다. 가공 중에 판재가 쪼개져 버릴 수 있으며 대단히 위험한 상황을 초래할 수 있다.

- 절대 대팻날 덮개 없이 작업하지 않는다. 덮개가 있다고 해서 사고가 안 나는 것은 아니며, 덮개를 사용하더라도 마치 덮개가 없는 것처럼 생각하고 늘 주의해서 작업해야 한다.
- 밀대를 가까이 두고 적절히 활용한다(특히 작업물의 크기가 작을 때).
- 보안경과 귀마개, 방진마스크를 항상 착용한다.
- 헐렁한 옷차림을 피하고 장신구를 착용하지 않는다. 긴 머리는 적절히 묶는다.
- 면 가공 시 판재의 뒤쪽 끝을 손가락으로 미는 것은 절대 금물이다. 손바닥 아래 축으로 밀거나 밀대를 이용하는 것이 좋다.
- 한 번에 많이 깎지 않는다. 깨끗한 판재라면 1.5mm가 한 번에 깎을 수 있는 최대치다. 나뭇결이 복잡하거나 옹이가 있는 판재라면 그 양을 더 줄여야 한다. 한 번에 깎는 양이 많을수록 판재를 밀기 힘들고 따라서 작업 상황을 통제하기도 어려워진다. 킥백이 발생할 가능성 또한 높으며, 판재가 심하게 뜯겨나가기도 한다.
- 작업 중에 손이 미끄러지더라도 커터헤드로 들어가지 않도록 늘 주의한다. 뒤 정반 쪽에서 판재를 미는 것이 가장 안전하지만(커터헤드로부터 멀어지는 방향으로 밀게 되므로) 모든 작업을 그렇게 할 수 있는 것은 아니다.
- 작업 중 몸의 균형을 잃지 않으려면 수압대패에 바짝 붙어서 서는 것이 좋다(기계에 적당히 기대는 것도 도움이 된다).
- 기계를 끈 상태에서 판재를 미는 연습을 해보도록 한다. 모양이나 크기, 무게 등으로 인해 작업이 까다로운 판재라면 예행연습이 꼭 필요하다.

나무가 드러내는 거친 성질과 가장 먼저 맞닥뜨려서 이를 다듬어야 하는 것이 수압대패다. 작동 원리와 작업 방식이 언뜻 단순해 보이지만 실전에 들어가보면 작업의 종류와 나무의 상태에 따라 작업 방식을 조금씩 다르게 적용해야 함을 알게 된다. 알고 보면 여러 목공 기계 가운데 가장 숙련된 손길이 필요한 것이 수압대패다. 그래서 연습이 필요하다. 기계를 끈 채 나무를 밀어보는 것은 좋은 연습이 된다. 손을 어떻게 옮겨가야 할지, 누르는 압력을 어떻게 조절할지를 미리 경험하는 것이다. 나무가 길 경우 수압대패의 앞뒤로 보조 작업대를 놓는 것도 도움이 된다. 이때 작업대의 높이를 정반의 높이와 잘 맞춰야 한다. 작업 보조와 함께 작업한다면 더욱이 손발을 미리 맞춰볼 필요가 있다. 보조에게 역할을 분명하게 인지시키는 것이 중요하다. 보조가 적절하지 못하게 나무를 잡아당겨서 주 작업자의 손을 위험에 빠뜨릴 수도 있기 때문이다.

대팻날 덮개는 미국식이 있고 유럽식이 있는데, 가지고 있는 수압대패의 대팻날 덮개가 어떤 스타일이냐에 따라 작업 방식도 달라져야 한다. 미국식 덮개는 폭찹 스테이크처럼 생긴 판인데, 나무가 커터헤드 위를 통과할 때 옆으로 회전하면서 길을 열어주고 나무가 완전히 통과하고 나면 스프링 장치에 의해 다시 대팻날을 덮는 방식으로 작동한다. 판재가 통과할 때 덮개가 완전히 열리고 커터헤드가 노출되므로 밀대를 이용해서 작업하는 것이 안전하다.

유럽식 덮개는 커터헤드 위에 고정되어 있는 길쭉한 판이다. 판재가 덮개 아래로 통과할 수 있도록 판재 두께에 맞춰서 높이를 조정한 뒤 그 상태 그대로 대패 가공을 하며, 면 가공을 할 때 밀대를 이용하지 않고 손으로 판재를 직접 누르고 밀어서 작업하는 것이 일반적인 방식이다. 작업 도중에도 덮개가 항상 커터헤드를 덮고 있기에 손을 덮개 아래의 커터헤드로 밀어넣지 않는 한 비교적 안전하게 작업할 수 있다.

두 방식은 각각의 장점과 단점이 있으며, 둘 중 뭐가 더 좋다고 말할 수는 없다(결론적으로 둘 다 제 역할을 한다).

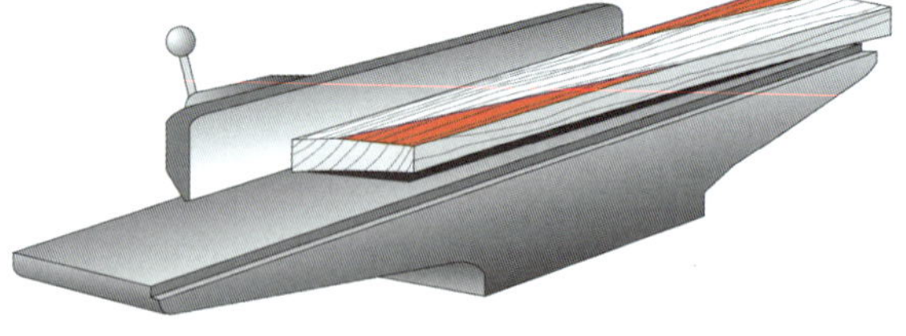

뒤틀린 판재 평잡기

뒤틀린 판재의 경우 양 대각의 돌출된 부분을 골고루 깎아야 두께 손실을 최소화할 수 있다.

그림 4-86.

자동대패로 뒤틀린 판재 평잡기

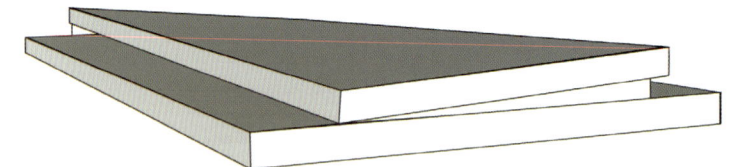

MDF 등 평평한 판 위에 뒤틀린 판재를 올려놓고 쐐기 등을 이용해서 판재가 까딱이지 않게 고정한 뒤 자동대패로 밀면 된다.

그림 4-87.

위해 필요한 것 이상으로 많은 것을 이해해야 하고, 손대패를 다루는 것 이상으로 섬세하게 손의 압력을 조정할 수 있어야 한다. 수압대패는 판재의 한쪽 면을 평평하게 만들기 위해서, 또는 판재 모서리의 직선과 직각을 맞추기 위해서 사용한다. 판재의 한 면을 완벽하게 평평하게 만들려면 판재를 테이블 면에 붙여서 밀되 뒤쪽 테이블 면과의 밀착에 더 신경을 써야 하며 판재를 누르는 양손의 압력은 적당해야 한다. 모서리의 직선과 직각을 맞출 때는 판재를 수압대패의 수직 펜스에 밀착시키되 아래쪽으로 누르는 압력에도 여전히 신경을 쓰면서 밀어야 한다. 나무를 읽을 줄도 알아야 한다. 목재의 굽음 상태를 판단해서 앞뒷면 중 어느 쪽을 먼저 평평하게 만드는 것이 좋은지 알 수 있어야 한다. 또한 가공할 면의 결 방향을 읽어서 판재의 어느 쪽을 앞으로 해서 밀어 넣을지도 정해야 한다. 그리고 당연히 어떤 자세가 안전하고 효율적인지도 알아야 한다.

가장 먼저 할 일은 나무를 점검하는 것이다. 표면의 결이 중립적이지 않다면 끌이나 손대패로 나무를 깎을 때와 마찬가지로 대팻날이 결을 거스르지 않고 나무를 깎아내도록 나무를 밀어 넣는 방향을 정해야 한다. 결을 읽기 어려운 판재는 임의의 방향으로 한 번 밀어본 뒤 표면 상태를 보고 결을 판단한다. 결 뜯김이 생기면 반대 방향으로 작업하면 된다. 판재가 너비 방향이나 길이 방향으로 굽어 있는 경우에는 오목한 쪽을 아래로 해서 가공하는 것이 일반적이다. 그래야 판재의 양쪽 끝에서 같은 양 만큼씩을 깎아서 굽음을 해소할 수 있다. 볼록한 쪽을 아래로 해서 가공하면 어느 한쪽으로 치우쳐서 깎기 쉽다. 만약 판재가 너비 방향으로도 굽어 있고 길이 방향으로 굽어 있는데 굽은 방향이 서로 반대라면 길이 방향 굽음을 해소하는 것을 우선으로 한다.

판재가 뒤틀려 있는 경우는 조금 더 섬세한 접근이 필요하다. 뒤틀린 판재는 테이블 면 위에서 판재의 대각선 방향으로 까딱거린다. 이런 판재를 수압대패에 놓고 밀 때 판재가 까딱이지 않도록 잡아주는 것은 작업자의 두 손이다. 그런데 어느 한쪽을 더 세게 눌러서 판재가 한쪽으로 기울어진 상태로 가공해서는 안 된다. 손의 위치와 누르는 압력을 잘 조정해서 양쪽

대각이 고르게 깎이도록 해야 판재의 두께 손실을 최소화할 수 있다. 처음 한두 번 밀 때가 제일 중요한데, 그 이후로는 바닥에 닿는 면이 점점 넓어지면서 각도를 바꾸기가 어렵다. 만약 판재의 어느 한쪽으로 더 기울어진 상태에서 가공을 하면 뒤틀림을 해소하기까지 두께 손실이 너무 심해서 대패 작업 후에 목표로 하는 두께를 맞추지 못하게 될 수 있다(그림 4-86).

수압대패로 판재의 뒤틀림을 잡는 것이 어렵다면 다른 방법을 생각해볼 수 있다. 손대패를 이용하면 가장 안정적으로 뒤틀림을 제거할 수 있다. 판재가 까딱이지 않을 때까지 대각선으로 비슷한 양을 깎아낸 뒤 수압대패로 이어서 작업하면 된다. 자동대패를 이용할 수도 있다. 이때는 자동대패용 썰매 지그가 필요하다. 썰매 지그 위에 판재를 올려놓고 판재가 까딱이지 않도록 대각선을 적당히 받쳐서 고정한 뒤 자동대패로 윗면을 깎아내면 된다(그림 4-87).

수압대패로 한쪽 면 평평하게 만들기

판재의 모서리의 직선과 직각을 맞추는 것에 비해 면을 평평하게 만드는 작업은 단순하다. 판재를 테이블 면 위로 미는 것에만 집중하면 되기 때문이다. 한 번에 비교적 많은 양의 나무를 깎아내는 작업이므로 힘은 좀 들 수 있다. 수압대패 작업은 테이블쏘 켜기 작업과 비슷하다. 테이블쏘 켜기에서와 마찬가지로 판재를 중간에 멈추지 않고 부드럽게 밀어주는 것이 좋으며, 테이블쏘 켜기에서 판재를 조기대와 테이블 면에 밀착시키는 것이 중요했듯 수압대패 작업에서도 판재를 테이블 면에 대해 적절한 압력으로 누르고 있는 것이 중요하다. 판재를 밀고 누르는 것이 전적으로 작업자의 두 손이라는 것과 왼손과 오른손의 역할이 구분된다는 것도 비슷하다(그림 4-88).

자세는 목공 기본 자세다. 앞쪽 테이블 면 옆에 바짝 붙어서서되 몸을 기계에 기대도 좋다. 그러면 상체를 작업물 위쪽에 위치시킬 수 있는데, 이 자세가 판재를 밀고 누르기에 더 편하다. 두려워 기계에서 떨어지고 싶을지도 모르겠다. 그러나 기계에서 떨어져 작업하면 힘을 주기 어려울 뿐더러 작업 상황을 온전히 통제하기도 어렵다. 바짝 붙어 서는 것이 더 안전하다.

왼손의 위치는 판재의 앞쪽이다(그림 4-89). 내 수압대패에는 유럽식 대팻날 덮개가 적용되어 있다. 미국식 대팻날 덮개가 달린 기계라면 손잡이 밀대를 사용하도록 한다. 왼손의 역할은 판재를 테이블 면에 적당한 힘으로 눌러 붙이는 것이다. 왼손으로 판재를 밀어서는 안 된다. 미는 것은 오른손의 역할이다. 판재의 길이에 따라 뒤 끝이나 중간 어디쯤에 오른손을 대고 판재를 민다. 오른손 손가락을 보드 끝에 걸어서 당기거나 미는 것은 금물이다. 손가락 끝이 날뭉치 쪽으로 들어갈 수 있다. 대신 손바닥 아래 끝이나 손잡이 밀대를 이용하도록 한다.

위에서 봤을 때 오른 팔뚝은 판재의 진행 방향과 최대한 나란하게 하는 것이 좋다. 그래야 힘의 낭비 없이 앞으로 똑바로 밀 수 있다. 옆에서 보면 팔뚝은 판재에 대해 적당히 기울어져 있다. 판재를 앞으로 미는 동시에 아래로 누를 수도 있는 자연스러운 자세다.

작업을 시작하자마자 왼손은 뒤쪽 테이블 면으로 옮겨가야 한다. 미국식 대팻날 덮개가 달린 기계에서 손잡이 밀대로 판재 앞쪽을 누르고 있었다면 저절로 그렇게 될 것이다. 그러나 유럽식 대팻날 덮개가 장착된 기계에서는 약간의 요령이 필요하다. 판재를 앞으로 밀고 나감에 따라 손가락을 들어서 덮개 위로 올린다. 이때 손바닥 전체를 들어서는 안 된다. 손바닥 뒤

그림 4-88. 수압대패에서 판재를 효과적으로 밀기 위해서는 몸을 대패 본체에 붙여 기대는 것이 좋다. 앞에서 봤을 때 오른손, 팔뚝, 어깨가 판재 바로 위로 정렬되어 있으면 된다.

그림 4-89. 시작 자세. 왼손으로 판재를 아래로 잘 누른 상태에서 오른손으로 판재를 앞으로 민다.

그림 4-90. 왼손이 대팻날 덮개를 타고 넘어가는 동안에도 왼손 아랫부분으로 판재를 아래로 잘 누르고 있어야 한다.

그림 4-91. 손끝이 대팻날 덮개를 넘어가고 나면 손끝으로 판재를 바로 누른다. 그다음에야 비로소 왼손 뒤축을 판재에서 떼고 덮개 위로 넘길 수 있다. 판재를 끊임없이 누르고 있는 것이 포인트다.

끝으로는 판재를 계속 누르고 있어야 한다(그림 4-90). 판재가 앞으로 더 움직이면 손가락이 덮개를 완전히 넘어가는데, 덮개 건너편의 판재 표면에 닿자마자 손가락으로 판재를 누르기 시작해야 한다(그림 4-91). 이제 판재에서 손바닥 뒤끝을 뗄 수 있다. 손바닥 전체가 대팻날 덮개를 넘어오고 나면 손바닥 전체를 이용해서 판재를 계속해서 누른다(그림 4-92). 손을 옮겨가는 동안 판재를 누르는 압력이 끊어지지 않고 일정하게 유지되는 것이 좋다.

오른손도 가능한 빨리 뒤쪽 테이블 면으로 옮겨오는 것이 좋다(그림 4-93). 그러면 두 손을 교대로 이용해서 판재를 뒤쪽 테이블 면에 잘 밀착시킨 채로 끝까지 밀어낼 수 있다. 그리고 양손을 모두 뒤쪽 테이블 면에 두고 판재를 미는 것이 회전하는 날뭉치와 멀어지는 방향으로 밀게 되어 훨씬 안전하기도 하다. 필요하다면 서 있는 위치를 옮겨서 판재를 뒤쪽 테이블 면

그림 4-92. 왼손 전체가 대팻날 덮개를 넘어가고 나면 손바닥 전체를 이용해서 판재를 아래로 잘 누른다. 판재를 뒤 정반 위에서 잘 누르는 것이 중요하다.

에서 밀 때도 몸의 중심을 잃지 않고 작업할 수 있도록 한다.

모서리의 직선과 직각 맞추기

판재의 넓은 면 중 최소한 한쪽을 평평하게 만든 뒤에야 모서리 면의 직선과 직각을 맞출 수 있다. 일반적으로는 자동대패에서 판재의 양면 두께 맞추기 작업까지 해놓고 모서리 면 작업을 하는 것이 더 좋다. 두께가 준 만큼 힘이 덜 들고 손에 가시가 덜 박히며 모서리 면 작업을 할 때 결 방향을 선택할 수 있기 때문이다. 모서리 면 작업의 핵심은 왼손으로 판재의 평평

한 면을 수압대패 조기대에 밀착시키는 것이다. 그래야 모서리 면이 평평한 면에 대해 수직으로 가공된다. 모서리 면 작업에서 왼손의 역할이 하나 더 있다. 바로 판재를 아래로 누르는 것이다. 면을 평평하게 만드는 작업에서와 마찬가지다. 엄지손가락을 위쪽 모서리에 걸치고 작업하면 손이 아래로 떨어질 위험이 없을 뿐더러 엄지손가락으로는 판재를 아래로 누르고 다른 네 손가락으로는 조기대에 밀착시킬 수 있어서 좋다. 왼손은 작업을 시작하자마자 가능한 한 빨리 뒤쪽 테이블 면으로 넘어가는 것이 좋다. 그래야 뒤쪽 테이블 면을 기준으로 더 안전하게 작업할 수 있다. 오른손의 역할은 판재를 미는 것이다. 역시

나 팔뚝은 판재의 진행 방향과 나란하게 정렬되는 것이 좋다. 판재의 폭이 좁다면 손으로 밀지 말고 테이블쏘에서 쓰는 것과 비슷한 밀대를 활용하도록 한다. 자기도 모르게 날뭉치에 손가락이 들어갈 수 있다. 판재 모서리가 조기대보다 높게 올라올 만큼 판재의 폭이 넓으면 양손을 날뭉치 뒤쪽으로 옮겨서 손을 바꿔가며 판재를 밀 수 있다(그림 4-94, 4-95 및 4-96).

가공 품질

수압대패의 표면 가공 품질에 영향을 주는 요소가 몇 가지 있다. 우선 판재를 미는 속도가 적당해야 한다. 너무 빨리 밀

그림 4-93. 두 손 모두 뒤 정반으로 옮겨가고 나면 손을 교대로 바꿔가며 판재를 끝까지 민다.

그림 4-94. 모서리 면을 가공할 때는 판재를 수압대패 조기대에 잘 밀착시키는 것이 중요하다.

그림 4-95. 왼손이 커터헤드를 통과하고 나면 왼손의 위치를 더 낮춰서 판재와 조기대 밀착에 더 신경 쓴다.

그림 4-96. 조기대에 대한 밀착과 판재를 아래로 누르는 압력을 유지하면서 판재를 끝까지 민다.

수공구, 전동공구, 목공기계 잘 쓰는 법

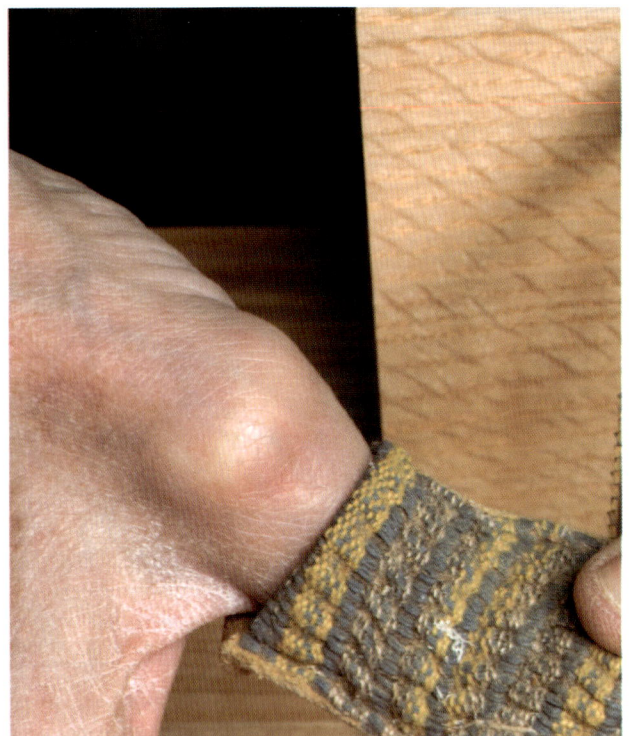

그림 4-97. 밴드쏘 톱날을 앞쪽에서 눌러보면 날이 뒤로 밀리면서 한쪽으로 휘는 것을 볼 수 있다. 톱날의 장력이 모자란 상태에서 나무를 자르면 이런 일이 생긴다.

그림 4-98. 톱날이 나무 내부에서 휘어졌을 때의 절단면

면 가공면이 거칠고 개개의 대팻날이 만들어내는 곡면이 눈에 띌 정도로 커진다. 반면 미는 동작을 멈칫거리면 잠깐 멈춘 자리가 타거나 움푹 파일 수 있다. 그리고 당연한 말이지만 표면의 결 방향에 주의를 기울여야 표면 뜯김을 최소화할 수 있다.

밴드쏘

밴드쏘는 매우 다양하게 활용할 수 있는 목공기계다. 테이블쏘를 공방의 핵심적인 장비로 생각하고 밴드쏘의 구입은 뒤로 미루어두는 경우가 많지만 밴드쏘를 잘 활용하면 테이블쏘로 할 수 있는 것보다 더 많은 종류의 작업을 해낼 수 있으며 더 안전하기도 하다. 많은 사람들이 밴드쏘가 곡선을 자를 때 필요한 기계라고 생각한다. 물론 밴드쏘를 이용하면 곡선을 잘 자를 수 있다. 그러나 밴드쏘는 판재를 켜는 데 매우 알맞은 기계다. 판재를 눕혀놓고 켜는 것뿐 아니라 세워서 켤 수도 있다. 이를 리쏘잉이라고 하는데, 두꺼운 판재를 나눈다거나 1mm 단판을 만드는 일은 밴드쏘가 없으면 할 수 없다. 이것뿐 아니다. 밴드쏘는 다양한 종류의 짜맞춤 결구 가공에도 활용할 수 있다. 그러나 좋은 결과를 얻기 위해서는 쓰는 사람의 솜씨가 좋아야 한다. 그리고 밴드쏘로 가공한 면은 다소 거칠기 때문에 대패로 깔끔하게 다듬는 등의 후작업이 필요할 때가 있다.

밴드쏘가 나무를 자르는 방식은 손톱으로 나무를 자르는 것과 매우 비슷하다. 그러나 밴드쏘는 톱날면이 넓지 않고 톱등도 없다. 나무를 자를 때 밴드쏘 톱날이 휘지 않게 잡아주는 것은 톱날을 당기는 장력과 톱날 위아래에 있는 베어링 가이드다. 밴드쏘의 장력은 톱날의 종류나 톱날면의 폭에 따라 적합한 세기로 조절해서 써야 한다. 일반적으로 나사 방식으로 된 조절장치를 돌려서 스프링이 톱날에 가하는 압력을 바꿀 수 있게 되어 있다. 어느 정도가 적당한지는 밴드쏘 및 톱날 제조사에서 제공하는 안내서를 참고하도록 한다. 톱날의 장력이 약하면 자르는 도중에 톱날이 밀리면서 비틀어지고 한쪽으로 휜다(그림 4-97). 주로 판재를 세워서 켜는 리쏘잉 작업에서 이런 일이 잘 생기는데, 목재의 내부에서 톱날이 휘면 절단된 단면이 곡면이 될 뿐 아니라 톱날이 예상치 못한 곳에서 튀어나올 수 있어 위험하기도 하다(그림 4-98). 또한 톱날과 목재 사이의 마찰이 심해져서 목재를 밀기가 힘들고 때로는 마찰력 때문에 톱날이 멈춰서기도 한다. 장력이 적절한데도 목재를 밀기가 어렵고 톱이 멈추는 일이 생긴다면 그것은 톱날이 무뎌진 것이다.

밴드쏘 사용하기

밴드쏘 사용에서 가장 중요한 기술은 선에 맞춰 정확히 자르는 기술이다. 다른 종류의 기계톱들이 대부분 세팅된 대로 잘 잘라주는 반면 밴드쏘는 사용자의 역할이 중요하다. 아마 이것이 많은 목공인들이 밴드쏘를 곡선 작업 등 제한된 용도로만 사용하는 이유일 것이다. 밴드쏘로 정확하고 안정적으로 자르기 위해서는 톱날의 상태가 좋아야 하고 기계의 세팅(톱날의 장력, 위치, 가이드 베어링, 펜스 방향 등)이 잘되어 있어야 하는 것에

그림 4-99. 밴드쏘 사용 자세. 두 손을 멀리 놓고 판재를 길게 잡는 것이 작업을 통제하는 데 더 좋다.

그림 4-100. 한쪽 손(사진에서는 오른손)은 밴드쏘 테이블 면 위에 고정한 채 판재의 진행을 통제한다.

더해 사용자 스스로의 충분한 연습이 필요하다. 일반적으로 밴드쏘로 자른 단면이 테이블쏘로 자른 단면처럼 깔끔할 수는 없지만 많은 종류의 작업에서 충분히 깔끔할 수 있다.

밴드쏘를 사용할 때도 몸 위치와 자세가 좋으면 힘을 덜 들이고 작업 상황을 더 잘 통제할 수 있다. 역시 목공 기본 자세가 유용하다(그림 4-99).

테이블쏘, 수압대패를 사용할 때와 마찬가지로 양손의 역할을 구분하는 것이 좋다. 한 손은 톱날로부터 몇 인치 정도 거리를 두고 밴드쏘 테이블 면 위에 둔다. 손을 테이블 면 위에 붙여놓은 상태로 나무의 테이블 면에 대한 밀착 상태를 확인하고 진행 방향을 미세하게 조정한다. 나무를 밀어 넣는 것은 반대쪽 손이 할 일이다. 이 손의 역할이 중요하다. 나무를 밀어 넣으면서 진행 방향을 잘 조정해야 한다. 나무가 테이블 아래로 처지지 않도록 잘 들고 있는 것도 이 손의 몫이다. 이쪽 손의 팔뚝은 나무를 밀어 넣는 방향과 나란한 것이 작업에 도움이 된다(그림 4-100).

밴드쏘 작업에 도움이 되는 시선 처리 방법도 있다. 자르고 있는 지점을 계속해서 주시해야 하는데, 두 눈 중 '주로 보는 눈'을 밴드쏘 톱날의 직진 방향—그 방향으로 나무를 밀면 나무가 똑바로 잘리는 방향—에 두고 그 눈에 주로 의지해서 작업을 해야 한다. 그렇다고 다른 쪽 눈을 감아서는 안 된다. 두 눈을 모두 사용해서 나무가 잘리는 경로의 전체를 지켜봐야 한다. 이것은 자동차 운전을 할 때 가려는 방향을 멀리 보라는 것과 비슷하다. 나무를 밀어 넣는 방향을 조절하는 것은 후진 주차와 비슷하다. 진행 방향의 앞쪽이 아니라 뒤쪽을 움직여서 방향을 조절해야 하는데, 연습이 조금 필요하다. 나무를 밀어 넣는 동작은 크고 부드럽게 하는 것이 좋다. 두 손을 넓게 벌려서 나무를 잡고 있는 것이 도움이 될 것이다. 자르는 도중에 자꾸 멈추는 것은 좋지 않다. 선에 맞춰 자르는 것을 연습하기 전에 나무를 부드럽게 밀어 넣는 것부터 연습하는 것이 더 좋다.

라우터

라우터는 매우 단순한 기계다. 회전하는 날(라우터 비트)을 기준이 되는 어떤 면에 대해 상대적으로 고정시켜둔 것이 라우

수공구, 전동공구, 목공기계 잘 쓰는 법　113

밴드쏘 안전 수칙

다른 전동 공구나 목공 기계의 경우와 마찬가지로 밴드쏘를 사용할 때도 보안경, 귀마개, 마스크를 착용해야 한다. 테이블쏘의 원형 톱날이 작업자를 향해 회전하는 것과 달리 밴드쏘의 톱날은 아래로 일직선으로 움직인다. 테이블쏘에서 발생하는 여러 가지 위험한 상황들이 톱날의 회전, 특히 작업자를 향한 회전에 기인한다는 것을 이해한다면 밴드쏘는 비교적 안전하게 사용할 수 있는 장치라는 것을 이해할 수 있을 것이다. 단적인 예로 나무를 자르는 도중에 두 손을 놓아도 되는 것이 밴드쏘다. 그렇게 해도 나무가 앞으로 튕겨 나오지 않는다. 즉, 킥백이 없다. 테이블쏘에서는 상상도 못할 일이다. 밴드쏘의 톱날은 수직 하방으로 움직이며 나무를 자르기에 절단 중에 나무와 닿는 톱날의 면적이 작다. 따라서 톱날이 나무에 끼는 상황도 잘 생기지 않는다. 두꺼운 나무를 절단할 때 톱날이 나무 내부에서 휘어지면서 끼는 경우를 제외하고 말이다. 밴드쏘가 안전하다고는 해도 나무를 자르는 기계다. 톱날은 손과 나무를 구분하지 않으며 갖다 댄 모든 것을 자른다. 따라서 톱날 근처에 손이 들어가지 않도록 주의해야 하며 작업 도중에 중심을 잃지 않도록 안정된 자세로 작업해야 한다. 톱날의 노출된 높이를 꼭 필요한 만큼으로 조정해서 사용하는 것도 밴드쏘를 안전하게 사용하는 좋은 습관이다. 밴드쏘 톱날은 나무 내부에서 상당히 많이 휘기도 한다. 나무를 자르는 막바지에 손 위치에 더 신경을 써야 하는데, 톱날이 정확히 어디에서 튀어나올지 모르기 때문이다. 안전한 손 위치가 확보되지 않으면 작업의 마지막에는 부재를 안전한 앞쪽에서 잡고 당기는 것도 괜찮다. 판재를 가르는 리쏘잉 작업을 할 때는 톱날이 옆으로 튀어나올 수 있다는 것도 유의해야 한다. 밴드쏘로 자르는 것이 위험한 경우가 있다. 이 역시 밴드쏘의 작동 방식에 기인한다. 바닥이 납작하고 잘리는 부위 바로 아래가 테이블 면에 딱 붙어 있는 나무를 자를 때는 문제가 없다. 문제는 바닥이 납작하지 않거나 잘리는 부위 바로 아래가 테이블 위에 붕 떠 있는 경우에 생긴다. 밴드쏘 톱날이 나무를 아래로 끌어내리려고 하기 때문이다. 원통형 나무라면 톱날이 닿자마자 나무가 휙 돌아가려 할 것이고, 바닥이 납작하더라도 바닥의 일부만 닿아 있고 일부는 떠 있는 나무라면 톱날이 닿자마자 앞으로 확 쓰러지려고 할 것이다. 이때 나무를 잡고 있는 손이 톱날로 들어가면 큰 사고로 이어진다. 바닥이 납작하지 않은 무언가를 잘라야 할 때는 작업물이 돌아가거나 넘어가지 않도록 다른 크고 안정된 물체에 고정을 해서 작업하는 것이 바람직하다.

큰 판재를 밴드쏘로 잘라야 하는 경우에 혼자서 무리해서 작업하는 것은 금물이다. 나무가 어느 한쪽으로 쏠려서 넘어가지 않도록 누군가의 도움을 받거나 안정적으로 나무를 올려놓고 작업할 수 있는 보조 테이블을 앞뒤로 설치해서 작업하도록 한다.

나무를 자르는 막바지에 손이 톱날 근처에 가지 않도록 조심해야 한다.

원통 모양의 나무를 자를 때는 큰 클램프로 나무를 단단히 붙잡아서 톱날에 닿았을 때 나무가 돌아가지 않도록 해야 한다.

이렇게 하면 안 된다. 톱날이 나무를 채서 아래로 내동댕이칠 수 있다.

톱날이 자르는 지점에서 나무가 테이블 면에 닿아 있어야 한다.

한쪽 발을 올려놓고 작업하기

공방에서 밴드쏘 중 하나를 사방이 뚫린 받침대 위에 올려놓고 사용하고 있는데, 이 받침대에는 마침 바닥에서 180mm 높이에 나무가 가로질러져 있고 의도치 않게 한쪽 발을 이 나무 위에 올려놓고 작업하는 것이 상당히 편하다는 것을 알게 됐다. 특히 작고 섬세한 작업을 할 때 도움이 되는데, 작업물 쪽으로 더 바짝 다가설 수 있을뿐더러 한쪽 발을 올려놓는 자세 자체가 등쪽의 긴장을 풀어주는 자세여서 특히 장시간 동안 작업을 해야 할 때 훨씬 편안하게 작업을 할 수 있다. 단, 이 자세는 작업 규모가 큰 경우에는 적합하지 않다. 큰 부재를 작업 시에는 목공 기본 자세를 취하는 것이 더 좋다.

밴드쏘 받침대의 가로대에 발을 올려놓고 작업하고 있다.

터의 본질이다. 그에 반해 라우터의 활용 범위는 대단히 넓다. 라우터 비트가 다양해서이기도 하지만 라우터 자체도 용도에 따라 구분이 되며(고정 베이스 라우터, 플런지 베이스 라우터, 트림 라우터) 사용할 수 있는 방식도 다양하기 때문이다(손에 들고 사용, 테이블에 고정시켜서 사용, 지그와 함께 사용). 라우터로 하기 좋은 작업에는 모서리 프로파일 가공, 장부와 장붓구멍 가공, 주먹장 맞춤 가공, 턱(rabbets) 가공, 홈 가공, 인레이(inlay) 작업, 똑같은 모양의 반복 가공 등이 있으며, 지그만 잘 활용하면 라우터로 못하는 작업은 거의 없다.

라우터가 나무를 깎아내는 방식은 수압대패와 비슷하다. 수압대패의 날뭉치와 마찬가지로 라우터 비트는 회전하며 나무를 깎아내며 라우터 비트가 깎아낸 무수한 곡면이 겹쳐진 결과가 라우터 가공 표면이다. 라우터로 가공한 면의 품질은 비트의 상태(날 카로운 정도), 나뭇결 방향, 나무를 제거하는 속도와 밀접한 관계가 있다. 비트의 날이 생긴 모양도 가공의 품질에 영향을 미친다.

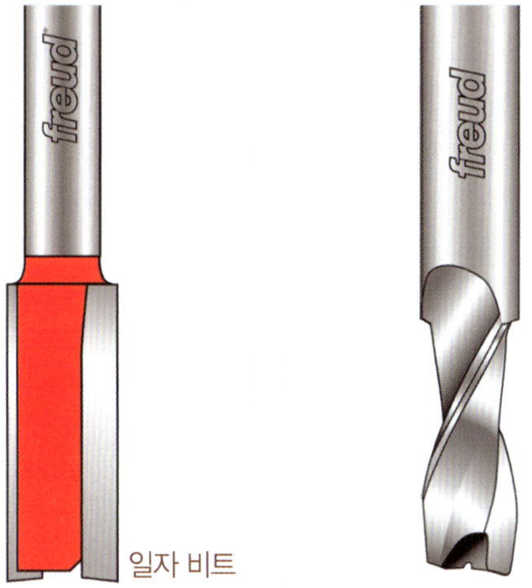

수압대패에서 날이 날뭉치에 꽂혀 있는 방식이 일자냐 헬리컬 방식이냐에 따라 나무를 깎아내는 양상이 달라지듯 라우터 비트도 날이 일자로 똑바른지 비껴서 돌아가는지에 따라 나무를 다른 방식으로 깎아낸다. 후자의 형태로 된 비트를 스파이럴 비트라고 하는데, 나무를 비껴서 베어내는 방식으로 깎아내며, 일자로 똑바른 비트로 가공하기 어려운 복잡한 결의 나무도 깨끗하게 가공할 수 있다(그림 4-101).

라우터 작업에는 지켜야 할 방향이 있다. 회전하는 비트를 나무에 갖다 대면 마치 자동차 바퀴가 땅에 닿은 것처럼 라우터가 움직이려고 하는 방향이 있는데, 그 반대 방향으로 라우터를 움직여서 작업해야 한다. 즉 비트의 저항을 받으면서 작업해야 한다. 수압대패에서 날뭉치의 회전에 반하여 나무를 미는 것, 테이블쏘에서 톱날의 회전에 반하여 나무를 미는 것과 마찬가지다. 라우터를 손에 들고 작업한다면 나무를 비트의 왼쪽에 두고 라우터를 앞으로 밀면서 작업하면 된다(그림 4-102).

일자 비트   스파이럴 비트

그림 4-101. 가공 결과물의 모양은 동일하지만 가공 품질은 스파이럴 비트가 더 우수하다.

일반적인 라우터 작업 방향

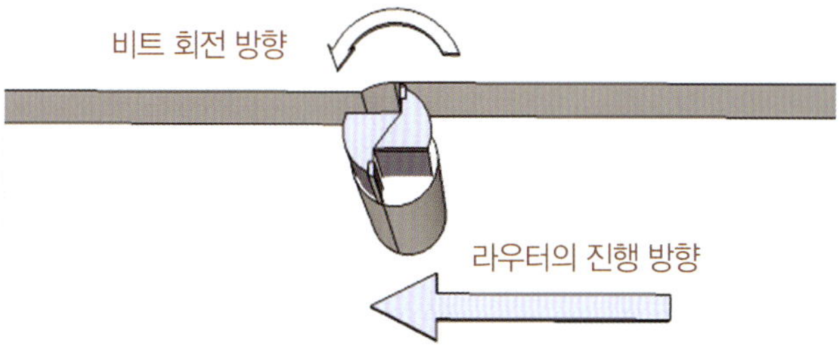

비트 회전 방향

라우터의 진행 방향

비트 회전에 의해 저항을 받는 방향으로 라우터를 움직이며 작업해야 안전하다.

그림 4-102.

그림 4-103. 라우터를 이용한 턱 가공 시 결이 맞지 않으면 가공면의 아래쪽이 잘 뜯겨져 나오곤 한다.

그림 4-104. 라우터로 가공한 장부구멍의 단면. 왼쪽이 한 번에 무리해서 가공한 쪽, 오른쪽이 적당한 깊이로 나눠서 가공한 쪽이다.

라우터 작업에도 엇결 상황이 있다. 게다가 라우터는 입체적인 모양으로 나무를 깎아낸다. 결 방향을 맞추기가 수압대패 작업에서보다 더 어렵다. 결 방향이 맞지 않으면 어김없이 라우터 비트가 나무 섬유를 일으켜 뜯어내는데, 깎아내고자 하는 선 너머까지 뜯어내버리기도 한다. 특히 라우터로 턱을 가공할 때 어떻게 해도 턱의 아랫부분이 뜯겨나가는 현상을 많이 경험해봤을 것이다(그림 4-103).

결을 가로지르는 방향으로 가공할 때 나무 섬유가 뒤로 터지는 것도 문제다. 테이블쏘 자르기 작업에서 나무의 뒤를 다른 나무로 받쳐주지 않으면 절단부의 뒤쪽이 지저분하게 터지는 것과 마찬가지다. 해법은 테이블쏘 자르기에서와 동일하다. 가공 부위의 뒤쪽에 자투리 나무를 하나 클램프로 고정해놓고 가공하면 된다.

라우터는 강력한 기계다. 그러나 그렇다고 해서 무리하게 작업하는 것은 금물이다. 너무 많은 양의 나무를 단번에 깎아내려고 하면 가공의 품질이 심각하게 떨어진다. 라우터 비트가 목재로부터의 과도한 저항을 받지 않고 한 번에 깎아낼 수 있는 부피는 정해져 있다. 무리해서 많은 양을 깎으면 가공 부위에서 목재의 압축 현상이 생기고, 나무 섬유가 찢어지며, 비트의 날과 날 사이 공간이 깎여 나온 나무로 메워져버리기도 한다. 그러면 라우터 비트가 나무로부터 미세하게 튀면서 진동이 발생하는데, 그로 인해 가공면의 품질이 저하될 뿐 아니라 가공 위치 및 크기와 관련한 정확성도 떨어진다. 수공구 작업에서든 기계 작업에서든 힘이 많이 들어가서는 정밀한 결과를 얻을 수 없다(그림 4-104).

라우터로 나무를 정확하고 깔끔하게 깎아내려면 라우터를 조용히 다루어야 한다. 라우터는 공방에서 가장 시끄러운 기계 중 하나이기 때문이다. 라우터가 과부하 상태가 되면 소리가 훨씬 더 커진다. 라우터가 그냥 돌고 있는 상태에 비해 소리가 많이 커지지 않게끔 절삭량과 속도를 조절해보자.

라우터의 용법이 워낙 다양하기에 몸을 쓰는 방법도 그만큼 다양하다고 생각할 수 있다. 그러나 지켜야 할 원칙은 도구

그림 4-105. 이동은 하체로, 작업 통제는 상체로

라우터 작업에도 엇결 상황이 있다. 게다가 라우터는 입체적인 모양으로 나무를 깎아낸다. 결 방향을 맞추기가 수압대패 작업에서보다 더 어렵다. 결 방향이 맞지 않으면 어김없이 라우터 비트가 나무 섬유를 일으켜 뜯어내는데, 깎아내고자 하는 선 너머까지 뜯어내버리기도 한다. 특히 라우터로 턱을 가공할 때 어떻게 해도 턱의 아랫부분이 뜯겨나가는 현상을 많이 경험해봤을 것이다(그림 4-103).

결을 가로지르는 방향으로 가공할 때 나무 섬유가 뒤로 터지는 것도 문제다. 테이블쏘 자르기 작업에서 나무의 뒤를 다른 나무로 받쳐주지 않으면 절단부의 뒤쪽이 지저분하게 터지는 것과 마찬가지다. 해법은 테이블쏘 자르기에서와 동일하다. 가공 부위의 뒤쪽에 자투리 나무를 하나 클램프로 고정해놓고 가공하면 된다.

라우터는 강력한 기계다. 그러나 그렇다고 해서 무리하게 작업하는 것은 금물이다. 너무 많은 양의 나무를 단번에 깎아내려고 하면 가공의 품질이 심각하게 떨어진다. 라우터 비트가 목재로부터의 과도한 저항을 받지 않고 한 번에 깎아낼 수 있는 부피는 정해져 있다. 무리해서 많은 양을 깎으면 가공 부위에서 목재의 압축 현상이 생기고, 나무 섬유가 찢어지며, 비트의 날과 날 사이 공간이 깎여 나온 나무로 메워져버리기도 한다. 그러면 라우터 비트가 나무로부터 미세하게 튀면서 진동이 발생하는데, 그로 인해 가공면의 품질이 저하될 뿐 아니라 가공 위치 및 크기와 관련한 정확성도 떨어진다. 수공구 작업에서든 기계 작업에서든 힘이 많이 들어가서는 정밀한 결과를 얻을 수 없다(그림 4-104).

그림 4-106. 비대칭 확장 베이스를 이용하면 작업 안정성을 더 높일 수 있다. 직경이 큰 비트를 사용할 때 특히 도움이 된다.

라우터로 나무를 정확하고 깔끔하게 깎아내려면 라우터를 조용히 다루어야 한다. 라우터는 공방에서 가장 시끄러운 기계 중 하나이기 때문이다. 라우터가 과부하 상태가 되면 소리가 훨씬 더 커진다. 라우터가 그냥 돌고 있는 상태에 비해 소리가 많이 커지지 않게끔 절삭량과 속도를 조절해보자.

라우터 역방향 가공(클라임 커팅)

라우터로 턱을 가공하다 보면 턱의 아래쪽이 뜯겨 나가는 경우가 많은데(그림 4-103), 본 가공에 앞서 '역방향 가공'을 얕게 한 뒤 정방향으로 본 가공을 하면 이와 같은 뜯김을 최소화할 수 있다.
라우터 작업은 비트의 회전으로 인해 저항을 받는 방향-정방향-으로 본체를 움직이며(라우터 테이블에서는 나무를 움직이며) 가공하는 것이 정석이다. 그런데 정석대로 작업을 하다 보면 결에 따라 나무가 심하게 뜯겨 나가는 경우가 종종 있다. 라우터 비트가 나무의 안쪽에서 바깥으로 나오는 방식으로 가공이 이뤄지기 때문에 생기는 현상이다(그림 4-102, 103). 라우터 역방향 가공은 정방향의 반대 방향으로 라우터 본체(또는 나무)를 움직이며 가공하는 것이다. 이렇게 하면 라우터 비트가 나무의 바깥에서 안으로 들어가면서 가공이 이뤄지기에 나무가 뜯기는 일이 거의 없다.
그렇다면 왜 역방향 가공을 금기시할까? 첫 번째 이유는 역방향 가공이 위험하기 때문이다. 역방향으로 가공하면 라우터 비트가 자동차 바퀴처럼 라우터를 진행 방향으로 잡아끄는데, 자칫 잘못하면 라우터가 앞으로 날아가기도 한다(라우터 테이블에서는 나무가 튕겨져 나간다). 두 번째 이유는 일반적으로 정방향 가공의 가공 품질이 역방향 가공보다 좋기 때문이다. 결이 잘 맞아서 뜯김이 없는 경우에 말이다.
역방향 가공을 해야만 한다면 매우 조심해서 작업해야 한다. 한 번에 가공하는 양을 매우 얇게 해야 비트가 나무를 잡아채는 힘을 최소화 할 수 있고 작업 도중에 통제력을 잃지 않을 수 있다. 다행히 라우터로 턱을 가공할 때는 처음 한 번만 얇게 역방향으로 가공하고 이후로는 정방향으로 가공해도 뜯김 없이 작업이 가능하다. 역방향 가공으로 만들어진 작은 턱이 이후의 정방향 가공에서 뜯김을 방지해주기 때문이다.
역방향 가공을 할 때는 작업물을 확실히 통제해야 한다. 작업물이 작은 경우 작업대에 클램프로 단단히 고정하거나 바이스에 물려서 작업해야 한다. 또한 한 번에 가공하는 양을 통제할 수 있는 수단도 강구를 하고 작업하는 것이 좋다. 라우터 테이블에서 작업할 때는 더 조심해야 한다. 부재의 크기가 작을 때는 역방향 가공을 해서는 안 된다. 훨씬 잘 튕겨나가고 튕겨나갔을 때 손이 라우터 비트에 닿아서 다칠 위험도 크기 때문이다. 아울러 어떤 경우든 나무가 라우터 비트와 라우터 펜스 사이에 끼이는 방식으로 작업을 해서는 안 된다.

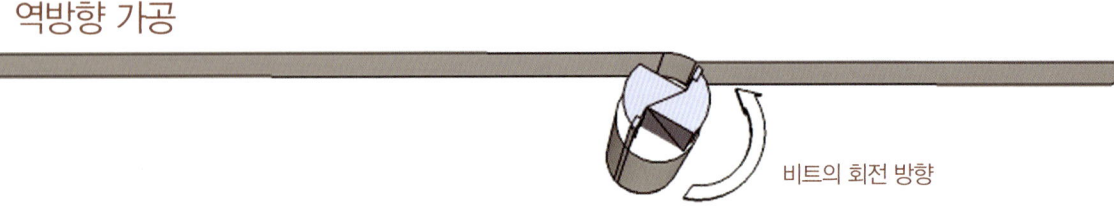

역방향 가공

비트의 회전 방향

라우터 본체의 진행 방향

라우터가 전진하면 비트는 표면의 바깥에서 안으로 들어가며 나무를 깎는다.

오른쪽에 얇게 가공한 턱이 역방향으로 가공한 턱이다. 정방향으로 가공한 왼쪽의 턱과 비교했을 때 턱 아랫부분의 뜯김이 없다. 역방향 가공으로 이렇게 얇은 턱을 만든 뒤 정방향 가공으로 작업을 마무리하면 된다.

라우터 안전 수칙

- 보안경, 귀마개, 마스크를 반드시 착용하고 작업한다.
- 두 손으로 손잡이를 잘 잡고 작업하고 손을 라우터의 아래쪽, 특히 비트 근처에 두지 않는다. 예상치 못한 상황에서도 비트에 손이 닿지 않도록 해야 한다. 작업물을 손으로 잡고 작업하는 것은 금물이다. 작업물은 작업대에 클램프나 바이스로 단단하게 고정시키고 두 손은 모두 라우터를 잡고 통제하는 데 사용한다. 트리머는 한 손으로 들고 작업할 수도 있지만 이 경우에도 가능하면 트리머를 콘트롤하는 데 두 손을 사용하는 것이 좋다. 트리머를 잡은 손의 반대편 손으로 트리머 베이스가 가공 표면에 밀착되도록 하면 훨씬 안정적으로 작업할 수 있다.
- 일반적으로 라우터 테이블은 손가락이 비트에 가까이 가서 닿을 가능성이 크기 때문에 들고 사용하는 라우터보다 위험하다. 가능하면 비트 가드를 사용하고, 라우터 비트가 판재와 손가락을 같이 끌어당기거나 집어던질 수 있음을 인지한다.
- 라우터 테이블의 펜스를 사용하지 않는 작업, 비트의 볼 베어링에 의존해서 하는 작업의 경우 가공을 시작할 때 특히 주의해야 한다. 라우터 비트가 나무에 닿는 순간 나무를 잡아끌어서 의도치 않은 부위가 라우터 비트에 닿기 십상이기 때문이다. 이런 경우에는 테이블 면에 고정된 스타터 핀이나 스타터 블록을 활용하는 것이 좋다. 스타터핀이 라우터 비트가 나무에 가하는 힘을 받쳐줄 지렛대의 받침점 역할을 하기에 훨씬 안정적으로 작업할 수 있다(그림 4-108).
- 나무가 비트와 펜스 사이를 통과하는 방식으로 작업해서는 절대 안 된다. 홈파기 가공을 제외하면 항상 펜스가 비트의 일부를 덮고 있어야 한다.
- 일반 라우터를 판재의 좁은 모서리 위에 놓고 작업해서는 안 된다. 라우터가 기울어져 옆으로 넘어지면 대단히 위험하다. 이런 경우에는 트리머를 이용하거나 아래 사진과 같이 라우터를 안정적으로 올려놓을 수 있는 장치와 함께 작업한다.
- 역방향 가공은 최소한의 양만 해야 하며, 작업물 고정과 라우터 통제에 각별히 신경을 써야 한다.
- 부재의 모서리나 테두리를 따라 가공할 때 라우터의 전원 코드에 주의한다. 자칫 코드가 라우터 비트에 닿을 수도 있다. 전원선을 어깨 너머로 걸치고 작업하면 작업에 방해되지 않는다.

판재 옆으로 L자 모양의 보조대를 붙이면 판재의 모서리를 따라서 안정적으로 작업할 수 있다.

그림 4-107. 라우터테이블에서 베이링 가이드가 달려 있는 비트로 가공하기. 왼쪽에 보이는 스타터 핀을 사용하면 가공을 시작할 때 비트가 나무를 물어서 튕겨내는 현상을 최소화할 수 있다.

　　라우터의 용법이 워낙 다양하기에 몸을 쓰는 방법도 그만큼 다양하다고 생각할 수 있다. 그러나 지켜야 할 원칙은 도구를 온전히 자신의 통제 아래에 둬야 한다는 것이다. 이를 위해서는 역시 좋은 자세가 필요하다. 힘과 통제를 분리해서 적용하고 몸통에서 가까운 범위 안에서 작업하는 것도 잊지 말아야 한다.

　　라우터로 판재 가장자리를 45° 모따기하는 경우를 생각해보자. 라우터의 절반 이상이 판재 바깥으로 튀어나가 있어서 움직이는 도중에 라우터가 기우뚱거리지 않도록 하기가 쉽지 않다. 우선 라우터가 기우뚱거리지 않도록 판재 표면에 밀착시키는 것은 왼손이 할 일이다.

　　오른손으로는 라우터를 판재 모서리에 밀착시키는 것에 신경을 쓴다. 라우터를 앞으로 미는 것도 주로 오른손의 역할이다. 하체로부터의 움직임을 오른손을 통해 전달한다고 생각하는 것이 좋다(그림 4-105). 판재의 가장자리를 따라 걷는 동안에도 라우터를 통제하고 있는 상태를 유지해야 한다. 팔을 몸 가까이에 두고 상체는 일정하게 유지, 하체의 움직임을 이용해서 라우터를 움직여야 한다. 라우터 바닥에 큰 비대칭 베이스를 붙여 사용하는 것도 이와 같은 상황에서 작업을 통제하는 데 도움이 된다. 특히 직경이 큰 비트를 사용할 때 좋다(그림 4-106).

　　라우터로 하는 다른 여러 작업들도 라우터를 통제하는 것과 움직이는 것, 상체의 역할과 하체의 역할을 구분해서 접근하면 좋다. 플런지 라우터 작업에서 라우터를 상하로 움직이기 위한 압력 조절은 어깨와 상체를 이용하고 라우터를 평면상에서 이동시키는 것은 하체의 움직임을 이용하는 것이 좋은 예다. 그 모든 힘이 최종적으로 손을 통해 전달되기는 하지만 말이다. 라우터 테이블을 이용한 작업은 테이블쏘 작업과 비슷하다. 이때는 라우터가 아닌 작업물을 통제하는 것과 움직이는 것을 구분해서 접근할 수 있을 것이다.

　　라우터의 모든 용법을 설명하는 것은 불가능하다. 그러나 라우터의 유형별로 사용하는 용법을 살펴보면 도움이 될 것이다.

　　고정 베이스 라우터는 일반적으로 가장자리 작업에 사용한다. 모서리를 일정하게 둥글리거나 턱을 가공할 때, 라우터 비트 단면의 모양에 따라 모서리를 다양한 형태로 조각해낼 때 사용할 수 있다. 또는 가장자리를 기준 면에 꼭 맞춰 다듬는 트

그림 4-108. 라우터에 템플릿 가이드(가이드 부싱이라고도 한다)를 장착한 모습. 템플릿만 있으면 정확한 형태의 반복적 가공이 가능하다.

리밍 작업에도 좋다. 적절한 지그와 함께 사용하면 판재 표면에 다도 홈이나 띠열장 홈을 팔 수도 있다.

트림 라우터, 일명 트리머는 한 손에 들고 사용하기 좋도록 크기를 줄이고 무게중심을 낮춘 소형 고정 베이스 라우터다. 그래도 가능하면 두 손을 같이 사용해서 작업하는 것이 작업 안정성 면에서 훨씬 좋다. 트림 라우터는 작고 디테일한 작업에 적합하며 직경이 작은 비트만 사용해야 한다.

라우터라고 하면 일반적으로는 플런지 라우터를 생각할 것이다. 플런지 라우터는 고정식 라우터로 할 수 있는 모든 작업을 할 수 있으며, 더 잘 할 수 있다. 전동 공구의 이름에 플런지라는 단어가 붙으면 톱날 또는 비트가 나무와 닿아서 돌고 있는 상태에서 추가적인 수직 동작을 할 수 있음을 뜻한다. 플런지 라우터를 이용하면 회전하는 비트를 작업물 위에서 수직으로 갖다 대서 가공을 시작하거나 끝낼 수 있다. 베이스가 통제된 방식으로 수직동작을 할 수 있게끔 만들어져 있기 때문이다. 반면 고정 베이스 라우터로 이렇게 하는 것은 안전하지 않다.

플런지 라우터로 할 수 있는 가장 유용한 작업 중 하나가 장붓구멍 가공이다. 측면 가이드만 있어도 가능하지만 간단한 지그를 활용하면 장붓구멍을 실수할 걱정 없이 정확한 위치에 반복적으로 가공할 수 있다(그림 4-109). 장붓구멍뿐 아니라 다른 형태의 구멍도 얼마든지 가공할 수 있다. 템플릿 가이드(가이드 부싱)와 같이 사용하면 미리 만들어놓은 본을 따라 다양한 모양의 구멍을 정확한 위치에 가공할 수 있다(그림 4-108). 플런지 라우터는 홈파기를 하되 판재의 안에서 시작해서 안에서 끝내야 하는 경우나 인레이를 위한 판 내기 작업에도 유용하다.

플런지 라우터보다 고정 베이스 라우터가 더 편리한 유일한 경우는 라우터 테이블을 만들어서 쓸 때이다. 그러나 요즘 신규 기종 플런지 라우터는 깊이 조절 기능이 추가되어 있기도 하다.

라우터 테이블은 라우터를 뒤집어서 테이블 아래에 달아놓은 것이다(그림 4-107). 라우터의 바닥면과 측면 가이드를 특대형으로 만들어서 뒤집어놓았다고 생각하면 접근이 편하다. 라우터 테이블을 이용하면 라우터로 작업하기 위험한 비교적 작은 조각들을 가공할 수 있다. 이런 작업은 안전 밀대나 다른 안전 보조 장치와 함께 사용하는 것이 좋다. 라우터 테이블은 몰딩 가공을 하기에도 좋고 문짝이나 가구 측면 알판의 돋음 모양 가공, 그 외 여러 가지 짜맞춤 결구 가공에도 유용하다. 라우터 테이블의 펜스나 보조적인 각도 받침 등을 잘 활용하면 동일한 비트를 이용해서 다양한 모양의 가공 단면을 만들

그림 4-109. 측면 가이드와 간단한 지그를 활용해서 장붓구멍을 가공하는 모습

어낼 수 있다.

이 정도가 아마 라우터의 기본적인 용법들일 것이다. 그러나 창의적으로 만들어 쓸 수 있는 지그와 함께 라우터의 기능은 거의 무한대로 확장 가능하다. 비트와 작업물을 서로 어떻게 만나게 할 것이냐, 그것이 문제다.

기본의 너머

지금까지 도구를 제대로 사용하기 위한 기본을 살펴보았다. 도구가 작동하는 방식과 도구가 나무를 깎는 방식을 이해하고 작업자가 어떤 방식으로 나무 또는 도구를 통제해야 하는지 아는 것 말이다. 이와 같은 기본을 이해하고 나면 도구를 점점 더 잘 사용할 수 있다. 나무를 밀 때 느껴지는 저항과 진동, 소리 등을 통해 어떻게 하는 것이 좋은지 스스로 배울 수 있게 되기 때문이다. 그뿐이 아니다. 같은 도구를 다른 방식으로 활용할 수 있는 방법도 스스로 찾아낼 수 있다. 어떤 도구로 할 수 있는 것이 무엇인지, 그를 위해 그 도구를 어떻게 사용해야 하는지 그리고 그 도구로 할 수 없는 것은 무엇인지 배우는 것은 중요하다. 처음에는 책이나 공방 선생님의 직접적인 가르침이 필요할 수 있다. 그러나 점점 자기의 경험과 다른 사람의 작업 방식에 대한 관찰 그리고 도구에 대해 다른 방식으로 생각해보는 것을 통해 스스로 배울 수 있게 될 것이다.

테이블쏘를 켜기나 자르기 작업에 사용하는 도구가 아닌, 그 위로 나무를 지나가게 하면 톱날과 닿은 부분만큼이 제거되는 기계라고 개념적으로 파악하면 온갖 방식으로 활용할 수 있다. 테이블쏘가 켜기 작업에 특화된 도구인 것은 나무를 그렇게 지나가게 하면 좋게끔 조기대가 기본적으로 장착되어 있기 때문이다. 테이블쏘로 자르기 작업을 편하게 할 수 있는 것은 테이블 면에 기본적으로 파놓은 홈에 마이터가이드나 썰매지그를 끼워서 나무를 자르는 방향으로 안정적으로 지나가게 할 수 있기 때문이다. 테이블쏘 톱날의 작용에 대한 정확한 이해만 가지고 있다면 얼마든지 나무를 다른 방식으로 안전하고 안정적으로 지나가게끔 할 수 있다. 다른 보조 장치나 창의적인 지그가 필요하겠지만 말이다. 이것은 다른 목공 기계에서도 마찬가지인데, 기계를 이렇게 대하고 그 기능을 확장해서 쓰는 것이야말로 작업자 자신의 능력을 확장하는 길이다.

도구의 기능을 확장하는 데 가장 큰 걸림돌은 도구에 손 대는 것을 두려워하는 것이다. 테이블쏘의 조기대나 마이터가이드에 구멍 하나만 뚫으면 특수한 작업을 하기 위한 지그를 설치할 수 있는 경우가 있다. 구조를 손상시키거나 중요한 부속을 건드리는 것이 아니라면 구멍은 얼마든지 뚫어도 된다. 심지어 직접 만들어 쓰는 썰매 지그를 아까워하기도 하는데, 전혀 그럴 필요가 없다. 이상하게 들릴 수 있지만 우리는 도구와 관계를 형성해나가야 한다. 도구는 그냥 사는 것보다 특정한 필요에 의해 사는 것이 좋다. 그래야 그 도구를 충분히 활용하게 되며 그 도구와의 관계가 충분히 형성된다. 그리고 그런 식으로 하나하나 더해져 만들어진 도구의 조합은 그 자체가 작업자의 목공을 보여주며, 작업자는 목공 작업에서 도구를 개별적으로 활용하는 것이 아니라 전체로써 다양하게 조합해서 활용할 수 있게 된다.

도구는 늘 부족하고 모자라다. 목공 작업의 관심의 범위는 넓어지고 목표 수준은 높아지기 때문이다. 그러나 새로운 도구를 추가하거나 상급의 기종으로 바꿔서 문제를 해결하기 이전에 가지고 있는 도구를 최대한으로 활용해보려고 해야 한다. 지그나 보조 장치를 이용하면 작업의 범위가 대폭 늘어나며 작업의 정확도도 향상시킬 수 있다. 이렇게 하는 것이 더 재미있고 실력도 높일 수 있으며, 나중에 새로운 도구를 사더라도 더 잘 사용할 수 있는 방법이다. 기술을 가지고 있는 것은 도구가 아니라 사람이라는 것을 잊어선 안 된다.

Chapter 05

날 연마하기

대패로 나무를 깎는 것은 그 자체로 즐겁다. 목공의 가장 큰 즐거움이라고 말해도 좋을 정도다. 대팻밥은 비현실적으로 얇게 만들 수 있으며, 깎아낸 표면은 매끄럽고 보기 좋다. 대패로 나무를 깎는 서걱거리는 소리는 종종 대패의 노랫소리라고 말하기도 한다. 목수를 직업으로 삼은 지 30년이 지났지만 대패질과 그 결과물에 대해 아직도 어린아이와 같은 즐거움을 느낀다. 그러나 날이 무디면 이 중 아무것도 경험할 수 없다. 무뎌진 날은 목재의 섬유를 깨끗하게 자르지 못하고 짓눌러서 뜯어낸다. 날이 무디면 좋은 결과물을 얻을 수 없을 뿐더러, 대패질하기도 더 힘들다. 그리고 일반적으로 사고의 위험도 높아진다.

날을 예리하게 연마하는 것은 목공의 핵심 중 하나다. 날을 연마하는 것과 수공구를 잘 사용하는 것이 별개의 문제라고 생각할지 모르겠다. 실제로 날을 잘 연마하지 못해도 수공구를 잘 사용할 수 있기는 하다. 날이 무뎌질 때마다 대신해서 연마해주는 사람이 있다면 말이다. 그러나 날은 생각보다 빨리 무뎌지며 날의 상태는 작업 품질에 직접적인 영향을 미친다. 만족스러운 수준으로 작업을 하기 위해서는 날 상태를 언제든 원하는 수준으로 만들어놓을 수 있어야 한다. 수공구 사용법을 배울 때 반드시 날 연마법을 같이 배우는 이유다.

날 연마는 목공을 잘하기 위해 그리고 즐기면서 하기 위해 반드시 넘어야 하는 문턱이다. 대신 한 번만 넘어가면 다시는 날 연마가 목공을 하는 데 걸림돌이 되지 않는다.

날을 연마하는 것은 어렵지 않다. 그러나 많은 목공인이 날 연마를 꺼리며 두렵게 여기기도 한다. 날 연마 방법에 대한 너무 많은 — 때로는 서로 상충하는 — 정보들과 날 연마를 돕기 위한 목적으로 판매되는 무수한 지그들이 목공인들 사이에 날 연마가 쉽지 않다는 선입견을 부추기고 강화하는 것 같다. 그러나 날 연마는 필요할 때 언제든지 손쉽게 할 수 있어야 하는 종류의 일이다. 예리하게 연마된 날을 한 번이라도 사용해봤다면, 그리고 그날이 얼마나 빨리 무뎌지는지 경험해봤다면 일상적으로 날을 연마하는 것의 중요성을 이해할 것이다. 날 연마에 대한 거리낌을 없애고 필요할 때 언제든 날을 세울 수 있는 능력을 갖추는 것은 목공을 제대로 배우고 익히는 데 중요한 관문 중 하나다.

날이 예리하다는 것은 무슨 뜻일까? 이론적으로 말하자면 예리한 날이란 완벽하게 매끈한 두 평면이 서로 비슷하게 만나서 이룬 모서리다. 이것은 다소 이상적인 설명이다. 우리가 사용하는 날은 강철이며 강철은 결정 구조로 이루어져 있다. 현미경으로 들여다본 강철의 표면은 평면이 아니다. 따라서 완벽하게 매끈한 두 평면이 만나는 일은 애초에 불가능하다. 그러나 실질적인 관점에서 강철의 표면은 충분히 평평하고 매끈해질 수 있다. 나무를 깎기 위한 목적에서는 현미경으로 보는 수준에서의 완벽함이 필요하진 않다. 눈에 보이는 수준에서 완벽함이면 충분하다. 누구든지 날에 이가 빠지거나 날 끝이 뭉개져 있는 것을 보고 완벽하다고 하진 않을 것이다.

날에 이가 빠진 것은 그냥 봐도 잘 보인다. 그러나 날 끝이 뭉개진 것은 그냥 봐서는 알기 어려울 때가 있다. 이럴 땐 적당한 조명의 도움을 받으면 좋다. 날 끝에 빛을 다른 각도로 반사하는 가느다랗고 찌글찌글한 선이 보인다면 날 끝이 뭉개져 있는 것이다(그림 5-1).

그림 5-1. 날 끝이 무뎌지면 날 끝에 보이는 빛이 불규칙하게 반사되는 하얀 부분이 보인다.

날의 상태를 판단할 수 있는 간단한 시험 방법이 있다. 우선 날에 힘을 주지 않고 면도를 할 수 있으면 날이 아주 날카롭다고 본다. 손등의 털을 조심해서 한 번 밀어보면 바로 알 수 있다. 또는 공중에 들고 있는 종이를 깨끗하게 잘라낼 수 있으면 날이 날카로운 것이다. 그리고 손톱 위에 대고 아무 힘을 주지 않고 밀었을 때 날 끝이 손톱에 파고드는 느낌이 들면 날이 날카로운 것이다. 날이 손톱 위에서 미끄러진다면 날카로운 것이 아니다(그림 5-2, 5-3).

날을 이 정도로 날카롭게 연마하는 것은 그리 어려운 것이 아니다. 날의 상태에 따라 시간이 꽤 많이 걸릴 때도 있지만 보통은 몇 분 안에 할 수 있는 일이다. 날을 연마하는 원리는 단순하다. 날의 상태를 완벽한 두 평면이 만난 모서리로 되돌리는 것이다. 이를 위해서는 날을 이루는 두 면 중 어느 한쪽을 면이

그림 5-2. 슥 갖다 대었을 때 면도가 되면 날이 충분히 날카로운 것이다. 내 손등에는 털이 남아나질 않는다.

그림 5-3. 손톱에 대고 살짝 밀었을 때 날 끝이 손톱에 탁 잡혀야 한다.

그림 5-4. 아칸소 기름숫돌 세트(사진 출처: www.bestsharpeningstones.com)

나 모서리에 생긴 흠집이 없어질 때까지 갈아내야 한다. 때에 따라 두 면 모두를 갈아내야 할 수도 있다. 흠집을 제거하고 나면 연마 도구의 입도를 차츰 높여가며 연마 입자가 표면에 남긴 스크래치를 점점 미세한 스크래치로 바꿔나간다. 최종적으로는 스크래치가 너무 미미해서 표면이 거울 면처럼 될 때까지 이 과정을 반복하면 된다.

목공에서 사용하는 연마 도구는 다양하다. 특수강으로 된 날을 연마하는 것이 아니라면 선택지는 숫돌, 사포, 연마 필름, 다른 표면에 묻혀서 쓸 수 있는 다이아몬드 입자 연마재 정도로 좁혀진다. 이 중 무엇을 사용할지는 비용, 편리함, 연마 속도를 생각해서 결정하면 된다.

숫돌

숫돌은 크게 기름 숫돌과 물 숫돌로 나뉜다. 날을 연마할 때 윤활 매체로 무엇을 사용하느냐에 따른 분류다. 날 연마에 윤활이 필요하다는 것이 생소할 것이다. 윤활 매체는 갈려 나온 쇳가루와 숫돌 가루가 숫돌의 연마 면에 끼지 않도록 흘려보내는 역할을 한다. 기름 숫돌은 천연석이다. 마모에 강해서 연마 면이 비교적 오랫동안 평평하게 유지되는 장점이 있다.

반면 연마 속도가 드리고 입도 선택이 제한적이며 윤활 매체로 기름(경유나 경유/등유 혼합유)을 사용하기에 날 연마 후 청소가 번거롭다는 것은 단점이다(기름 대신 비눗물을 사용하는 경우도 있긴 하다). 그러나 연마 뒤 날에 묻어 있는 기름이 날이 녹스는 것을 방지해주는 것은 좋다.

기름 숫돌에는 인디아(India) 숫돌, 워시타(Washita) 숫돌, 소프트 아칸소(Arkansas) 숫돌, 하드 아칸소 숫돌이 있다. 일반적으로 기름 숫돌 세트라고 하면 초벌 연마용 인디아 숫돌과 마무리 연마용 하드 아칸소 숫돌로 구성되어 있는데, 이들 숫돌은 물 숫돌의 입도로 치면 대략 #240에서 #360 그리고 #1000에서 #2000 정도에 해당한다(그림 5-4).

숫돌의 입도

숫돌 또는 다른 연마 매체의 입도를 구분해서 표시하는 방식은 다양하다. 그중 연마 입자를 거르는 망의 촘촘한 정도 - 단위 면적에 포함된 구멍의 숫자 - 로 표시하는 방법이 가장 일반적인데, 이 방식대로 하면 숫자가 높을수록 입도가 더 고와진다. 그러나 이 역시 여러 가지 방식 가운데 하나일 뿐이며, #220 수준까지만 입도를 구분해서 표시할 수 있다는 한계가 있다. 그 외 미국식, 유럽식 그리고 일본식 표시 방식들이 있으며 각각의 방식은 조금씩 다른 체계로 입도를 구분해서 등급을 산정한다. 그러나 이 모든 방식에서 표시된 숫자가 클수록 입도가 더 고와진다는 점은 공통적이다. 예외적인 방식이 하나 있다. 주로 사포나 연마 필름의 입도를 표시할 때 사용하는 마이크론 등급 표시 방식이다. 마이크론 등급에서는 연마 입자의 실제 크기를 가지고 입도를 나타내기에 숫자가 작을수록 입도가 더 고와진다(15micron은 5micron보다 더 거친 입도를 나타낸다).

물 숫돌은 대개 인공석이다. 천연석도 있기는 하지만 대체로 연마 입자를 부드러운 고정 매체와 혼합해서 만든다. 물 숫돌은 윤활 매체로 물을 사용하며, 입도를 선택할 수 있는 폭이 대단히 넓다. #220부터 #16000, 심지어 #32000짜리 제품도 있다. 물 숫돌은 날을 연마하는 과정에서 연마 입자와 고정 매체가 쉽게 갈려 나온다. 여기에는 장단점이 있다. 장점은 지속해서 새로운 연마 면이 드러남으로 인해 연마 면이 항상 날카롭게 유지되므로 연마 속도가 빠르다는 것이다. 반면 연마 면의 평평한 상태가 그리 오래가지 않는다는 것은 단점이다. 따라서 물 숫돌은 자주 평을 바로잡아줘야 한다. 나는 한 부위로 날을 두 번 정도 연마한다. 그런 식으로 숫돌 표면 전체를 다 사용하고 나면 평을 다시 잡아주는 것이 좋다. 숫돌의 평을 잡기 위해서는 평이 잘 맞는 다이아몬드 숫돌을 사용하거나 정반(석정반이나 유리정반)에 #220 사포를 붙여서 사용하면 된다. 일반적으로 물 숫돌 세트는 #1000 숫돌, #4000 숫돌, #8000 숫돌로 구성된다. 더 고운 입도의 숫돌을 사용하면 날을 더 날카롭게 연마할 수 있지만 일반적인 목공 작업에서는 이 이상의 입도로 날을 연마하는 것은 큰 의미가 없다(그림 5-5).

그림 5-5. 물 숫돌. 왼쪽부터 #4000(중간 입도), #1000(거친 입도), #8000(고운 입도)

다이아몬드 숫돌

다이아몬드 숫돌은 금속 또는 금속과 플라스틱으로 된 평평한 판에 다이아몬드 결정을 증착시켜서 만든다(그림 5-6). 다이아몬드 숫돌은 연마 속도가 빠르고 평이 깨지지 않으며(원래 평평했다면) 기름 숫돌이나 물 숫돌의 표면도 쉽게 갈아낼 수 있을 만큼 연마 입자가 날카롭다. 윤활 매체로는 주로 물을 이용한다. 다이아몬드 숫돌은 끌이나 대팻날의 마무리 연마를 할 수 있을 정도의 미세한 입도로는 제공되지 않는다. 그러나 하나쯤 가지고 있으면 대단히 편리하다. 새로 구입한 날의 뒷면을 평평하게 만들 때나 숫돌의 평을 다시 잡을 때 사용하기에 다이아몬드 숫돌만 한 것이 없다. 그 외에도 뭔가를 빨리 갈아내야 하는 모든 작업에 사용할 수 있는데, 날 앞쪽에 기본각도 면을 새로 만들거나 날의 손상된 부위를 제거하기 위해 많은 양의 쇠를 갈아내야 할 때 사용하면 좋다.

그림 5-6. 다이아몬드 숫돌

사포와 연마 필름

숫돌을 세트로 갖추려면 꽤 큰 비용이 들며 이것이 목공 입문자들이 날 연마를 해볼 엄두를 내지 못하는 이유가 되기도 한다. 다행히 훨씬 적은 비용으로 탁월한 효과를 얻을 수 있는 대안이 있다. 최소한 단기적으로는 말이다. 사포는 입도 #2000짜리도 흔하게 볼 수 있다. 특수 목적의 연마 필름은 #12000에 해당하는 입도(.3 마이크론)의 제품도 나온다. 이 필름은 표면이 너무 매끄러워서 연마된다고 믿기 어려울 정도지만 철판에 문질러보면 극도로 곱게 쇠를 갈아내는 것을 볼 수 있다. 사포보다 연마 필름이 훨씬 더 평평하며 좋은 결과를 내지만 구하기 어렵고 더 비싸다.

그림 5-7. 석정반에 연마 필름을 붙이고 있다.

그림 5-8. 다이아몬드 입자 연마제는 보통 주사기에 담겨서 판매된다. 아주 약간이면 충분하다.

사포나 연마 필름을 숫돌 대용으로 사용하는 방법은 간단하다. 사포나 연마 필름을 평평한 면(유리 또는 석정반이 가장 좋고 다른 평평한 표면도 괜찮다)에 잘 붙이기만 하면 된다. 윤활 매체는 물이다(그림 5-7). 사포든 필름이든 정반에 잘 붙이려면 접착형 제품을 사용하는 것이 좋다. 일반 제품은 스프레이 접착제를 이용해서 붙여도 충분한 평탄도를 얻기 어렵다.

사포와 연마 필름의 장점이 하나 있다. 곡면에 붙이면 곡면 연마를 할 수 있다는 것이다. 나무로 원하는 표면 형태를 만든 뒤 사포나 필름을 붙이기만 하면 된다.

짜서 쓰는 다이아몬드 입자 연마재

짜서 쓸 수 있게 되어 있는 다이아몬드 입자 연마재도 매우 효과적이다. 거칠게는 45 마이크론부터 극도로 미세한 .5 마이크론까지 다양한 입도의 제품이 시중에 나와 있다. 사용도 간편하다. 다이아몬드 입자 연마재를 적당한 표면 위에 조금 짜놓기만 하면 그 표면은 효과적인 숫돌로 바뀐다. 이렇게 쓰기에는 쇠정반이나 중밀도섬유판(MDF)이 가장 좋으며, 대패로 평을 잘 맞춘 하드우드 조각도 괜찮다. 사용 중에 입도를 바꾸고 싶다면 쇠정반은 표면을 씻어낸 뒤 다른 입도의 연마재를 짜 쓰면 된다. 그러나 섬유판이나 하드우드 조각은 입도별로 각기 다른 조각을 준비해서 사용해야 한다(그림 5-8). 섬유판이나 하드우드 조각을 사용할 때는 표면의 평이 금방 깨진다는 점도 유의해야 한다.

다이아몬드 입자 연마재는 연마 속도가 빠르며, 미세한 입도의 제품을 사용하면 극도로 매끄러운 표면을 얻을 수 있다. 또한 사포나 연마 필름과 마찬가지로 특수한 모양의 날을 연마하기 위해 적당한 모양의 연마 표면을 직접 만들어서 쓸 수도 있다.

그라인더

많은 양의 쇠를 빨리 갈아내고자 한다면 그라인더를 사용하는 것이 정답이다. 시중에서 볼 수 있는 그라인더의 종류는 매우 다양하지만 그중 어느 것도 연마재 표면을 날에 대해 빠르게 움직여서 연마 속도를 향상시켜주는 장치라는 그라인더의 본질에서는 벗어나지 않는다(그림 5-9).

그라인더를 사용할 때의 문제점은 두 가지다. 첫째는 많은 양의 쇠를 빨리 갈아내다 보니 열이 많이 발생한다는 것이다. 목공 도구의 날은 쇠로 모양만 갖춰놓아서 되는 것이 아니다. 날로 사용하기 알맞도록 쇠의 성질을 조정하는 열처리 과정을 거친 뒤에야 좋은 날이 된다. 그런데 그라인더 사용 중 발생하는 열은 잠깐만 주의를 놓쳐도 날의 성질을 망치기에 충분할 정도다. 일반적으로 온도가 150°에서 200°까지 올라가면 날에 손상이 오는데, 그라인더 작업 중에 날 끝의 온도가 그 정도까지 올라가는 것은 순식간이다.

날의 과열을 방지하기 위해 개발된 것이 습식 그라인더와 저속 그라인더다. 일반 벤치 그라인더에 장착해서 쓸 수 있도록 연마석 자체에 냉각기능을 더해 놓은 특수한 연마석도 있다. 습식 그라인더를 사용하면 날이 과열될 일이 없다. 연마석 일부가 항

그림 5-9. 벤치 그라인더

그림 5-10. 간단히 만들어 쓸 수 있는 그라인더용 날 연마 지그

상 물에 담겨져 있고 연마석의 회전 속도도 느리기 때문이다. 대신 연마 속도가 일반 벤치 그라인더에 비해 느리다는 것이 단점이다. 일반 벤치 그라인더를 사용한다면 사용자가 '습식 그라인더의 역할'을 해줘야 한다. 우선 서두르는 마음을 버려야 한다. 서두르지 않아도 충분히 빠르게 연마가 된다. 그리고 연마 도중에 가능한 자주 날을 물에 담궈서 열을 식혀줘야 한다.

어떤 그라인더와 연마석을 사용하든 연마석의 표면을 깨끗하게 유지관리하는 것이 중요하다. 연마석 표면의 연마 입자도 무뎌지며, 갈려 나온 쇳가루는 연마 입자의 틈새에 엉겨 붙기 쉽다. 이 상태로는 연마가 잘 안 되며 날이 과열되기도 쉽다. 연마석 표면을 청소하는 전용 도구(휠 드레서)를 이용하면 낡은 표면을 갈아내고 날카로운 새 연마 입자를 노출시킬 수 있다. 이 작업을 드레싱이라고 한다.

그라인더를 사용할 때의 문제점 중 두 번째는 날 면을 일정한 각도로 고르게, 날 끝의 측면에 대해 수직으로 반듯하게 되도록 연마하는 것이 처음에는 쉽지 않다는 것이다. 시중에서 판매하는 고가의 보조 장치들이 그라인더를 사용해보고자 하는 목공인들이 처음에 느끼는 어려움을 말해주는 것 같다. 그라인더 연마 작업의 핵심은 날 받침(툴레스트)에 있다. 날 받침은 단단하게 고정되어 있어야 하고 반듯해야 하며 날을 갖다 댈 때, 간섭될 만한 부분이 없어야 한다. 날 받침만 제대로 되어 있으면 날 아래에 나뭇조각만 하나 붙여서 작업해도 원하는 결과를 얻을 수 있다(그림 5-10, 5-11).

그라인더와 관련한 최근의 추세는 날 연마의 전 과정을 비교적 빠르게 해결할 수 있도록 고안된 전동 그라인더 시스템인 것 같다. 기본적인 그라인더의 기능에 더해 섬세한 마무리 연마까지 다 가능하게 하는 다양한 연마 도구와 고정 장치가 포함된 시스템이다. 이 그라인더 시스템만 있으면 날 연마를 언제든 쉽고 빠르고 정확하게 할 수 있을 것처럼 보인다. 그러나 실제로는 대부분의 경우는 그냥 손으로 가는 것이 더 빠르고

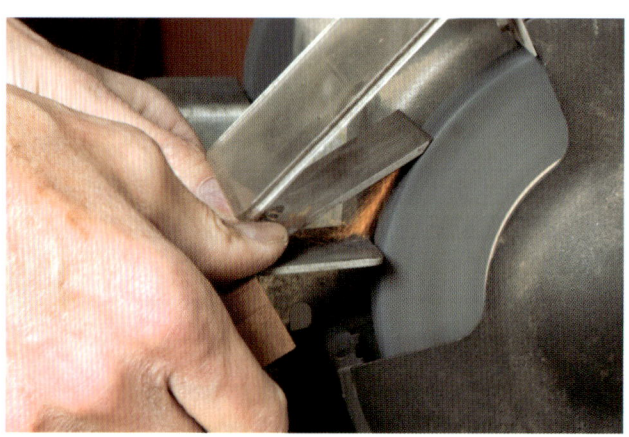

그림 5-11. 그라인더 지그를 이용해서 날을 연마하는 모습. 지그가 대팻날을 그라인더의 날 받침과 연마석에 대해 일정한 거리와 각도로 댈 수 있게 도와준다.

그림 5-12. 날 뒷면이 평평하지 않으면 빛의 반사가 왜곡되어 보인다. 특히 날 끝부분을 주의해서 봐야 한다.

그림 5-13. 자 트릭. 얇은 자를 숫돌 모서리에 올려놓고 연마하면 뒷날의 끝에 미세하고 일정한 경사면을 만들 수 있다.

날카롭게 연마할 수 있다.

그라인더는 많은 양의 쇠를 빠른 속도로 갈아내기 위한 최고의 도구다. 날이 손상되어 갈아낼 부분이 많다거나 날 모양을 기존과 다르게 바꾸고자 할 때 그라인더를 이용하면 좋다. 그러나 일상적인 날 연마 작업에서는 그라인더가 필수적인 것은 아니다.

날 뒷면이 평평해야 하는 이유, 평평하지 않게 되는 이유

날 연마를 한 번이라도 해봤다면 날의 뒷면, 즉 뒷날을 거울처럼 평평하고 매끄럽게 만드는 것이 중요하다는 것을 들어서 알고 있을 것이다. 수공구를 사면 가장 먼저 해야 하는 일이 바로 날 뒷면을 점검하고 연마하는 일이다. 그런데 불행히도 날 뒷면을 평평하게 만들기는 생각처럼 쉽지 않다. 새로 산 끌이나 대팻날 뒷날의 평을 잡기 위해 시간을 들이고 애를 쓸수록 날 뒷면은 평평함과 멀어져 버리곤 한다. 특히 날 끝 부위가 둥글려져 버리기 쉽다. 이렇게 된 날은 제 기능을 하지 못할 뿐더러 이를 다시 바로잡기 위해서는 많은 추가 작업이 필요하다.

평평하게 만들고자 하는 의도와 달리 날 뒷면이 둥글려지곤 하는 이유가 뭘까? 가장 먼저 확인해봐야 하는 것은 숫돌이다. 평평하지 않은 숫돌로는 뒷날을 평평하게 만들 수 없다. 그다음 점검해야 하는 것은 자신의 습관이다. 연마 도중에 숫돌 면 바깥에 있는 날 뒤쪽이나 손잡이를 미세하게나마 들어 올리면 날 끝이 둥글려지고 만다. 날을 숫돌에 올려놓거나 떼는 방식도 문제가 된다. 놓을 때는 날 끝이 숫돌 면에 가장 나중에 닿도록 해야 하고 뗄 때는 날 끝을 가장 먼저 떼야 한다. 날 뒷면이 평평한지 여부는 날 뒷면에 사물을 비춰보면 쉽게 알 수 있다. 가장 좋은 것은 긴 직선, 예를 들어 길쭉한 형광등 불빛을 비춰보는 것이다. 비친 모양이 직선 그대로이면 뒷날이 평평한 것이다. 반면 비친 모양에 왜곡이 있다면 뒷날이 평평하지 않은 것이다(그림 5-12). 비추는 각도를 조금씩 바꿔보면 더 쉽게 확인할 수 있다.

뒷날 평이 중요한 이유가 뭘까? 일단 날카로움과는 관계가 없다. 날 뒷면이 평평하지 않아도 날은 얼마든지 날카로울 수 있다. 날은 두 면이 만난 모서리다. 날카로움을 결정하는 것은 이 두 면의 평평한 정도가 아니라 매끄러운 정도다. 뒷날 평이 필요한 것은 작업을 의도대로 통제하기 위해서다. 끌의 뒷면이 평평해야 깎는 도중에 끌의 진행 방향을 예측할 수 있다. 적절하게 작업하고 있다면 끌은 뒷면의 방향을 따라 똑바로 나갈 것이다. 반면 뒷날이 평평하지 않으면, 날 끝이 둥글려져 있거나 각도가 져 있으면 끌을 밀었을 때 끌이 어디로 향할지 알 수 없게 된다. 당연히 직진은 아닐 것이다. 뒷날이 평평한 끌로는 나무 표면을 얇게 조금씩 깎아낼 수 있다. 반면 뒷날이 곡면인 끌로 얇게 깎으려고 하면 끝이 한쪽으로 자꾸 빠져버린다. 대팻날도 날 뒷면이 중요하다. 날 뒷면이 평평하지 않다면 날 끝을 직선으로 연마하는 것이 불가능하며 날 뒷면에 칩브레이커를 빈틈없이 밀착시킬 수도 없다(이를 위해서는 칩브레이커의 날 끝도 직선이어야 한다).

그러나 대팻날의 뒷면 전체가 평평해야 하는 것은 아니다. 뒷날의 끝부분, 칩브레이커가 닿는 부분까지만 평평해도 소기의 목적을 달성하기엔 충분하다. 이렇게 하는 빠른 방법이 있다. 뒷날 끝에 미세한 각도면을 만들고 이 각도면만 평평하게 만들어서 사용하는 것이다. 이 방법은 데이비드 찰스워스로 인해 널리 알려졌는데, 얇은 자를 이용한다고 해서 '자 트릭'이라고 부른다. 자 트릭의 원리는 단순하다. 숫돌의 한쪽 모서리 끝에 두께 0.5mm 정도의 얇은 자를 올려놓고 대팻날의 뒷면을 연마하는 것이다. 날 뒤쪽이자 두께만큼 들려 있기에 날 끝에 약간의 각도면이 생긴다. 날 끝 전체에 걸쳐 칩브레이커를 붙일 수 있을 만큼의 각도면이 만들어지면 #8000 수준까지 입도를 높여가며 이 각도면을 매끄럽게 만들어주기만 하면 된다(그림 5-13). 이때 날 끝이 놓이는 위치를 숫돌 반대쪽 모서리 끝에서 10mm 정도로 일정하게 가져가도록 한다. 그래야 각도면이 일정한 각도로 평평하게 만들어진다. 자 트릭을 이용하면 대팻날 뒷면 전체를 평평하고 매끄럽게 만드는 것에 비해 시간과 노력을 대폭 절약할 수 있다. 날 끝 몇 mm의 평만 맞추면 되기 때문이다(그림 5-14). 뒷날에 1° 미만의 작은 각도가 생기기는 하지만 이것이 대팻날의 날카로움이나 대패의 성능에는 영향을 주지 않는다. 벤치플레인이라면 절삭 각도가 딱 그만큼 높아지는 것뿐이다.

자 트릭을 이용할 때 유의해야 할 점이 하나 있다. 한 번 자 트릭을 이용해서 연마한 날은 계속 자 트릭을 이용해서 연마해야 한다는 것이다. 한 번 만들어진 각도면을 없애기 위해서는 날의 꽤 많은 부분을 갈아내야 한다. 번거로운 점도 하나 있다. 대팻날 앞날을 연마할 때 생기는 날 넘김을 제거할 때도 자 트릭을 이용해야 한다는 것이다. 이때 처음 각도면을 만들 때 사용했던 것과 같은 자를 사용해야 하며 숫돌에 날 끝이 닿는 위치도 동일하게 가져가야 한다. 자 트릭은 대팻날 뒷날을 평평하게 만들 때 이용할 수 있는 하나의 선택지이며 끌 연마에는 적용하면 안 된다.

조각용 날은 끌이나 대팻날과 달리 뒷면을 평평하게 할 필요가 없다. 조각용 날의 뒷면은 가벼운 각도면이나 곡면으로 처리하는 것이 일반적이다. 이렇게 하면 앞날의 각도에 영향을 주지 않으면서 날의 내구성을 향상할 수 있다. 또한 특정한 곡면 가공 시에 날을 통제하는 데 도움이 되기도 한다. 날의 뒷면을 평평하게 만드는 일은 시간과 노력이 드는 일이다. 이는 누구에게나 마찬가지다. 그러나 다행히도 날을 사서 처음 한 번만 하면 되는 일이다. 뒷날의 평이 한 번 잡힌 뒤에는 날이 매우 특별한 방식으로 손

그림 5-14. 자 트릭을 이용해서 연마한 뒷날 경사면. 연마된 모양을 보면 일반적인 방법으로는 뒷날의 평을 맞추기가 어려웠을 것임을 알 수 있다.

그림 5-15. 날 뒷면을 연마하기 위해 날을 숫돌에 올려놓을 때는 날 끝이 숫돌면에 가장 나중에 닿도록 해야 한다. 반대로 날을 들 때는 끝을 가장 먼저 뗀다.

날의 뒷면을 평평하게 만들 때 주의할 점

- 연마 도중에 날 뒷면을 자주 점검한다. 길쭉한 형광등이나 직선 모양을 물체를 비춰보면 뒷날이 평평한지 아니면 왜곡이 있는지 쉽게 확인할 수 있다(비춰진 직선이 왜곡되어 보이면 뒷날의 평이 안 맞는 것이다). 왜곡이 있다면 그리고 계속 연마해도 왜곡이 없어지지 않는다면 연마 방식에 문제가 없는지 점검해보도록 한다.
- 날을 숫돌 위에 올려놓을 때 날 끝이 숫돌에 먼저 닿지 않도록 한다.
- 어떤 경우에도 날 뒤쪽(또는 손잡이)를 들어 올리지 않는다.
- 연마 도중에 손잡이를 잡는 것은 좋지 않으며, 가능하면 날물의 숫돌 위에 올려져 있는 부위에만 손을 대고 연마하는 것이 좋다. 경우에 따라 숫돌에서 가까운 쪽의 날물 몸통을 새끼손가락으로 살짝 감싸 쥐는 정도는 괜찮다(날을 앞뒤로 움직이는 데 도움이 된다).
- 날 뒷면이 숫돌 표면에 밀착된 느낌에 집중한다. 숫돌 위에 올려 있는 부위만 고른 압력으로 누르되, 빨리 갈아내겠다는 생각으로 세게 누르지 않는다.
- 적절한 윤활 매체를 사용한다. (물 숫돌에서는 물) 갈려 나온 쇳가루를 흘려보낼 수 있어서 연마가 잘될 뿐더러 날을 앞뒤로 부드럽게 움직이는 데도 도움이 된다.

상되지 않는 한 뒷날을 다시 연마할 필요는 없다.

날 뒷면을 평평하게 연마하기

날 뒷면을 평평하게 만드는 것은 개념적으로는 간단하지만 실제로는 앞날을 날카롭게 연마하기보다 더 까다롭다. 따라서 처음에는 망쳐도 부담 없는 날로 연습을 해보는 것이 좋으며 만약 잘 안 된다면 일단은 이 단계를 건너뛰는 것이 서투른 솜씨로 애쓰다가 날 뒷면을 둥글려서 망치는 것보다 낫다. 작업을 한 번에 끝낼 필요도 없다. 뒷날 평을 잡는 것은 시간이 걸리는 일이다. 오랫동안 집중을 유지하기는 어려우므로 집중해서 할 수 있는 만큼씩 작업을 끊어서 하는 것도 좋은 방법이다.

날 뒷면을 평평하게 만들기 위해서는 숫돌 등 연마 도구의 표면이 우선 평평해야 한다. 테이프로 사포를 정반에 붙여서 사용하는 것은 적절하지 않다. 심지어 스프레이 접착제를 이용해서 사포를 정반에 붙여도 표면에 약간의 요철이 생겨서 좋지 않다. 가장 좋은 것은 다이아몬드 숫돌을 사용하거나 정반에 접착식 연마 필름을 붙여서 사용하는 것이다. 쇠정반에 다이아몬드 페이스트 연마재를 묻혀서 사용하는 것도 괜찮다. 물 숫돌이나 기름숫돌을 이용한다면 숫돌의 표면을 먼저 평평하게 만들어야 한다. 또한 날 뒷면을 연마하는 틈틈이 숫돌 표면의 평을 다시 잡아주어야 한다. 숫돌은 생각보다 빨리 마모되며 숫돌이 부분적으로 닳아서 평이 깨진 상태에서 연마해서는 날 뒷면의 평을 잡는 것이 불가능하다.

날을 숫돌에 올려놓는 방식도 중요하다. 날 끝이 숫돌 표면에 가장 나중에 닿도록 해야 날 끝이 둥글려지지 않는다(그림 5-15). 연마를 위해 날을 앞뒤로 움직일 때는 날이 숫돌에 대해 비스듬한 것이 좋다. 두 손을 모두 이용해서 날 끝을 숫돌면에 대해 일정한 힘으로 누르는데, 한 손은 누르는 것에 집중하고 나머지 손으로 날을 가볍게 누른 상태에서 앞뒤로 움직이는 동작을 주관하도록 한다(그림 5-16). 날에 손잡이가 달려 있더라도 손잡이에는 손을 대지 않는다. 손잡이를 잡고 날을 갈면 손잡이를 조금씩 들어올리기 쉬우며 그러면 날 끝이 둥글려진다.

그림 5-16. 날 뒷면을 연마할 때 팔은 몸에 바짝 붙이는 것이 좋다.

연마 동작을 할 때 상체가 날의 바로 위에 위치하도록 한다. 턱이나 목이 손과 수직선 위에 있으면 알맞다. 날 뒷면이 숫돌 표면에 밀착된 감각에 집중하고 날을 앞뒤로 움직일 때도 그 감각을 유지해야 한다. 목공의 다른 동작들과 마찬가지로 움직임은 하체를 이용한다. 그러면 상체는 작업을 통제하는 데 집중할 수 있다. 아무렇게나 움직이는 것보다는 규칙적인 리듬을 갖고 움직이는 것이 더 좋다. 날을 빨리 갈려는 의도로 숫돌을 세게 눌러선 안 된다. 힘이 들어가면 정확도는 떨어지게 마련이다. 연마를 마치고 숫돌에서 날을 뗄 때는 날 끝을 먼저 들도록 한다. 숫돌 바깥에 나와 있는 날 뒷부분을 누르면 지렛대 작용으로 날 끝이 들린다. 반대로 날 뒷부분을 먼저 들면 날 끝이 숫돌에 닿아서 갈리면서 날 쪽의 평면이 깨진다.

날 뒷면을 평평하게 만들 때 뒷면 전체를 평평하게 할 필요는 없다. 앞날과 만나는 날 끝 주위의 평만 확실히 맞춰 놓으면 된다.

날 앞면을 연마해서 날카롭게 만들기

날의 앞면을 연마해서 날카롭게 세우는 일은 목수의 일상 중 하나다. 앞날 연마를 특별한 재주로 생각하는 경우가 종종 있지만 실제로는 전혀 힘들거나 복잡한 일이 아니며 오히려 날 연마의 전체 과정 가운데 가장 쉬운 것에 속한다. 앞날 연마는 생각보다 금방 숙달할 수 있는 일이며 자기 나름의 연마 체계를 갖춰놓고 나면 언제든 1~2분 만에 할 수 있는 일이다. 앞날 연마는 정상적인 사용으로 인해 무뎌진 날 끝을 면도칼처럼 날카롭게 복원시키는 일련의 과정이다. 손상된 날은 이와는 다른 접근이 필요하다. 연마는 입도 #1000 정도의 물 숫돌로 시작한다. 기름 숫돌을 사용한다면 중간급 인디아 숫돌로, 연마 필름을 쓴다면 15마이크론 필름으로 시작하면 된다.

방식은 간단하다. 우선 날 끝의 무뎌진 부분이 없어질 때까지 날의 앞면을 갈아낸다(그림 5-17). 날의 앞면이 날 끝까지 다 갈려서 뒷면과 만나면 날 끝에서 쇠가 날 뒷면으로 미세하게 넘어간다. 이를 날 넘김이라고 하는데, 이 날 넘김이 날 끝 전체에 걸쳐 생겨야 한다. 날 상태가 아주 나쁘지 않다면 열 번 정도만 왕복해도 앞날이 다 갈려서 날 넘김이 생긴다. 반면 날이 매우 무뎌져 있었다면 왕복 횟수가 더 필요할 것이다. 날의 끝까지 앞날을 다 갈아냈다면 다음은 앞날을 매끄럽게 만들 차례다. 입도 #4000 정도의 물 숫돌이나 하드 아칸소 기름숫돌, 또는 5마이크론 연마 필름을 사용해서 앞선 단계에서 만들어진 거친 스크래치를 제거한다. — 정확히 말하자면 스크래치가 없어지는 것이 아니고 높은 입도의 스크래치로 대체되는 것이다. — 10~15회 정도 왕복하면 보통은 충분하다.

이 과정을 매우 고운 입도의 숫돌을 이용해서 한 번 더 반복한다. 물 숫돌은 입도 #8000, 기름숫돌은 반투명 아칸소, 연마 필름은 .5나 .3마이크론 정도를 사용하면 된다. 이 역시 10에서 15회 왕복이면 충분하다. 최종적으로 날의 뒷면을 매우 고운 숫돌에 몇 차례 문질러서 날 넘김을 제거한다. 날 뒷면을 평평하게 만들 때와 마찬가지 방법으로 하면 된다.

날 앞면을 이중 각도로 연마하기

앞날 면을 연마할 때도 날 뒷면을 연마할 때 사용했던 자 트릭과 비슷한 접근을 해볼 수 있다. 날의 끝부분을 앞날의 기본 경사 각도보다 2~5° 정도 더 세워서 연마하는 것인데 이렇게 하는 것을 날을 이중 각도로 연마한다고 한다. 날을 이중 각도로 연마하면 연마 시간을 대폭 줄일 수 있다. 날 앞면 전체가 아니라 날 끝 일부만 갈아내면 되기 때문이다(그림 5-18). 또한 날의 내구성도 좋아진다. 날은 각도가 낮을수록 더 쉽게 무뎌진다(대신 나무는 더 잘 깎인다). 날을 이중 각도로 연마하면 날 끝의 각도가 그만큼 높아져서 날카로운 상태가 더 오래 유지된다.

날을 이중 각도로 연마하는 방법은 손으로 연마하느냐 지그

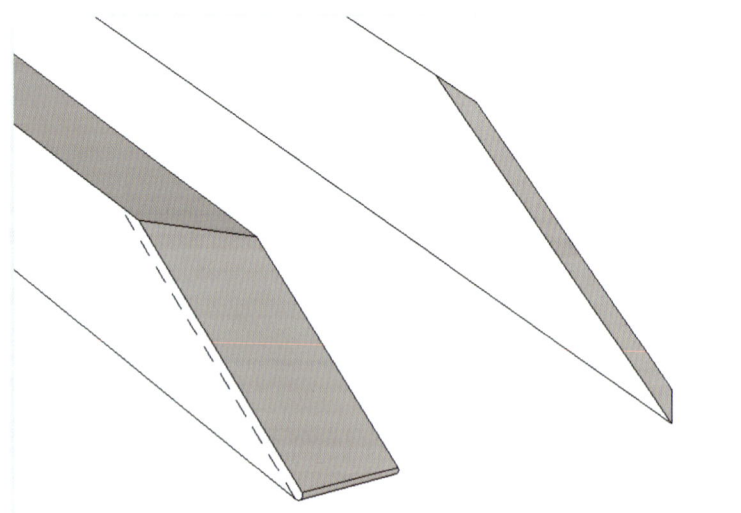

그림 5-17. 무뎌진 날 끝을 다시 날카롭게 만들기 위해서는 날 앞면에서 꽤 많은 양의 쇠를 갈아내야 한다.

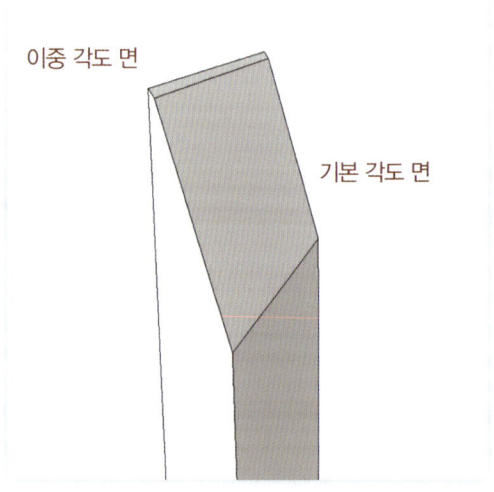

그림 5-18. 날 끝을 이중 각도로 연마하면 적은 양의 쇠를 갈아내고도 날 끝을 다시 날카롭게 만들 수 있다.

날 연마 지그 각도 세팅을 쉽게 하는 방법

날 연마 지그의 연마 각도를 설정하는 방법은 다양하며, 어떤 지그의 경우 각도 설정을 위한 별도의 장치가 함께 제공되기도 한다. 그런데 지그 연마에서의 연마 각도가 날이 지그로부터 돌출된 길이에 의해 정해진다는 것만 이해하면 - 날이 더 많이 튀어나와 있을수록 연마 각도가 낮아지며 돌출된 길이가 같으면 연마되는 각도도 늘 일정하다는 것만 이해하면 - 날 연마 지그용 각도 설정 장치를 직접 만들어서 쓸 수 있다. 이 각도 설정 장치는 판재의 모통이로부터 적당한 거리에 나뭇조각을 붙여놓은 것에 불과하지만 직관적이고 단순하며 빠르고 정확한 훌륭한 장치다. 특히 리닐슨 社의 데넵 프찰스키(Deneb Puchalski)가 하는 것처럼 숫돌을 고정시켜놓고 쓰는 트레이의 앞쪽에 잘 사용하는 연마 각도별로 나뭇조각을 붙여놓으면 모든 것을 한 번에 해결할 수 있다. 심지어 프찰스키는 3mm짜리 나뭇조각 하나를 트레이에 실로 묶어놓고 이 중 각도 연마 설정을 위해 활용하고 있다.

연마 각도는 날 끝이 튀어나와 있는 거리에 의해 결정된다. 나는 숫돌 트레이의 앞쪽에 거리별로, 즉 각도별로 나뭇조각을 하나씩 붙여놓았다. 이렇게 하면 지그의 연마 각도를 쉽고 빠르게 세팅할 수 있다.

각각의 나뭇조각에는 각도를 써두었다. 왼쪽은 대팻날용 25°와 30° 거리 세팅이고 오른쪽은 끌용 25°와 30° 거리 세팅이다(지그가 바뀌면 각도도 달라짐에 유의하자).

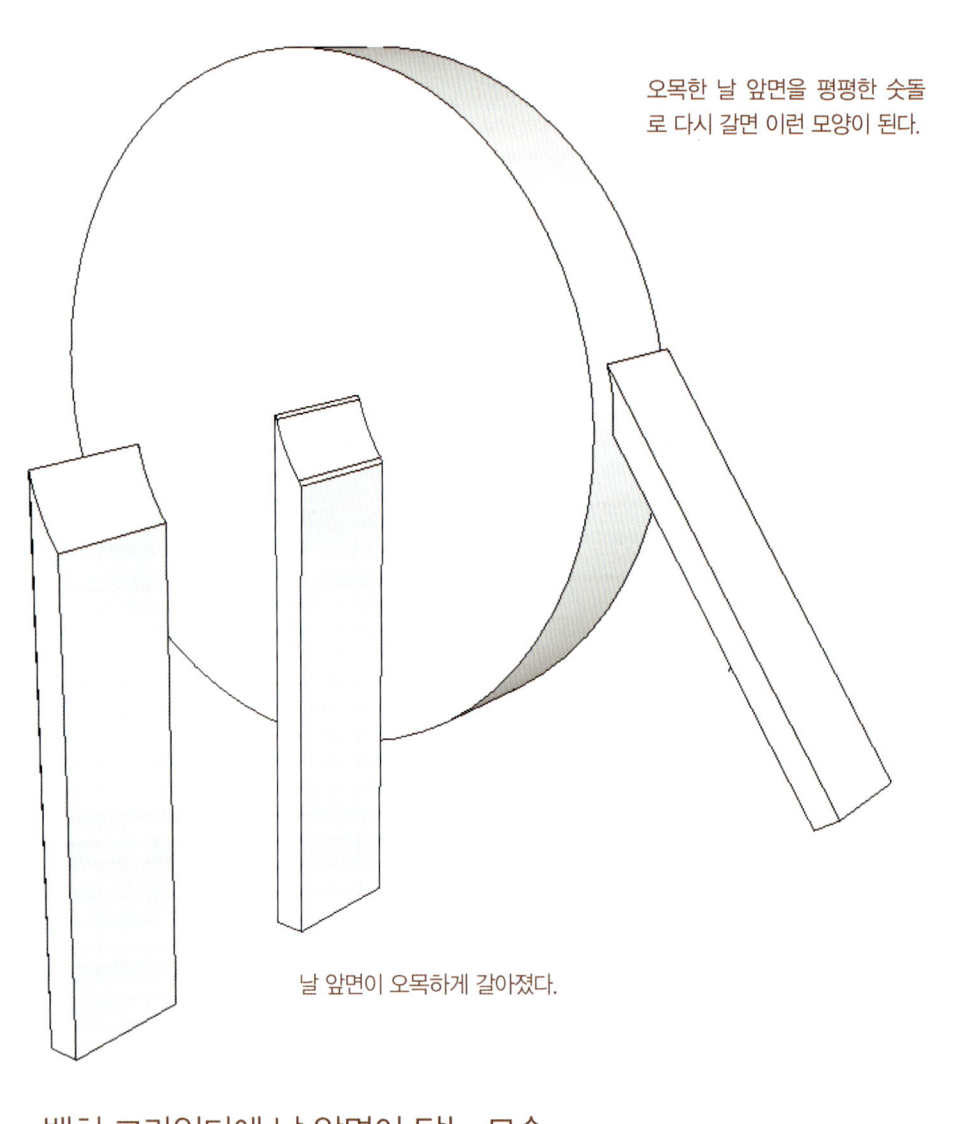

오목한 날 앞면을 평평한 숫돌로 다시 갈면 이런 모양이 된다.

날 앞면이 오목하게 갈아졌다.

벤치 그라인더에 날 앞면이 닿는 모습

그림 5-19. 벤치 그라인더를 이용하면 날의 앞쪽 경사면을 오목하게 만들 수 있다. 이렇게 생긴 날을 숫돌에 갈면 오목한 경사면의 앞쪽과 뒤쪽 양쪽에 평평한 면이 생긴다.

를 사용하느냐에 따라 다르다. 또한 지그의 종류에 따라서도 달라진다. 그러나 원리는 동일하다. 날을 기본각도보다 조금 더 들고 연마하는 것이다.

날을 계속해서 이중 각도로 연마해서 쓰다 보면 이중 각도 부분의 면적이 점점 넓어져서 더 이상 '앞날의 작은 일부분'이 아니게 된다. 이렇게 되면 날 연마를 위해 갈아내야 하는 쇠의 양이 많아지므로 연마 시간도 따라서 늘어난다. 이때는 이중 각도 부위를 모두 갈아내고 날 앞면 전체에 기본 각도면을 다시 잡아줘야 한다. 이 작업에는 다소 시간이 걸린다. 그러나 가끔 한 번씩만 해주면 한동안은 이중 각도 연마의 장점을 누리면서 편하게 앞날 면 연마를 할 수 있다.

날 앞면을 오목하게 만들어서 쓰기

날 앞면을 약간 오목하게 만들어서 쓰는 것도 일상적인 앞날 연마에 도움이 된다. 접근 방식은 다르지만 효과는 이중 각도를 활용하는 것과 거의 같다. 날 앞면을 오목하게 만드는 방법은 간단하다. 기본 각도면을 벤치 그라인더를 이용해서 연마하기만 하면 된다. 그러면 그라인더의 연마석 모양과 오목한 앞날 면이 만들어진다(그림 5-19). 앞날 면이 오목한 날을 연마하는 방법은 평평한 날을 연마하는 방법과 같다. 숫돌 위에 기본 각도면을 그대로 놓고 갈면 된다. 그러나 연마 속도는 평평한 날을 연마하는 것보다 더 빠르다. 날의 앞쪽과 뒤쪽 양 끝만 숫돌에 닿은 상태이므로 갈아내야 할 쇠의 양이 적기 때문이다. 이중 각도 연마와 마찬가지 원

날 연마 전용 공간을 마련해두기

내 연마 공간에는 날 연마를 위해 필요한 모든 것이 즉시 사용할 수 있도록 준비되어 있다.

날 연마와 관련해서 정말 권하고 싶은 것이 있다. 바로 공방 한구석에 날 연마를 위한 전용 공간을 마련해두라는 것이다. 언제든 날 연마가 필요할 때 1~2분 안에 연마를 마치고 다시 작업으로 돌아올 수 있도록 말이다. 무뎌진 대팻날을 연마하기 위해 작업대를 치우고 숫돌을 꺼내서 물에 담가두는 것부터 시작해야 한다면 날 연마를 번거롭게 여길 수밖에 없다. 반면 연마를 위해 필요한 모든 것이 늘 준비되어 있는 곳이 있다면(따로 치울 필요가 없으니 더 좋다) 날 연마는 가볍게 할 수 있는 일상적인 일이 된다.

공간이 부족하다면 간단한 이동식 트레이를 만들어서 쓰는 것도 괜찮다. 숫돌 몇 개와 그 외 필요한 몇몇 도구들을 올려놓을 수 있는 크기면 충분하다. 단, 공방의 구석진 곳이 아닌 손닿기 쉬운 곳에 트레이를 둬야 한다. 트레이를 가져오는 일이 번거롭다는 생각이 들지 않도록 말이다.

날 연마 공간에 수도꼭지까지 있으면 정말 완벽하지만 필수적인 것은 아니다. 적당한 플라스틱 통에 물을 담아서 숫돌을 담가두면 된다(가끔 표백제를 조금 넣어주면 물이끼가 생기는 것을 방지할 수 있다). 연마 도중에는 물풍기를 이용해서 숫돌에 물을 적시는 것도 좋은 방법이다.

경우에 따라 숫돌 트레이를 작업대로 가져와서 날을 연마하기도 한다. 나도 데넵 프찰스키의 방식대로 숫돌 트레이를 만들어서 사용하고 있다.

숫돌을 다시 적실 때 물풍기를 사용하면 편리하다.

날 연마하기

리다. 반면 이중 각도 연마와 달리 날이 숫돌과 두 지점에서 맞닿아 있으므로 연마하는 도중에 날의 각도를 일정하게 유지하기 쉽다는 장점이 있다. 지그를 사용하지 않고 손으로 연마하는 경우에 특히 도움이 된다. 날 앞면을 오목하게 만들어 쓰는 것과 이중 각도 연마 중 뭐가 더 좋으냐를 따지는 것은 큰 의미가 없다. 그저 다른 방식일 뿐이다. 날 끝의 각도에 차이가 있을 수 있지만 이는 방식의 차이 때문이 아니다. 각도는 기본 각도면 연마 단계에서 작업자 자신이 정하는 것이다.

손으로 연마하기

날을 손으로 연마하는 두 가지 합리적인 이유가 있다. 첫째는 더 간편하다는 것이다. 연마용 지그를 이용하기 위해서는 지그 세팅이 필요하다. 별것 아닌 일이지만 중간 단계를 거쳐야 한다는 것이 주는 번거로움이 있으며 그로 인해 날 연마를 미루어놓게 되는 경우가 종종 있다. 반면 손으로 하면 날이 무뎌지면 그냥 바로 갈면 된다.

둘째는 날을 손으로 연마하는 그 자체가 목공의 기본 역량을 향상해 준다는 점이다. 날을 손으로 연마할 수 있다는 것은 움직이는 동작 간에 손에 쥔 도구의 상태―날의 각도―를 일정하게 유지할 수 있는 능력이 있다는 것이다. 목공을 잘하기 위해 필요한 바로 그 능력 말이다. 이는 또한 감각의 문제이기도 하다. 손으로 연마를 하다 보면 날 끝이 숫돌을 파고들지도 않고 위로 들리지도 않은 상태, 날 끝에 형성된 면이 숫돌 면에 밀착된 채 미끄러지는 감각을 느낄 수 있게 된다. 그 정도로 예민해진 손끝의 감각은 목공의 다른 작업을 할 때도 큰 도움이 된다.

대팻날 앞날을 손으로 연마하는 방법을 한번 살펴보자. 날의 양옆을 오른손 엄지와 검지로 잡되 날 끝에 가깝게 잡는다(그림 5-20). 날을 숫돌에 대해 누르는 것은 왼손이다. 손가락 한두 개를 이용해서 앞날 면이 숫돌 표면에 밀착되도록 누른다. 손가락이 앞날 면 부위의 바로 뒤에 위치해 있어야 한다(그림 5-21). 날의 뒷부분을 잡는 것은 좋지 않다. 경우에 따라 오른손 새끼손가락이나 약지로 뒷부분 아래쪽을 받치는 것이 도움이 될 수는 있다. 상체는 날의 바로 위에 위치시키고 팔꿈치는 몸통에 바짝 붙인 채 자세를 고정한다. 날의 각도를 일정하게 유지한 채 앞뒤로 움직이기 위해서는 하체를 이용해야 한다. 움직임이 발가락 끝에서부터 올라와야 한다. 날을 숫돌 표면에 대해 누르는 것은 앞으로 밀 때만이다. 뒤로 움직일 때는 허리를 살짝 펴서 날이 숫돌 표면에서 살짝 떨어지게 하는 것이 좋다. 앞날 면 전체가 숫돌 표

그림 5-20. 한쪽 손으로 날의 가장자리를 쥐고 숫돌 위에 올려놓는다. 이때 앞날 경사면이 숫돌에 밀착되는 것을 느낄 수 있어야 한다.

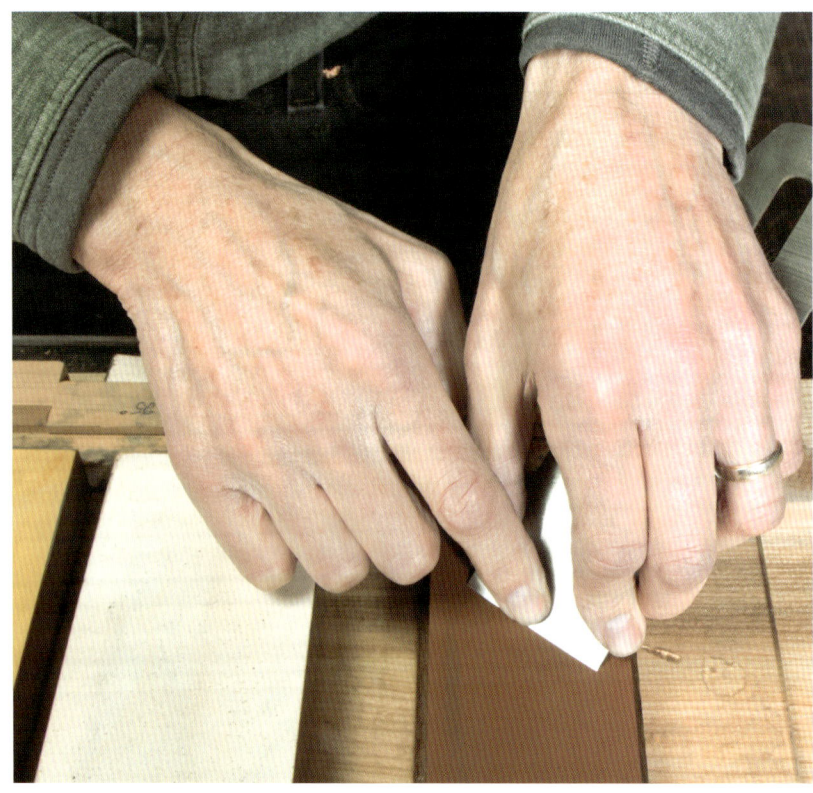

그림 5-21. 반대쪽 손으로는 경사면의 바로 뒤를 지그시 눌러 연마 동작 동안에 앞날 경사면이 숫돌에 밀착된 상태를 유지한다(보통은 손가락 두 개 이상을 이용하지만 잘 보이게끔 하기 위해 손가락 하나로만 시범을 보이고 있다).

그림 5-22. 날 연마 지그들. 각기 용도가 다 다르다. 애석하게도 만능 지그는 없다.

면에 닿은 채 미끄러지는 느낌이 있다. 그 느낌을 알아야 한다. 상체의 자세는 고정하고 날을 쥔 손의 감각에 집중한다.

지그를 이용해서 연마하기

날 연마를 위해 시중에서 판매하고 있는 날 연마 지그를 이용하는 것도 괜찮은 선택이다(그림 5-22). 날 연마를 위해 지그가 필수적인 것은 아니며, 익숙해지기만 하면 손 연마가 더 빠르고 편하다. 그러나 연마의 결과물을 보자면 지그를 이용하는 것이 더 낫다. 지그를 사용하면 날을 정확한 각도로 연마할 수 있으며 연마된 면은 완전하게 평면이 된다. 날카로움의 측면에서도 지그 연마가 손 연마보다 더 나은 것이 사실이다. 또한 언제든 일정한 수준의 연마 결과를 얻을 수 있다는 것도 장점이다.

그러나 불행히도 모든 날을 갈 수 있는 만능 지그는 없다. 대팻날 연마 용도도 만들어진 지그는 날 폭이 6mm인 끌 연마에는 맞지 않다. 그나마 다행인 것은 이들 지그가 그렇게 비싸지 않아서 용도에 따라 몇 가지를 갖추고 쓴다고 해서 지갑에 큰 부담이 되지는 않는다는 점이다.

손 연마에서 앞으로 밀 때만 날을 눌러서 연마했던 것과 달리 지그 연마에서는 앞으로 밀 때 뿐 아니라 당길 때도 날을 숫돌에 눌러서 연마할 수 있다. 지그에 의해 날의 각도가 고정되어 있기 때문이다. 손 연마에서 이렇게 하면 날 끝이 둥글려지기 쉽다. 일반적으로 양손 엄지를 지그의 측면이나 뒤쪽에 고정하고 나머지 손가락들로 날을 지그시 누른다(그림 5-23). 앞뒤 움직임은 일정한 리듬으로 한다. 손 연마에서 하체를 이용했던 것과 달리 팔동작만으로 움직여도 된다.

지그 연마에서 주의해야 할 점이 하나 있다. 거친 숫돌에서 고운 숫돌로 옮겨갈 때 지그에 묻은 숫돌 가루도 잘 닦아내줘야 한다는 것이다. 그렇지 않으면 거친 숫돌에서 갈려 나온 연마 입자가 고운 숫돌에 묻어서 연마의 품질이 떨어진다.

날 앞면을 기본 각도로 다시 연마하기

가끔 날 앞쪽의 기본 각도면을 새로 만들어줄 필요가 있다. 평상시의 앞날 연마와 동일한 방법으로도 할 수 있지만 기본 각도면을 새로 만들기 위해서는 갈아내야 하는 쇠의 양이 훨씬 많다. 이럴 때는 다소 거칠어도 빠른 방법을 적용하는 것도 좋다.

어떤 때 날의 기본 각도면을 다시 잡아줘야 할까? 대표적인 경우가 반복된 이중 각도 연마로 인해 이중 각도 부위가 너무 넓어져서 앞날 연마가 잘 되지 않을 때다. 앞날 면 전체를 기본 각도로 다시 갈아서 이중 각도 부위를 다시 조그맣게 되돌려놓아야 이중 각도 연마의 편익을 다시 누릴 수 있다. 날 끝이 심하게 손상되거나 뒷날 평을 잡다가 뒷날 끝이 둥글려져버린 경우에도 손상되거나 둥글려진 부위가 없어질 때까지 쇠를 대량 갈

그림 5-23. 날 연마 지그를 이용해서 대팻날 앞날을 연마하는 모습

아내고 기본 각도면을 다시 잡아줘야 한다. 드문 경우지만 날의 기본 각도를 변경하는 것이 목적일 때도 있다. 깎기 작업을 용이하게 하기 위해 날 각도를 낮추거나, 거친 작업에도 날 끝이 잘 무뎌지지 않게 하기 위해 날 각도를 높여서 쓸 수 있다. 베벨업플레인의 절삭 각도를 높이기 위해 대팻날의 기본 각도를 높게 만들어 쓰기도 한다.

기본 각도면을 다시 연마하는 데 최고의 도구는 벤치 그라인더다. 벤치 그라인더는 빠른 속도로 쇠를 갈아내는 것을 목적으로 설계된 도구다. 속도가 부담되지 않을 만큼의 솜씨나 적절한 지그를 갖추고 있어서 날에 열 손상을 입히지 않고 전체적으로 고르게 연마할 수만 있다면 그라인더를 사용하지 않을 이유가 없다.

더 단순하면서도 안심할 수 있는 방법은 정반 위에 거친 사포를 놓고 연마 지그를 이용해서 가는 것이다(그림 5-24). 정반은 가로 150mm, 세로 600mm 정도의 평평한 면이면 된다. 유리 정반이나 석정반이 좋고, 갖고 있는 목공기계의 주물정반을 이용해도 된다. 사포의 #120이나 #150 정도의 거친 입도를 사용한다. 쇠를 빨리 제거하는 것이 목적이기 때문이다. 가능하면 접착식 사포를 이용하는 것이 편하고 정확하다. 마지막에 더 고운 입도의 사포로 기본 각도면을 매끈하게 정리해도 되지만 이중 각도로 날을 연마해서 쓸 계획이라면 그럴 필요는 없다. 이중 각도로 날을 세울 때 날 끝부분을 다시 갈기 때문이다.

날 연마는 설명하면 할수록 더 어렵게 느껴지는 것 같다. 실제로 해보면 그다지 어려운 일이 아닌데 말이다. 다만 처음부터 비싼 날로 자기의 연마 실력을 시험해보지는 말자. 저렴한 끌을 하나 사서 끌이 다 닳도록 연습하면 날 연마가 더 이상 어렵게 느껴지지 않을 것이다.

그림 5-24. 정반에 사포를 붙여서 대팻날 앞날을 기본 각도로 다시 연마하는 모습. 날 연마 지그도 같이 사용하는 것이 좋다.

Section II

작업의 목표를 이해하기

Chapter 06

측정과 표시

작업 계획과 준비를 끝내고 질적인 목표 수준도 명확히 했다면 종이 위의 계획을 나무로 옮겨놓을 때가 됐다. 계획에서 실물로의 전환은 측정과 표시로 시작한다. 이후의 모든 작업은 이 단계에서 이루어진 표시를 따라 진행된다. 따라서 정확하게 재서 표시하는 것이 중요하다.

그런데 이것이 말처럼 단순한 일이 아니다. 우리의 목표는 표시가 아니라 작업을 정확하게 하는 것이다. 따라서 필요한 것은 정확한 표시가 아니라 정확한 작업을 위한 적절한 표시다. 측정과 표시는 그 자체로 오차의 가능성을 내포한 행위다. 따라서 절대적으로 정확한 표시란 없다. 그러나 작업 목표에 알맞은 적절한 표시는 가능하다. 이 말이 이해되는가? 그렇다면 작업도 정확하게 할 수 있을 것이다.

그림 6-1. 읽고자 하는 눈금의 바로 위에서 읽으면 26/32인치로 읽힌다.

눈금자의 문제

정확한 작업을 위해 가장 먼저 고쳐야 할 것은 자의 눈금에 집착하고 의존하는 습관이다. 물론 자 없이 목공 작업을 할 수는 없으며 '두 번 재보고 한 번 자른다'가 목공의 금언임을 부인하는 것이 아니다. 그러나 눈금자는 늘 주의해서 사용해야 한다. 눈금자를 한 번 집어들 때마다 오차가 두 번씩 생기니 말이다. 눈금자에 대한 이런 시각이 처음에는 낯설 수 있다. 그러나 높은 수준에 도달한 목공인 가운데 자의 눈금에 맹목적으로 집착하는 사람은 거의 없다. 목공 작업의 목표는 설계도를 한 치의 오차 없이 정확하게 실물로 구현하는 것이 아니다. 목공은 숫자와 직감이 모두 작용하는 유기적인 작업이다. 그렇다고 목공 작업이 정밀하지 않다는 것은 아니다. 그러나 이 정밀함은 숫자로 표현되는 정밀함과는 다른 뉘앙스를 갖는다.

사실 눈금자 자체에는 아무런 문제가 없다. 오차는 언제나 사람 때문에 생긴다. 우선은 자의 작은 눈금 단위들이 잘 읽히지 않는다. 눈금이 22mm인지 23mm인지 헷갈리는 경우가 생각보다 많다. 인치 단위 자는 문제가 더 심각하다. 분자와 분모가 머릿속을 맴도는 와중에 7/16인치를 5/16인치로 읽는 경우가 허다하다. 보는 각도의 차이(parallax)로 인한 측정 오차도 있다. 읽고자 하는 눈금의 수직 바로 위에 눈을 위치시켜서 읽어야 하는데, 그렇지 않을 때 발생하는 오차다(그림 6-1, 6-2). 줄자는 걸쇠를 나무에 어떻게 거느냐에 따라 측정 결과가 달라지곤 한다. 그래서 걸쇠를 사용하지 않고 줄자의 중간, 예를 들어 1인치 눈금부터 시작해서 부재의 길이를 재기도 하는데, 잰 수치에서 1인치를 빼는 것을 깜박하는 것도 자주 있는 일이다(그림 6-3). 직자를 이용할 때도 끝부분에 주의를 기울여야 한다. 자의 끝과 부재의 끝을 정확하게 딱 맞춰서 대는 것은 생각보다 쉽지 않다.

그 외 mm와 cm 단위를 헷갈린다거나 자릿수 반영을 잘못하는 경우도 많으며, 인치 자의 경우 분수 계산을 실수해서 수치를 잘못 읽는 경우도 많다. 이와 같은 실수를 최소화하기 위한 몇 가지 방법이 있다. 우선 인치 단위보다 미터 단위를 사용하길 권한다(미국에서는 대부분 인치 단위를 사용한다). 분수 계산은 늘 헷갈린다. 시각의 차이로 발생하는 오차는 두께가 얇은 자를 사용함으로써 최소화할 수 있다. 눈금이 보다 선명하게 각인된 자를 사용하는 것도 도움이 된다.

그러나 눈금자를 사용하는 한 실수와 오차도 따라오게 되어 있다. 근본적인 해결 방법은 눈금자를 가능한 사용하지 않는 것이다. 목공 작업에서 눈금자 사용을 최소화하려면 어떻게 해야 될까?

기존 부재를 이용해서 새 부재에 가공 위치 표시하기

작업이 진행 중이라면 기존 부재를 이용해서 관련된 부재의 크기를 맞출 수 있다. 이 말은 만들어져 있는 부재의 크기를 자로 재서 그 수치대로 새 부재를 자르라는 뜻이 아니다. 기존 부재를 직접 이용해서 치수 표시를 하거나 가공을 위한 기계 설정을 하라는 뜻이다. 서랍 앞판을 자를 때는 부재를 서랍이 들어갈 구멍에 직접 대어봄으로써 정확한 재단 위치를 표시할 수 있다. 여기에 눈금자는 필요 없다. 실수로 테이블 다리가 하나 더 필요하게 됐다면 기존 다리 중 하나를 이용해서 테이블쏘 재단 길이를 설정한다. 자와 숫자에 의존하는 것보다 훨씬 정확하다. 부재 간의 길이나 두께, 너비를 비교할 때는 자로 재서 확인하는 것보다 서로 대보고 눈과 손으로 확인하는 것이 더 정확하다.

시험 재단을 통해 크기 맞추기

작업의 정확도를 높이는 또 다른 방법은 못 쓰는 나뭇조각으

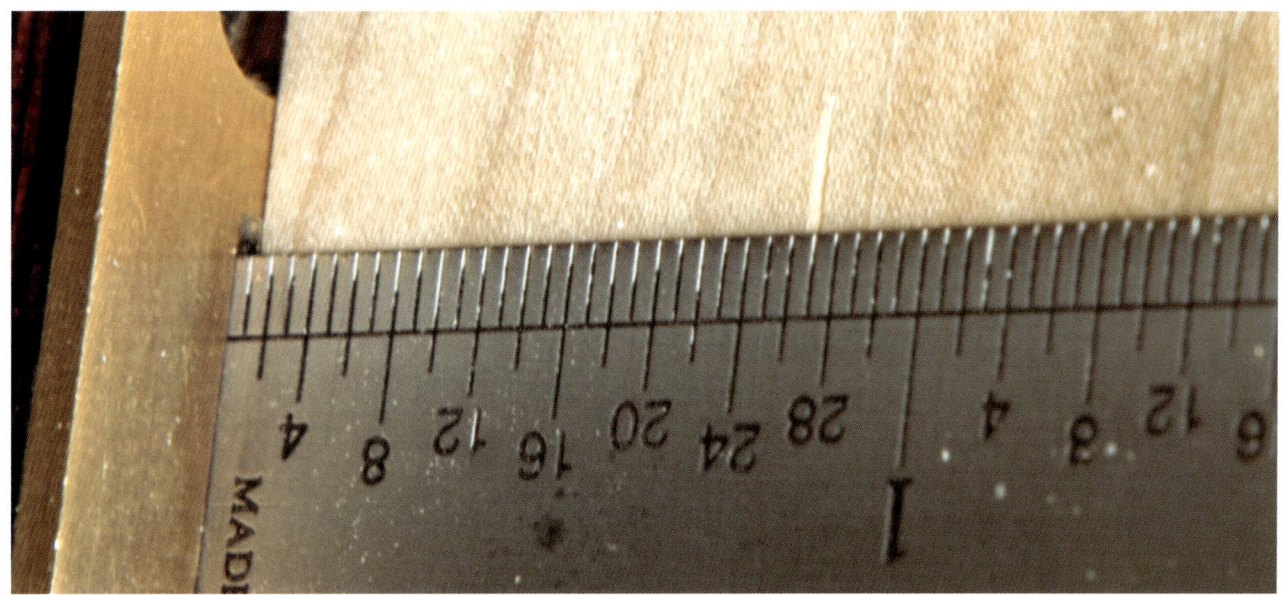

그림 6-2. 이번에는 같은 눈금이 27/32인치로 읽힌다. 눈금자의 눈금은 보는 각도에 따라 다르게 보인다.

로 시험 재단을 먼저 해보는 것이다. 이를 통해 실제 재단을 하기에 앞서 재단 크기를 정확하게 설정할 수 있다. 부재가 어느 틈 사이에 딱 맞게 들어가야 한다면 못 쓰는 나뭇조각으로 먼저 잘라봐서 제자리에 갖다 대본다. 필요에 따라 테이블쏘의 재단 길이 설정을 조정해서 시험 조각이 제자리에 꼭 맞게 되었을 때 그 설정 그대로 본 작업을 진행한다. 만약 손톱을 이용해서 자른다면 크기를 맞춘 시험 조각을 이용해서 자를 위치를 칼금으로 표시한 뒤 선에 맞춰 자르거나 대패로 정리하면 된다.

현치도 활용하기

현치도(실물과 동일한 크기의 도면)를 가지고 있으면 가공할 부재의 크기나 각도 등을 도면으로 직접 옮겨올 수도 있다(그림 6-4). 실물을 도면 위에 올려놓아 볼 수 있는 규모의 작업에서 매우 유용한 방법이다. 현치도를 그릴 때는 눈금자가 필요할 수도 있다. 그러나 일단 완성되고 나면 그림 그 자체가 각 부재의 크기와 상대적인 결합 위치 등을 숫자보다 정확하게 알려준다.

현치도의 장점이 더 있다. 축소된 비율로 보는 것과 실제 크기로 보는 것은 다르다. 완성된 결과물이 어떻게 보일지 미리 알아보는 데 가장 효과적인 방법이 현치도를 그려보는 것이다. 이는 미관상의 문제만이 아니다. 구조적인 문제를 미리 발견하는 데 큰 도움이 된다. 작업의 중간 결과물들을 그때그때 맞춰봄으로써 작업이 문제없이 잘 진행되고 있음을 확인할 수 있다는 것도 장점이다.

스토리 스틱과 패턴 활용하기

스토리 스틱을 활용하는 것도 눈금자에 대한 의존을 줄이는

그림 6-3. 이렇게 재놓고는 잰 수치에서 1인치 빼는 것을 잊어버리곤 한다.

그림 6-4. 현치도를 이용해서 부재에 가공 위치를 직접 표시하고 있다. 복잡한 형태의 가구를 만들 때는 이렇게 하는 것이 가장 정확하다.

좋은 방법이다. 스토리 스틱은 나무판 하나에 가구 하나를 만드는 데 필요한 모든 정보—부재의 크기와 모양, 조립 위치와 결구 방식 등—를 모아서 실제 크기로 표시해놓은 것이다. 현치도와 비슷한데, 현치도가 가구의 실제 크기 2차원 투영이라면 스토리 스틱은 실제 크기 1.5차원 투영이라고 말해도 좋을 것 같다(과학적인 표현은 아니다). 스토리 스틱을 이용하는 방법은 현치도와 같다. 가구를 완성하기 위해 필요한 모든 정보를 숫자가 아닌 스토리 스틱의 그림으로부터 직접 참고하면 된다. 스토리 스틱은 반복적으로 만들게 될 가구의 정보를 기록해두기 위한 아주 좋은 방법이다. 스토리 스틱을 만드는 데는 상당한 시간과 노력이 들기 때문에 한 번 만들 가구에 활용하기에는 효율적이지 않다. 반면 같은 가구를 두 번 이상 만든다면 스토리 스틱은 보상을 받을 만한 가치가 있다.

스토리 스틱을 활용하는 데 정해진 규칙은 없다. 일반적으로 수납장 제작 용도의 스토리 스틱은 두께 6mm, 폭 100mm 정도의 합판으로 만드는데, 길이는 수납장 긴 변의 길이보다 조금 더 길면 된다(그림 6-5). 수납장을 만들기 위해 필요한 정보는 높이 방향의 정보와 너비 방향의 정보로 구분된다. 따라서 합판의 한쪽 모서리에 몰딩의 모양이나 판재의 두께, 결합 위치나 방식 등의 디테일 등 높이 방향의 정보를 실제 크기로 그려서 표시하고, 다른 쪽 모서리에 칸막이의 위치나 문짝과 같은 가로 방향의 정보를 실제 크기로 그려서 표시하면 훌륭한 스토리 스틱이 하나 만들어진다. 스토리 스틱은 목선반 작업에서도 유용한데, 특히 동일한 모양을 여러 개 깎아야 하는 작업이라면 거의 필수적이다. 목선반 작업용 스토리 스틱은 합판의 한쪽에 깎을 단면의 모양을 실제 크기로 그리고 주요 지점 몇 군데의 치수(직경)를 기입하는 방식으로 만든다(그림 6-6). 합판의 가장자리에서 주요 지점에 해당되는 위치에 연필을 댈 수 있는 작은 홈을 파놓으면 부재에 주요 포인트를 옮겨 그리기가 더 쉽다. 스토리 스틱의 끝에 부재의 끝에 갖다 대기 좋도록 작은 못을 하나 박아놓기도 하는데, 이렇게 하면 불과 수 초 안에 정확하게 표시를 끝낼 수 있으며 완벽하게 동일한 표시를 반복해서 할 수 있다.

스토리 스틱 뒤쪽에는 작업의 이름과 날짜를 적어서 식별 가능하게 해두고, '버리지 말 것'이라고 크게 적는 것도 좋다. 스토리 스틱을 다른 못 쓰는 나뭇조각들과 함께 폐목재 상자에 넣는 일이 없게 하려면 말이다. 한쪽 끝에 구멍을 뚫어서 벽에 걸어두는 것도 좋은 방법이다.

곡선 부재의 크기와 모양을 기록할 때는 스토리 스틱의 곡선 버전이라고도 할 수 있는 패턴을 이용하는 것이 가장 편리하다. 패턴 한 세트면 입체적인 의자의 제작 정보—형태뿐 아니라 결합 방식의 디테일까지—를 모두 담아낼 수 있다. 패턴의 사용은 스토리 스틱보다 더 직관적이다. 부재에 패턴을 직접 대고 모양을 옮겨 그리면 된다. 패턴의 장점이 또 있다. 패턴을 만드는 단계에서 곡선을 미리 한 번 가다듬게 된다는 것이다. 사소해 보이지만 본 작업에서 하게 될 노고를 대폭 절약해주는 효과가 있다.

패턴은 보통 4~6mm 합판으로 만드는데, 나는 투명한 아크릴로 만드는 것을 더 선호한다. 투명한 패턴을 이용하면 나뭇결을 보면서 부재에 모양을 그릴 수 있기 때문이다. 투명한 패턴을 사용하더라도 부재의 반대면은 볼 수 없으니 반대면도 확인하는 것을 잊어선 안 된다. 패턴을 나중에 다시 사용할 계획이라면 작업의 이름과 날짜 등을 잘 표시해둔다. 몇 년이 지나면 무엇에 썼던 패턴인지 기억하지 못할 것이다(그림 6-7).

작업 방식에 알맞게 표시하기

표시는 작업 방식에 맞게 이루어져야 한다. 수공구를 이용한 작업은 가공 부위마다 정확하게 표시된 선이 필요하다. 반면 가공에 기계나 지그를 활용한다면 부재마다 일일이 선을 다 그리는 것이 시간 낭비일 뿐인 경우가 많다.

수작업은 부재에 그려진 선에 의거해서 이루어진다. 따라서 모든 가공 지점에 정확한 기준선이 있어야 하고 이 기준선에 맞춰서 톱질, 끌질, 대패질을 한다. 반면 기계 작업은 기계의 설정에 따라서 이루어진다. 한 번만 설정하면 동일한 가공을 얼마든지 반복해서 할 수 있다. 따라서 기계 작업에서는 부재에 표시를 하는 목적이 기

그림 6-5. 스토리 스틱을 활용해서 만든 캐비닛

그림 6-6. 목선반 작업을 위한 스토리 스틱. 연필을 대고 그리기 좋도록 치수 표시 지점마다 스토리 스틱의 가장자리에 작은 홈을 파놓았다. 스토리 스틱의 오른쪽 끝에는 부재의 끝에 맞춰서 댈 수 있는 핀이 고정되어 있다.

계 설정을 위한 것이며, 동일한 모양과 크기로 가공할 부재가 여러 개라면 그중 하나에만 정확하게 표시하면 된다. 다른 부재는 표시가 없어도 기계 설정에 의해 똑같이 가공된다. 기계 작업에서는 오히려 다른 종류의 표시—부재 번호나 결합부의 대략적인 위치, 방향 등 뭐가 뭔지를 쉽게 알아볼 수 있도록 하는 표시—가 필요하다. 잠깐의 착각으로 엉뚱한 곳을 잘라버리면 곤란하니 말이다. 이런 표시를 하는 데 눈금자는 필요 없다.

눈금자 외의 측정 및 표시 도구들

눈금자 외에도 다양한 측정 및 표시 도구가 있다. 용도에 맞게 제대로 사용하면 측정의 정밀도를 높이거나 표시를 정확하고 반복적으로 하는 데 도움이 된다.

버니어 캘리퍼스는 정확한 측정을 위한 훌륭한 선택이다. 이왕이면 디지털이나 다이얼 방식이 더 좋다. 측정값을 더 빠르고 정확하게 읽을 수 있기 때문이다(그림 6-8). 버니어 캘리퍼스를 이용하면 부재의 두께나 구멍의 깊이 또는 내측 거리를 정확하게 잴 수 있다. 버니어 캘리퍼스를 처음 사면 뭐든지 소수점 이하의 단위까지 재고 싶은 유혹에 빠진다. 그러나 목공 작업에서 이 정도의 정밀도가 필요한 경우는 많지 않다.

그므개는 수공구 작업에 주로 사용되지만 기계 작업을 할 때도 유용한 표시 도구다. 모서리로부터 일정한 거리를 두고 선을 그어야 할 때 언제든 사용할 수 있다. 그므개는 종류가 다양

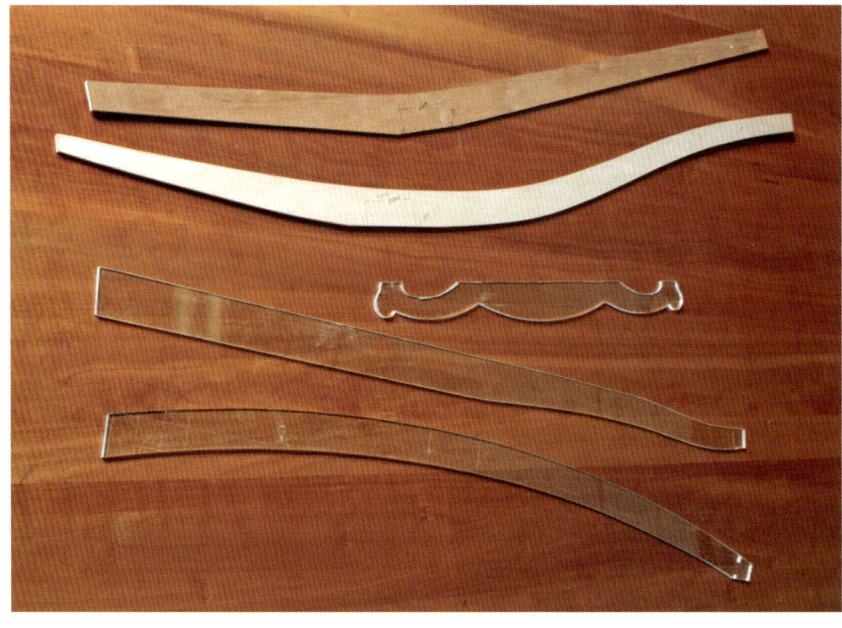

그림 6-7. 곡선 부재 가공에 활용하는 패턴들

한데, 칼날이나 커팅 디스크가 달려 있는 것이 활용도가 더 높다. 그므개의 표시 거리는 눈금자를 이용해서 설정해도 되고 상대 부재에 직접 대어보고 설정해도 된다. 마이크로미터와 유사한 조정 방식을 채택한 제품도 있는데, 이런 그므개는 표시 거리 설정 및 미세 조정이 대단히 편리하다(그림 6-9).

눈금 수치에 의존해서 작업하는 것은 목공의 역사에 비추어 봤을 때 비교적 최근에 생겨난 경향이며 거리를 재거나 표시하는 전통적인 방식은 디바이더를 사용하는 것이다(그림 6-10). 디바이더를 사용하면 어느 한 부위의 치수를 정확하게 재서 다

그림 6-8. 다이얼 캘리퍼스를 이용하면 측정의 정확도를 높일 수 있다. 그러나 모든 것을 다이얼 캘리커스로 재려고 하지는 말자.

그림 6-9. 마킹게이지를 이용하면 분명하고 정확한 선을 반복적으로 표시할 수 있다.

른 곳으로 옮겨놓을 수 있으며 평면 기하 작도법을 이용해서 길이나 각도를 절반으로 나눈다거나 수직선을 그을 수도 있다. 원을 그리거나 원주를 등분하는 것도 가능하다. 비례 관계를 표현하는 데 디바이더만 한 것이 없다. 가로 : 세로 비율이 5 : 3 인 직사각형을 그리는 가장 쉽고 정확한 방법이 디바이더를 이용하는 것이다. 판재의 가장자리를 따라 디바이더로 해당 횟수만큼 찍어가기만 하면 된다. 디바이더는 그 이름처럼 분할하는 데 이상적인 도구다. 주먹장 맞춤에서 테일을 등간격으로 표시할 때 매우 유용하다.

더블 스퀘어도 매우 활용도가 높은 측정 및 표시 공구 중 하나다. 직각을 확인하거나 표시하는 기본 용도 외 깊이나 두께, 또는 들여놓인 거리를 측정하거나 해당 치수를 다른 곳으로 옮겨서 표시하는 데 사용할 수 있다. 또는 판재의 모서리로부터 일정한 거리를 두고 선을 긋는 용도로 사용하기도 한다(그림 6-11).

연필 표시 작업에 특화된 직각자, 눈금자, 분도기도 있다. 인크라(Incra)社나 피나클(Pinnacle)社에서 개발해서 판매하는 제품들인데 써보면 꽤 편리하다(그림 6-12). 이들은 대게 0.5mm 샤프심에 꼭 맞도록 연필 구멍이 가공되어 있어서 눈을 찌푸리거나 돋보기의 도움 없이도 0.5mm 단위까지 편리하게 표시할 수 있다. 물론 이렇게 그은 선이 칼금만큼 정확하지는 않지만 이 정도면 충분하다.

종잇장을 이용해서 미세하게 설정 조정하기

기계를 이용하든 수공구를 이용하든 설정을 0.몇 mm 단위로 변경하는 것은 쉽지 않은 일이다. 그러나 테이프나 종이를 이용하면 문제를 간단하게 해결할 수 있다. 예를 들어 테이블 쏘의 재단 거리 장치 앞에 종이를 한두 장 끼워 넣는 식이다. 일반적으로 투명 박스 테이프의 두께가 0.05mm다. 마스킹 테이

그림 6-10. 디바이더로 등간격 표시하기

그림 6-11. 더블 스퀘어

프, A4 용지, 만 원권 지폐의 두께는 0.1mm 정도 된다. 이들을 이용하면 0.05mm나 0.1mm 단위 수준의 미세 조정이 가능하다. 트럼프 카드를 사용하는 것도 좋다. 가지고 있는 카드의 두께를 재서 카드에 써두면 된다. 이 정도 수준의 미세 조정은 다른 방법으로는 하기 힘든 일이다(그림 6-13).

간단한 지그를 활용해서 정확도 높이기

동일한 작업을 반복적으로 해야 하는 경우라면 지그를 만들어서 활용해볼 만하다. 지그라고 해서 거창하게 생각할 필요가 없다. 때로는 직사각형 나뭇조각 하나도 훌륭한 지그가 되곤 한다. 책꽂이의 선반을 좌우 동일한 간격으로 설치하기 위해 활용하는 치수목(선반 높이에 맞춰 자른 나뭇조각)이 대표적인 예다. 선반의 간격이 넓은 쪽에서부터 작업을 해오면 나뭇조각 하나만 있어도 이를 잘라가면서 모든 선반을 정확한 간격으로 설치할 수 있다.

의자 뒷다리에 장붓구멍을 파기 위해 사용하는 지그도 치수목보다 그다지 복잡하지 않다(그림 6-14). 지그에 파놓은 길쭉한 구멍은 라우터와 가이드 부싱을 활용해서 장붓구멍을 파기 위한 템플릿의 역할을 한다. 지그 끝부분에 튀어나와 있는 목심은 뒷다리를 지그의 정확한 위치에 고정하는 데 필요한 참고 지점이다. 한쪽 다리에 장붓구멍을 뚫고 난 뒤 목심을 지그의 반대면으로 밀기만 하면 반대쪽 다리에도 완벽하게 대칭이 되

그림 6-12. 인크라社의 T룰러에는 0.5mm 샤프심에 꼭 맞는 구멍이 1/64인치 간격으로 뚫려 있다.

그림 6-13. 종잇장이나 테이프를 활용해서 재단 치수 미세 조정하기

는 위치에 장붓구멍을 뚫을 수 있다. 이런 지그는 만드는 데 시간이 많이 들지 않지만, 정확한 가공을 가능하게 한다. 때문에 단 하나의 의자를 만들더라도 만들어 활용할 가치가 충분하다.

작업 방식 개선하기

작업의 전체적인 순서나 방식에 의해 작업 결과물의 정확도가 정해지기도 한다. 이 부분을 잘 이해하고 실행하는 것은 개별적인 가공을 정확하게 하는 것 이상으로 중요하다. 목공에서 중요한 것은 절대 치수가 아니라 상대 치수다. 어느 한 부재가 정확하게 800mm인지 아닌지가 중요한 것이 아니라 크기가 서로 같아야 하는 부재들의 크기가 똑같은 것이 중요하다. 가구에 들어갈 판재 10개 중 5개의 두께가 똑같아야 한다면, 이 판재들은 모아서 한 번에 작업해야 한다. 오늘 맞춘 자동 대패의 두께 설정을 내일 똑같이 맞출 수는 없다(맞출 수 있더라도 상당한 시간과 노력을 들여야 할 것이다). 테이블쏘를 이용해서 재단할 때도 마찬가지다. 다리 네 개의 길이가 700mm인지 701mm인지는 중요하지 않다. 중요한 것은 네 다리의 길이가 똑같아야 한다는 것이다. 똑같은 길이로 자르는 가장 쉬운 방법은 한 번 기계를 설정했을 때 다 자르는 것이다.

책꽂이의 양 측면에 선반을 끼우기 위한 홈을 팔 때도 이와 비슷한 접근을 할 수 있다. 홈의 위치가 아래에서부터 200mm인지 201mm인지는 중요하지 않다. 중요한 것은 좌우 대칭으로 동일한 위치에 파는 것이다. 앞서 살펴본 것처럼 치수목을 활용하는 것도 좋은 방법이지만 더 좋은 방법은 두 측판을 나란히 붙여서 고정해놓고 라우터로 한 번에 파는 것이다. 이렇게 하면 좌우 대칭으로 완벽한 홈을 팔 수 있다(측판 재단이 직각으로 잘 되어 있었다면 말이다).

두 번 재서 확인하기

자로 치수를 재야 하는 상황이라면 두 번 재보는 것이 좋다. 실수는 동일하게 반복되는 경향이 있기 때문에 같은 방식으로 두 번 재는 것보다는 다른 방법으로 재는 것이 좋다. 자의 눈금은 치수를 표시하는 기준보다는 길이를 체크하고 비교해보는 목적으로 활용하는 것이 기본적으로 좋다. 예를 들어 긴 판재에서 중심을 표시해야 할 때 전체를 1,000mm로 측정해서 500mm 지점에 중심을 표시하기보다는 한쪽에서 재서 500mm에 표시하고 반대쪽에서도 재서 500mm에 표시해서 표시된 두 점을 맞춰보는 것이 중심을 더 정확하게 찾는 방법이다.

목공에서 필요로 하는 정확도란?

초보 목공인들에게 자주 듣는 질문 중 하나가 어느 정도로 정확하게 작업해야 하는지이다. 목공 작업에서의 허용 오차가 어느 수준이라고 숫자로 딱 말할 수 없기 때문에 대답하기 곤란한 질문이다. 가구 하나를 제작하는 데도 어떤 부위의 가공은 10mm의 오차도 전혀 문제가 되지 않는 반면 다른 부위는 가공 오차를 0.02mm 이내로 맞춰야 잘된 것으로 여기기도 한다. 이처럼 작업마다 허용 오차가 달라지는 이유가 무엇일까? 이것을 이해해야 비로소 '정확하게' 목공을 할 수 있다. 작업 속도도 빨라지는데, 0.몇 mm 단위로 신경써서 해야 하는 작업과 그렇지 않은 작업을 구분해서 적절하게 작업할 수 있기 때문이다.

허용 오차가 큰 상황은 주로 두 가지 경우다. 첫 번째는 목재의 수축-팽창과 관련이 있다. 상판의 폭이 1m인 테이블을 만든다고 생각해보자. 이 상판은 계절 간에 수 cm씩 수축하고 팽창하기를 반복한다. 이런 상판의 폭을 정확하게 1,000mm로 맞추는 것은 전혀 중요한 일이 아니다. 일주일만 지나도 1,002mm로 늘어나 있을지 모른다. 허용 오차가 큰 두 번째 상황은 몇 mm가 구조상, 미관상 그다지 중요하지 않은 경우다. 앞선 예와 같은 테이블을 만들 때 상판이 다리 밖으로 튀어나와 있는 길이가 5cm냐 5.5cm냐가 중요한 경우는 거의 없다. 맨눈으로는 그 정도의 차이를 알아보는 것도 쉽지 않다.

가구에 서랍이나 문짝을 맞추는 것은 이와는 다른 수준의 정밀도가 요구되는 일이다. 서랍은 걸림 없이 넣고 뺄 수 있어야 하지만 불필요하게 좌우의 틈새를 넓게 만들어선 안 된다. 좌우 유격이 큰 서랍은 결코 고급스러워 보이지 않는다. 한편 위쪽으로는 여름철에 서랍이 위아래로 팽창해도 끼지 않도록 약간의 여유 공간을 확보해야 한다. 그렇다고 너무 많은 공간을 주면 서랍을 뺄 때 앞으로 떨어져 버리기 쉽다. 서랍 앞판을 둘러싼 틈은 상하좌우로 균일해야 하고 대칭이 맞아야 한다. 서랍이 여러 개라면 이 간격을 전체적으로도 맞춰줘야 한다. 문짝도 서랍과 마찬가지다. 틈새의 간격은 기능적 요구에 맞아야 하고 동시에 보기 좋아야 하며 전체적으로 일관되어야 한다. 간격을 정확히 얼마로 할 것인지는 이와 같은 것들을 고려해서 만들고자 하는 가구의 성격에 맞게 결정하면 된다.

짜맞춤 가공에 요구되는 정밀도는 또 다른 차원이다. 미관상의 목적뿐 아니라 기능적 이유에서도 말이다. 목공 본드는 붙이고자 하는 두 부재 사이의 틈이 크면 접착력을 거의 발휘하지 못한다. 짜맞춤 결합부 사이의 간격이 크면 본드가 잘 붙지 않는다는 뜻이다. 따라서 짜맞춤 결합부는 물리적으로 서로 꼭 물리기 위해서뿐 아니라 본드의 접착력에 의해 온전히 결합되기 위해서도 서로 꼭 맞게, 헐렁하지 않게 가공되어야 한다.

그렇다고 결합부가 너무 꽉 끼어도 문제다. 조립 도중에 나무가 쪼개져버릴 수도 있고 끼워 넣는 과정에서 본드가 접착면에서 다 밀려 나가서 본드를 바르지 않은 것과 마찬가지의 상황이 되어버리기도 한다.

따라서 짜맞춤 가공은 꼭 알맞게 해야 하는데, 0.05mm의 차이가 잘된 가공과 못된 가공을 나눈다. 그렇다고 캘리퍼스나 마이크로미터로 재어가며 작업할 필요는 없다. 결합부가 슥 빠진다면 재볼 필요도 없이 헐겁게 된 것이다.

그렇다면 어느 정도로 끼는 것이 꼭 알맞은 것일까? 주먹장 맞춤의 결합부는 나무망치로 가볍게 두드려서 맞춰 끼울 수 있는 정도면 된다. 두드릴 때 주의를 집중할 필요가 있다. 가볍게 두드려도 테일이 핀 사이로 움직여 들어가는 것을 느낄 수 있어야 한다. 소리도 많은 정보를 담고 있다. 알맞게 가공된 것을 두드려 넣는 소리는 너무 빡빡한 것을 억지로 두드려 넣을 때의 소리와 다르다. 안 들어가는 것을 억지로 두드려 넣으면 나

그림 6-14. 라우터를 이용해서 의자 다리에 장붓구멍을 가공할 때 사용하는 지그

무가 쪼개져버릴 수 있으니 주의해야 한다. 몇 번만 집중해서 해보면 어떤 정도가 적당한지 금방 파악할 수 있을 것이다. 조립에 늘 같은 망치를 사용하는 것도 도움이 된다. 조건이 같아야 더 정확하게 느낄 수 있기 때문이다.

판재를 집성하기 위해 모서리를 대패로 가공할 때도 허용 오차가 있다. 목표는 모서리의 직선과 직각을 정확하게 맞추는 것이다. 그러나 약간의 오차는 늘 생기게 마련이다. 어느 정도까지가 괜찮은 것일까? 일반적으로 판재를 집성하는 것과 동일하게 놓은 상태에서 가운데를 클램프 하나만 이용해서 조았을 때 모든 접착면이 빈틈없이 밀착되면 괜찮은 것으로 본다(이는 가공 상태를 점검하기 위한 것으로 실제 집성을 할 때는 클램프를 많이 사용해야 한다). 모서리가 직선에 가까울수록 작은 힘으로도 전체가 잘 밀착될 것이다. 가운데에 미세한 틈이 있다면 붙이려고 하는 판재의 폭에 따라 허용 오차가 달라짐을 알 수 있다. 판재의 폭이 넓으면 작은 틈도 잘 안 붙는다.

지금쯤이면 작업의 정확도가 눈금 수치의 문제가 아니라 작업 방식의 문제라는 것을 알게 되었을 것이다. 작업의 정확도를 높이기 위해서 해야 할 일은 정확한 자를 사는 것이 아니라 정확한 결과를 얻을 수 있도록 작업하는 방식을 바꾸는 것이다.

눈금자를 이용해서 등간격 분할하기

1단계: 판재의 폭을 4등분하기 위해 200mm 눈금이 판재 끝에 오도록 눈금자를 기울였다. 이렇게 하면 50, 100, 150mm 지점이 판재의 폭을 4등분하는 지점이 된다. 각 지점을 연필로 표시해둔다.

2단계: 직각자를 이용해서 앞서 표시해둔 지점에서부터 판재 끝까지 선을 긋는다.

눈금자를 이용하면 판재의 폭을 같은 간격으로 분할할 수 있다(주로 주먹장 맞춤의 테일을 등간격으로 그리고자 할 때 유용하다). 먼저 자의 한쪽 끝을 판재의 한쪽 모서리에 댄다. 그리고 판재의 다른 쪽 모서리가 눈금자의 적당한 눈금으로 읽히게끔 눈금자를 기울인다. 이때 눈금은 등분할하기 좋은 숫자면 된다. 예를 들어 4등분하기 좋은 눈금은 80이나 200 같은 숫자다. 그 상태에서 눈금자를 따라 눈금을 등분한 위치를 표시한다. 200을 4등분하는 눈금은 50, 100, 150이다. 이때 가능하면 위 사진과 같이 판재의 모서리와 나란하게 표시해주는 것이 좋다. 이제 눈금자는 떼도 된다. 남은 것은 직각자를 이용해서 표시된 분할 지점을 판재의 끝으로 옮기는 것뿐이다(만약 주먹장 테일을 그리기 위해 등분할을 하고 있다면 모든 판재에 이와 같은 방법으로 테일을 그릴 필요는 없다. 먼저 가공한 테일을 본으로 사용해서 다른 판재에 옮겨 그리면 되니까 말이다).

Chapter 07

목적에 맞는 선 긋기

정확한 작업을 위해서는 선의 의미를 이해해야 한다. 선을 정확하게 긋는 것도 중요하지만 그보다 더 중요한 것은 그 선으로 하고자 하는 작업이 무엇인지를 알고 있는 것이다. 선을 그릴 때는 이 선으로 무엇을 하고자 하는지를 염두에 두고 그에 알맞게 그려야 하며, 자를 때는 목적한 바에 따라 선의 어디를 자르면 되는지를 명확하게 이해하고 잘라야 한다. 선 자체의 정확성은 이런 기본을 다 이해하고 난 뒤에야 의미가 있다.

그림 7-1. 사포를 이용하면 연필깎이로 깎는 것보다 연필심을 훨씬 더 뾰족하게 만들 수 있다.

연필선

많은 경우 연필은 가장 유용한 선 긋기 도구다. 연필은 값이 싸며 쉽게 구할 수 있다. 연필로 나무 위에 그은 선은 대체로 잘 보인다. 연필선이 잘 보이지 않는 짙은 색의 나무라면 흰색 또는 노란색 연필을 이용하면 된다. 연필 선은 고치기 쉬울 뿐 아니라 지우기도 쉽다. 또한 마킹나이프나 송곳과 달리 선을 긋는 도중에 나뭇결을 따라 엇나가는 일도 적다.

반면 연필선은 선 중에서 정밀하지 않은 선에 속한다. 연필의 종류에 따라 차이가 있지만 일반적으로 연필로는 일정한 굵기의 선을 긋기 어렵다. 선을 그어 나감에 따라 연필이 마모되므로 연필선의 굵기가 두꺼워지는 경향이 있고, 연필을 잡는 방법에 따라서도 선의 굵기가 달라질 수 있다. 자와 연필 선 사이의 간격도 문제다. 간격 그 자체도 문제인데 연필 끝이 마모되어 뭉툭해지면 간격이 변한다는 것도 문제다.

연필을 뾰족하게 자주 깎아서 사용하면 이와 같은 문제를 최소화할 수 있다. 연필심을 #220 이상의 사포에 갈면 연필깎이로 깎는 것보다 끝을 더 뾰족하게 만들 수 있으며 잠깐 잠깐 하기에는 더 간편한 방법이다(그림 7-1). 그래도 연필심은 뭉툭해진다. 4H 연필같이 심이 더 단단한 연필을 사용하는 것도 한 방법이다. 단단한 연필은 뾰족한 끝이 더 오래 유지되는 장점이 있는 반면 선이 연하고 연필선이 나무를 약간은 패게 하는 단점도 있다.

샤프펜슬을 이용하면 선의 굵기를 일정하게 만들 수 있다. 그러나 어쨌든 선에 '굵기'가 있다. 보통은 0.5mm나 0.7mm다. 0.3mm짜리도 있는데, 선이 가늘어서 좋지만 심이 잘 부러지는 단점이 있다.

연필선에 문제가 많은 것처럼 이야기했지만 대개의 목공 작업은 연필선이면 충분하다. 연필선의 오차는 기껏해야 연필선 두께만큼이다. 요구되는 정밀도가 연필선 두께보다 높지 않은 모든 작업에서 연필선은 매우 정밀하다. 연필선은 기계 작업

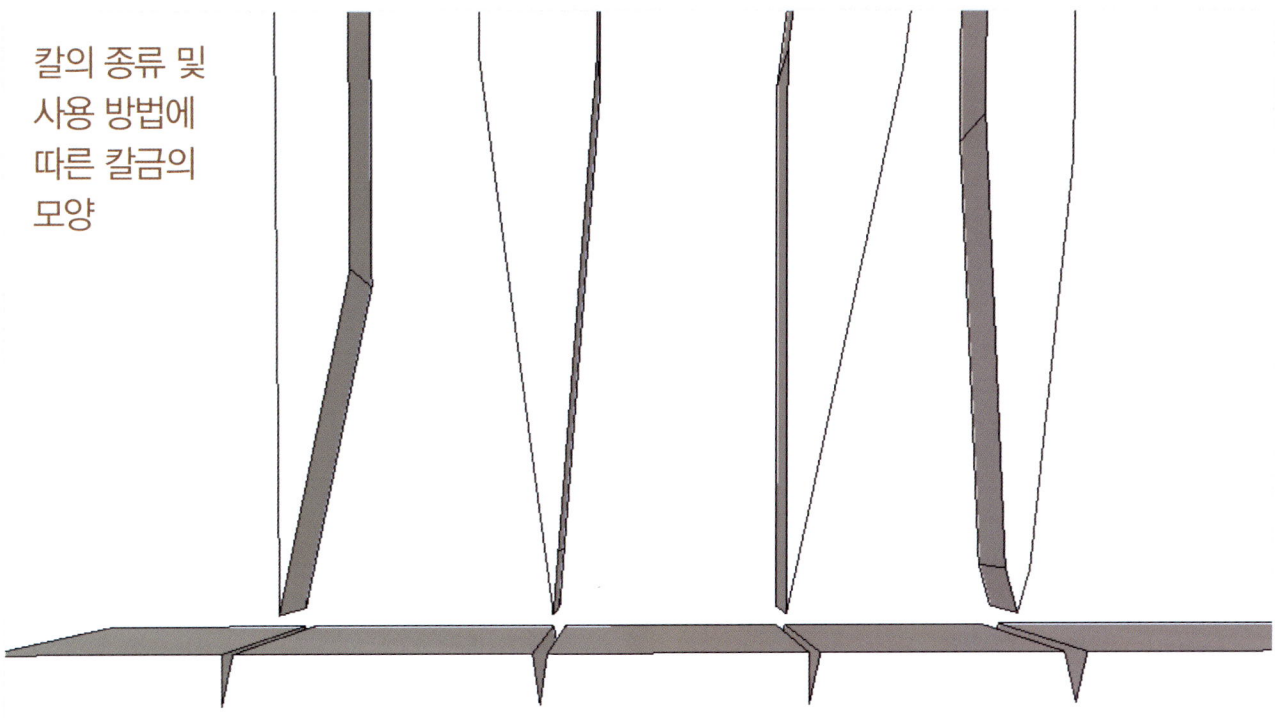

칼의 종류 및 사용 방법에 따른 칼금의 모양

한쪽에만 경사가 있는 칼날을 수직으로 세워서 선을 그으면 칼금의 한쪽은 수직으로, 다른 쪽은 바깥으로 기울어진 모양으로 나무에 표시가 된다. 수직으로 표시된 쪽이 기준선이며, 칼의 수직면을 부재의 '살릴 쪽'으로, 칼의 경사면을 부재의 '버릴 쪽'으로 보게 해서 금을 그어야 한다.

양쪽에 경사가 있는 칼날을 수직으로 세워서 선을 그으면 칼금의 양쪽 모두가 경사진 모양으로 표시가 된다. 어디가 정확한 선인지 알 수가 없다.

양쪽에 경사가 있는 칼날도 한쪽에만 경사가 있는 칼날처럼 사용할 수 있다. 칼날의 각도만큼 기울여서 쓰면 된다.

날 끝에 이중 각도가 있는 칼날로는 정확한 표시를 하기가 어렵다.

그림 7-2.

의 참고선으로도 훌륭하다. 밴드쏘로 나무를 자르기 위한 참고선으로는 연필선만 한 것이 없다. 테이블쏘에서 재단 길이를 설정할 때도 연필선이 유용할 때가 있다. 특히 부재의 길이를 어딘가에 꼭 맞춰 넣어야 하는 상황이라면 단번에 자르기보다는 재단 길이 설정을 조금씩 옮겨가며 잘라보고 맞춰보는 과정을 수차례 반복하는데, 이럴 때는 연필선이 참고하기 더 편하다.

칼금

나무에 그을 수 있는 선 가운데 가장 정확한 것이 칼금이다. 그러나 칼금도 잘 그어야 정확하고, 정확한 쪽과 그렇지 않은 쪽을 구분해서 활용해야 정확하다. 칼금은 마킹나이프를 이용해서 긋는다. 마킹나이프의 종류와 사용상의 주의 사항에 대해서는 이 책의 4장에서 자세히 살펴보았다(그림 7-2). 그런데 어떻게 긋는 것이 칼금을 잘 긋는 것일까? 마킹나이프의 단면도 끝과 마찬가지로 쐐기 모양이라는 것에 주목해보자. 쐐기를 나무에 대고 누르면 쐐기는 자체의 중심선 방향으로 나무를 파고든다. 마킹나이프도 마찬가지다. 따라서 칼금은 가볍게 그어야 한다. 힘을 많이 주면 칼날이 안쪽으로 파고들면서 대고 있던 자가 미세하게 밀린다. 칼금이 나무 표면에 대해 아래로 수직으로 그어지지 않고 그어지는 위치도 어긋난다. 칼금을 깊게 긋고 싶다면 가볍게 몇 차례로 나눠서 긋는 것이 좋다.

목공에서 칼금의 역할이 중요한 것은 정확해서만은 아니다. 칼금은 그 자체가 작업 결과물의 모서리가 된다. 이 말이 이해가 되는가? 주먹장 맞춤의 테일 가공에서 어깨 부위를 어떻게 가공했는지 생각해보자. 우선 칼금으로 어깨선을 정확하게 표시한 뒤 톱과 끌을 이용해서 칼금 바깥의 불필요한 나무를 제거했을 것이다. 그러고 나면 남는 것은 칼금 안쪽의 나무다. 그리고 칼금 그 자체가 테일 부재 어깨 부위의 모서리가 된다. 작업 도중에 칼금을 건드리지 않았다면 말이다. 칼금 그 자체가 작업 결과라는 말을 이해하고 나면 각종 짜맞춤 가공을 이전과 비교할 수 없을 만큼 깔끔하게 할 수 있다.

마킹나이프의 단점이 하나 있다. 선을 나뭇결과 나란하게 그으면 결에 묻혀서 잘 안 보인다는 것이다. 이럴 때 사용하면 좋

그림 7-3. 결을 가로질러 표시할 때는 침보다 칼날이 좋다.

은 것이 뾰족한 침이다. 나무에 침으로 그은 선은 칼금 못지않게 정확하며 나뭇결과 나란하게 그어도 잘 보인다. 대신 결을 가로지르는 방향으로 그을 때는 좋지 않다. 침은 나무 섬유를 자르지 못하기에 선 주위의 섬유가 지저분하게 뜯어진다(그림 7-3). 여건만 된다면 나뭇결에 맞춰서 마킹나이프와 침을 선택적으로 사용하면 좋다. 침은 장부와 장붓구멍을 표시할 때 특히 유용하다. 숫장부의 어깨 선을 제외하면 대부분의 표시선이 나뭇결과 나란하게 그어지기 때문이다. 전통적으로 장부 마킹게이지에 칼날이 아닌 침을 꽂아서 쓰는 것은 이 때문이다.

칼금이 잘 안 보인다면 칼금 위로 연필선을 한 번 더 겹쳐 그리는 것도 좋다(그림 7-4). 칼금 위로는 샤프로 그리는 것이 좋고 침으로 그은 선 위에는 뭉툭한 연필이 더 적합하다. 겹쳐서 그린 연필선은 칼금 또는 침으로 그은 선의 양 가에 두 줄로 그어지는데, 이렇게 그은 선의 장점은 단지 더 잘 보인다는 것뿐만이 아니다. 겹쳐서 그은 선을 따라 톱질을 해보면 신기하게도 톱질이 더 잘된다. 두 줄로 그어진 연필 선 중 하나는 살리고 다른 하나는 톱질해서 제거하면 된다는 구체적인 목표가 생겨서인 것 같다. 실은 선을 무엇으로 긋는지는 중요하지 않다. 중요한 것은 자기가 그은 선에 대해 어디를 잘라야 하는지를 아는 것이다. 선을 긋는 것과 자르는 것이 다른 것이 아니라 하나의 연결된 과정이라는 것을 이해해야 한다.

선의 의미를 이해했다면 이제는 연습을 할 차례다. 어디를 잘라야 할지를 안다고 해서 거기를 자를 수 있는 것은 아니기 때문이다. 실제 톱질에서는 톱날 자체가 아닌 톱이 만들어내는 빈 공간(kerf)에 집중해야 한다. 대부분의 톱날에는 날어김이 있어 톱날 두께보다 약간 더 넓은 공간이 만들어진다. 이 공간이 선의 바로 옆을 따라가야 한다. 칼금의 경우 목표가 분명하다. 칼금에는 너비가 없기 때문이다. 연필선은 조금 더 복잡하다. 어떤 사람들은 연필선의 가운데를 가르는 것을 좋아하고 다른 사람들은 연필선의 옆을 스치는 것을 좋아한다. 그러나 어떤 경우든 톱이 만드는 공간이 선을 넘어가서는 안 된다.

선을 넘어가서는 안 된다는 생각에 선에서 어느 정도의 여유를 두고 톱질하는 경우가 많다. 이것은 좋지 않은 습관이다. 이렇게 하면 후속 작업이 늘어날 뿐 아니라 톱질의 정확성이 떨어진다. 선에서 멀리 자를수록 일정한 거리를 두고 자르기가 어렵다. 오히려 선에 최대한 가깝게 붙여서 자르는 것이 더 쉽다(그림 7-5). 정말 아무렇게 잘라도 되는 경우가 아니라면 최대한 선에 가깝게 자르는 습관을 가지는 것이 좋다.

그림 7-4. 칼이나 침으로 그은 선 위로 연필선을 겹쳐 그리면 선이 잘 보일 뿐더러 톱질도 잘된다.

그림 7-5. 선에 바짝 붙여서 자를 때 작업의 정확도도 높아진다.

Chapter 08

평면, 직선 그리고 직각

직선과 직각을 맞추는 것은 가구 제작의 기본이다. 그리고 그 이전에 사용하고자 하는 판재가 평평해야 한다는 것은 두말할 필요가 없다. 그런데 가구의 표면을 평평하게 만들고 가구의 모서리를 직선으로, 코너를 직각으로 맞추는 일은 사실 대단히 어렵다.

가구가 평면, 직선, 직각에서 멀어지게 하는 원인은 도처에 널려 있다. 가구 제작 과정 전반에 걸쳐서 말이다. 우선 직선 또는 직각 가공이 되도록 기계를 설정하는 것이 쉽지 않으며(어떤 기계에서는 애초에 불가능할 수도 있다), 잘 맞춘 설정도 사용하다 보면 수시로 틀어지곤 한다. 도구나 지그를 종종 떨어뜨리는 것도 문제다. 한 번 떨어뜨릴 때마다 도구와 지그의 정확도도 떨어진다. 완벽하게 설정된 최고의 기계가 있다고 해도 사람이 하는 실수는 어떻게 할 수가 없다. 실은 많은 경우 기계보다 사용자가 더 문제다. 작업 부재와 기계의 펜스 사이에 낀 나무 가루도 직각이 맞지 않게 만드는 주요한 요인 중 하나다. 그런데 보다 근원적인 문제는 나무 자체에 있다. 나무는 가만히 있지를 않는다. 일상적인 수축-팽창으로 인한 치수와 형태 변화도 문제이지만 가공 중에도 변형이 일어나곤 한다. 변형이 일어난 나무로 평면, 직선, 직각을 맞춰서 부재를 준비하는 일은 쉽지 않다. 그리고 부재 각각의 직선, 직각이 맞다고 해서 가구의 직선 직각이 맞으리라는 보장은 없다.

가구의 평면, 직선, 직각을 맞추려면 가구 제작의 전 과정에 걸쳐서 평면, 직선, 직각을 지향해야 한다. 어느 한 단계에서 맞추고 끝낼 수 있는 문제가 아니라는 뜻이다. 직선으로 맞춰 놓은 모서리가 5분 뒤에 직선이 아닐 수 있는 것이 가구 제작이다. 직선과 직각에서 벗어난 것을 내버려두고 다음 단계로 진행하면 오차가 '복리'로 쌓인다. 처음부터 끝까지 전 과정에 걸쳐서 수시로 직선과 직각을 확인하고 벗어난 부분이 있다면 그때그때 조정해줘야 한다. 그렇게 한 뒤에도 보통은 마지막에 한 번 더 조정을 한다.

테이블의 에이프런 부재는 바깥쪽 면을 기준으로 측정, 표시 및 가공을 하도록 한다. 이를 위해서는 바깥쪽 면이 어디인지 알아볼 수 있도록 미리 표시를 해둬야 한다.

테이블 상판으로 사용할 판재를 집성할 때는 삼각형 표시를 이용하면 편리하다.

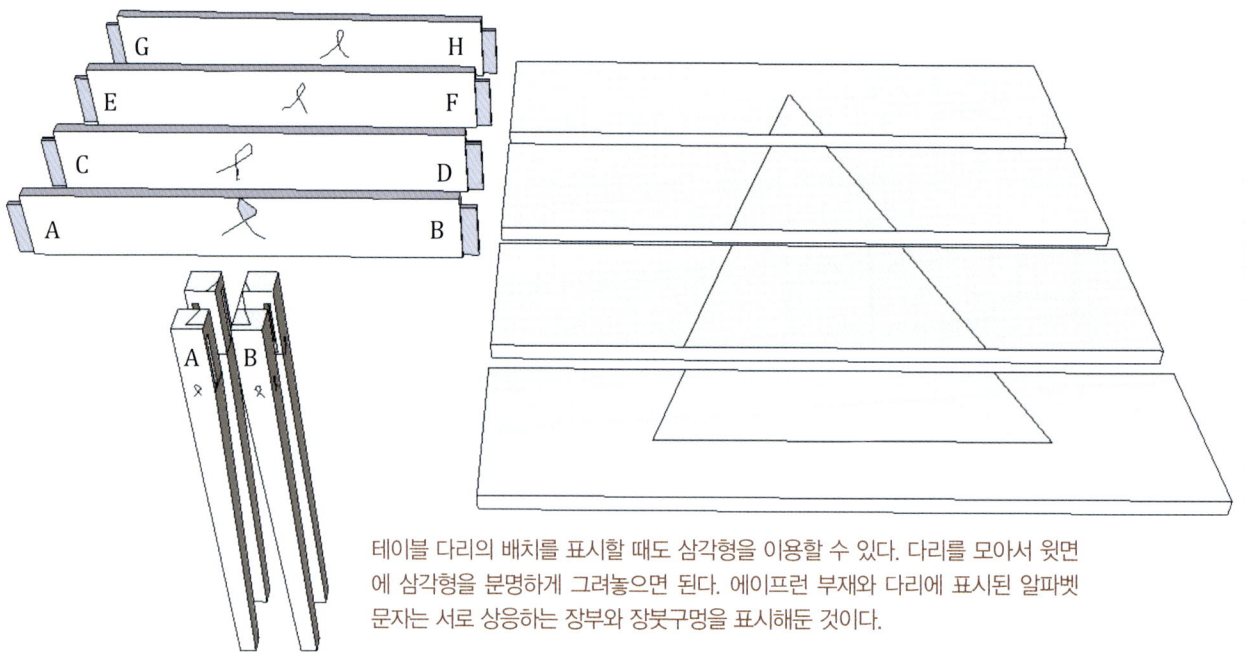

테이블 다리의 배치를 표시할 때도 삼각형을 이용할 수 있다. 다리를 모아서 윗면에 삼각형을 분명하게 그려놓으면 된다. 에이프런 부재와 다리에 표시된 알파벳 문자는 서로 상응하는 장부와 장붓구멍을 표시해둔 것이다.

그림 8-1.

처음부터, 작은 것부터 똑바로 하기

부재의 직선 직각이 맞으면 가구의 직선 직각도 맞을 것이라고 생각하기 쉽다. 그러나 반대로 생각해야 한다. 부재의 직선 직각이 안 맞는데, 가구의 직선과 직각이 맞을 수는 없다. 작업 전반부에 생긴 작은 오차가 작업이 진행됨에 따라 통제가 불가능할 정도로 큰 문제가 될 수 있는 것이 가구 제작이다. 따라서 매 단계에서 할 수 있는 최선을 다해야 한다. 그렇게 해도 나중에 수정·보완할 부분은 생긴다. 그나마 감당할 수 있는 수준에서 말이다.

시작은 부재 준비부터다. 각각의 부재를 평평하게, 일정한 두께로, 모서리의 직선과 직각을 정확하게 만드는 데 정성을 다해야 한다. 이 단계에서 들인 정성은 나중에 배로 보상을 받게 된다.

기준 면을 정하고 작업하기

가구의 직선, 직각을 맞추는 데 중요한 것이 기준 면을 정하고 이후의 가공을 일관되게 그 기준 면에 준해서 하는 것이다. 테이블 다리와 에이프런을 연결하는 장부와 장붓구멍 가공에서도 기준 면은 바깥면이다. 장부와 장붓구멍의 표시와 가공을 바깥쪽으로부터 일관되게 하면 다리의 두께 또는 에이프런의 두께가 서로 조금씩 달라도 전체 테이블의 구조와 외관에 영향을 주지 않는다(그림 8-1). 프레임-알판 방식의 문짝을 만들 때의 기준 면 역시 바깥면이다. 프레임 부재에 알판을 끼울 홈을 파거나 프레임 부재끼리의 결합을 위한 장부를 가공할 때 일관되게 바깥면을 기준으로 삼아야 전체 조립에 문제가 없다.

도구의 세팅 상태 확인하기

나무로 작업을 시작하기 전에 확인해둬야 할 것이 있다. 사용하려는 도구가 나무를 평면, 직선, 직각으로 만들 수 있게 잘 세팅되어 있는지다. 손대패와 같은 수공구든 테이블쏘나 수압대패와 같은 목공기계든 도구가 제역을 하려면 사용하기 전 그리고 수시로 적절한 튜닝과 세팅을 해주어야 한다. 도구의 세팅이 잘되었는지는 가공된 결과물을 통해 확인하는 것이 가장 정확하다. 기계장치나 지그 자체의 직각 및 눈금 세팅을 단순 확인하는 것으로는 충분치 않다.

평면

평면, 직선, 직각 중 가장 먼저 맞춰야 하는 것은 평면이다. 휘어진 판재의 모서리나 귀퉁이를 직선이나 직각으로 만드는 것은 어렵다. 가장 확실한 것은 사용할 판재를 직접 대패 가공해서 평과 두께를 맞추는 것이다. 그러면 사용하는 판재에 대한 확신을 가질 수 있고—판재가 완벽하지 않더라도 어느 정

손대패로 판재의 표면을 평평하게 만들기

1. 먼저 결 방향을 가로질러 대패질한다. 대패는 비스듬히 놓고 작업하는 것이 좋다.

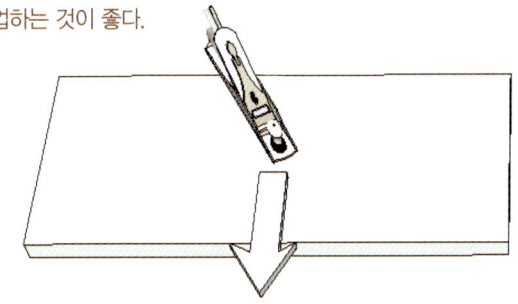

2. 한쪽 대각선 방향으로 대패질한다.

3. 다른 쪽 대각선 방향으로 대패질한다.

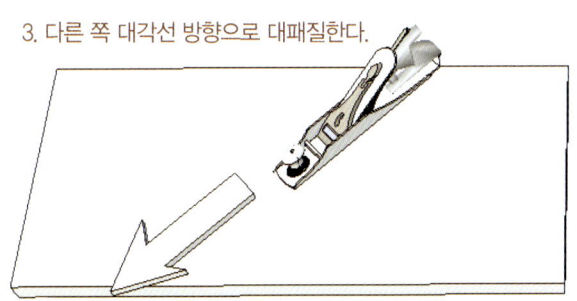

4. 마지막으로 결 방향대로 대패질한다.

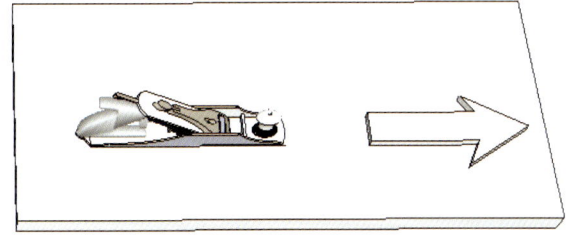

그림 8-2.

도의 문제가 있다는 것을 인지할 수 있다―그러면 후속 작업들이 더욱 수월해진다. 그러나 불행히도 항상 모든 재료를 직접 손질할 수 있는 것은 아니다. 특히 아직 목재를 손질하는 법을 모르거나 적절한 장비가 없다면 말이다. 또는 직접 작업할 수 있는 크기보다 큰 판재가 필요할 때도 다듬어진 판재를 사서 써야 한다. 판재를 사서 사용해야 한다면 최소한 평평한지는 확인하고 사야 한다. 모든 판재에 대해서 말이다. 판재를 작은 조각으로 잘라서 쓸 생각이라면 좀 덜 평평해도 괜찮다. 가구에는 부재 자체의 평평함이 특히 중요한 부위가 있기 마련이다. 문짝을 구성하는 프레임이나 접이식 테이블의 접히는 쪽 상판이 대표적인 예다.

이런 부재들을 손질할 때는 대패질을 두 차례로 나눠서 하는 것이 좋다. 처음 대패질을 할 때는 일반적으로 하는 것처럼 한다. 수압대패로 한쪽 면의 평을 잡은 후 자동 대패로 반대쪽도 깨끗한 평면으로 만든 뒤 위아래를 바꿔가며 두께를 줄여 나간다. 단 최종 목표 두께보다 3~4mm 여유(작업 규모에 따라 적당한 여유 두께는 다를 수 있다)를 남겨두고 작업을 멈춘다. 일차 대패질한 목재는 당분간 내버려둔다. 통풍이 잘되게 해서 가구가 최종 사용될 곳의 조건과 비슷한 실내에 두는 것이 좋다. 추가적인 건조와 변형을 통해 목재가 새로운 균형 상태에 도달하면 다시 수압대패로 평을 잡는 것부터 시작해서 자동 대패로 최종 두께까지 정리하면 된다.

목재를 이렇게 준비하면 추가적인 변형의 확률이 현저히 낮아진다. 목재가 최종 가공되어 사용되는 상태와 유사한 조건에서 균형에 도달할 시간을 주었기 때문이다. 물론 이렇게 해도 계절 간의 수축과 팽창으로 인한 변형은 어쩔 수 없다. 그러나 최소한 가구를 만드는 며칠 동안에 판재가 휘어져버리는 일은 예방할 수 있다. 판재 집성을 잘하기 위한 첫 번째 요건이 붙일 판재 각각의 평을 잘 맞추는 것이다. 이렇게 하면 작업이 한결 수월할 뿐 아니라 집성된 판재의 전체 평도 잘 맞는다. 물론 평이 맞지 않는 판재도 도미노나 비스킷 등을 이용하면 단차가 거의 생기지 않도록 집성할 수 있다. 그러나 억지로 붙여 놓아도 판재는 원래의 모습대로 휘려고 하며 집성된 판재의 전체 평이 잘 맞지 않는 원인이 된다. 모든 판재의 평을 완벽하게 맞춘 뒤 집성을 하는 것은 불가능한 일이다. 그러나 목표는 이렇게 잡고 가야 한다. 그래야 더 평평하고 변형이 없는 판재를 얻을 수 있다.

본드가 굳고 나면 집성된 전체 판재의 표면을 다시 평평하게 만들어주어야 한다. 가장 효과적인 방법은 손대패를 이용하는 것이다(그림 8-2). 만약 넓은 드럼 샌더가 있다면 판재를 통째로 집어넣어서 면을 고를 수 있지만 평평하게 되리라는 보장은 없다. 집성 뒤에 이렇게 다시 평면을 잡아준 뒤에도 판재는 변형될 수 있다. 이것이 나무의 본질이다. 수준 높은 원목 가구는 이와 같은 나무의 성질을 감안해서 만들어진다. 적절한 연결 부속은 테이블 상판을 에이프런에 밀착시켜서 상판의 휨을 방지한다. 프레임-알판 방식의 문짝에서 프레임은 내부의 알판이 휘지 않도록 잡아주는 역할을 한다. 또한 주먹장 맞춤 방식으로 만들어진 박스 구조는 상하좌우를 구성하는 각 판재들

그림 8-3. 테이블쏘에서 직각으로 자르고자 할 때는 썰매 지그를 이용하는 것이 좋다.

이 서로를 구속해서 어느 한쪽 면이 휘어서 들뜨는 것을 방지해준다. 원목 가구에 활용되는 다양한 구조와 결합 방식들은 나무의 자연스러운 움직임에 대응하는 과정에서 발전되었다고 할 수 있다. 그러나 이와 같은 방법으로도 나무의 변형을 완벽하게 해결하지는 못하며 나중에 또다시 바로잡아야 하는 부분이 생길 수 있다.

직선

평면 다음은 직선이다. 판재의 모서리 중 최소한 한 군데는 직선이 맞아야 이 모서리를 기준으로 평행선도 자르고 직각도 자를 수 있다. 판재의 한쪽 모서리를 직선으로 만드는 방법은 여러 가지가 있는데, 그중 최소한 한 가지는 가능해야 독립적으로 목공을 할 수 있다. 이 작업에 가장 적합한 도구는 손대패(조인터플레인이 가장 좋다)와 수압대패다. 여러 방법 중 가장 정확하고 신뢰할 수 있는 방법이다. 슬라이딩 테이블이 장착된 대형 테이블쏘가 있다면 모서리를 직선으로 맞추기가 수월하다. 필요에 따라 손대패로 톱자국을 제거해야 할 수도 있지만 말이다. 썰매 지그를 활용하면 일반 테이블쏘로도 할 수 있지만 썰매 지그보다 큰 판재는 작업이 불가능하다. 적절한 가이드레일을 활용하면 원형 톱이나 라우터로도 직선을 맞출 수 있다.

직각

직각을 자르는 가장 쉬운 방법은 이 작업에 특화된 도구와 지그를 사용하는 것이다. 직각을 잘 맞춰놓은 각도 절단기는 직각을 자르기 위한 최고의 선택이다. 테이블쏘에서는 마이터가이드나 썰매 지그를 이용하면 되는데, 일반적으로 썰매 지그가 더 정확하고 안전하다. 작은 조각을 자를 때는 마이터가이드도 좋다(그림 8-3). 수작업으로 직각을 맞출 때는 손대패와 슈팅 보드를 이용하면 된다. 슈팅 보드는 부재의 끝단을 직각으로 맞추는 것뿐 아니라 부재의 길이를 극도로 세밀하게 조정하는 데 이용할 수도 있다. 게다가 손대패로 깎은 단면은 보기가 매우 좋다(그림 8-4). 대형 슈팅 보드를 이용하면 넓은 판재의 모

그림 8-4. 잘 만든 슈팅 보드를 활용하면 부재 끝을 완벽한 직각으로 맞출 수 있을 뿐 아니라 필요에 따라 부재의 길이를 0.05mm 수준의 정밀도로 맞출 수도 있다.

서로도 직각으로 맞출 수 있다. 작업의 필요에 따라 알맞은 크기로 만들어서 쓰면 된다. 이들 도구나 지그를 이용할 때 나뭇조각이나 톱밥이 부재와 가이드 펜스 사이에 끼지 않도록 주의해야 한다. 직각이 맞지 않게 하는 주요 원인 중 하나다.

짜맞춤 결합부를 가공할 때도 각 부위의 직각을 유지하는 데 주의를 기울여야 한다. 장부의 어깨는 정확하게 직각으로 가공되어야 하고 장붓구멍은 정확하게 수직 아래로 뚫려야 한다. 주먹장 맞춤의 테일과 핀도 직각이어야 할 부분은 정확히 직각으로 가공해주어야 한다. 결합부의 직각이 맞지 않고서 조립된 전체의 직각이 맞을 수는 없다.

큰 스케일에서의 직각 맞추기

가구를 제작하는 데 앞선 단계의 노력은 나중에 보상을 받게 되어 있다. 그렇다고 방심해서는 안 된다. 본드 조립 작업은 직각이어야 할 부분의 직각을 확인하고 나서야 비로소 끝난다. 큰 규모에서 직각을 확인하는 가장 좋은 방법은 줄자로 두 대각선을 재서 길이를 비교해보는 것이다(그림 8-5). 직사각형의 두 대각선의 길이가 같다는 단순한 원리를 이용한 방법이다. 직각자로 한쪽 코너를 점검하는 것은 큰 규모의 작업에서는 적절하지 않다. 무엇이든 큰 사각형 모양을 본드 조립할 때는 이렇게 대각선을 재보는 것을 습관화해야 한다. 만약 대각선의 길이가 서로 다르다면 본드가 굳기 전에 긴 대각선을 가로질러서 클램프를 대고 살짝 조여서 대각선의 길이를 맞춰야 한다. 결합부가 조금 움직이면서 찌걱 하는 소리를 들을 수 있을 것이다. 조정 후 다시 재보고 길이가 같아질 때까지 이 과정을 반복한다. 경우에 따라서 조립에 사용한 클램프의 각도를 약간 틀어 줌으로써 각도를 교정할 수도 있다(그림 8-6).

수납장 등의 가구에 문짝이나 서랍을 달 때는 가구의 수평을 먼저 맞추도록 한다. 직각을 맞춰 잘 만든 가구도 어떻게 놓는가에 따라 자체 무게에 의해 다시 비틀어질 수 있다. 따라서 가구의 수평을 맞춘 뒤 문짝이나 서랍을 달고 틈새를 조정해야 정확한 조정이 가능하다. 그런데 이렇게 맞춘 가구도 사

그림 8-5. 본드 조립 뒤에는 직각 부위의 직각 여부를 반드시 확인하도록 한다. 양 대각선의 길이를 재서 비교하는 것이 가장 좋다.

용자가 기울어진 바닥에서 사용하면 문짝의 틈새가 안 맞게 될 수 있다.

이 정도의 노력을 했다면 이제는 모든 것이 완벽하게 되었기를 기대할 것이다. 그러나 생각보다 자주 뭔가가 조금씩 틀어져 있는 것을 발견하게 된다. 그때는 그 정도에 만족할지 아니면 한 번 더 손볼지를 스스로 판단해야 한다. 아주 간단한 조치만으로 평면, 직선, 직각을 맞출 수 있는 경우가 있다. Z자 철물 하나만 추가하면 테이블 상판의 들뜬 부분을 에이프런에 당겨 붙여서 상판을 평평하게 만들 수 있을 때가 있다. 프레임-알판 방식으로 만든 문짝이 조금 틀어졌다면 솟은 쪽을 대패로 깎거나 샌딩해서 평면을 다시 맞출 수 있다. 본드 조립 뒤 서랍의 직각이 맞지 않는 것을 발견했다면 직각이 잘 맞는 밑판, 또는 서랍이 틀어진 방향과 반대쪽으로 틀어진 밑판을 끼워서 직각을 맞출 수 있는 경우도 있다. 잘 되지는 않지만 가구 본체의 직각도 이런 식으로 뒤판을 끼워서 수정하기도 한다.

가구 제작의 마지막 단계가 입구와 틈새를 맞추는 것이다. 틈새가 문짝 전체에 대해 일정하게 되도록 문짝의 가장자리를 대패질해서 맞춰야 한다. 이 단계까지 오면 문짝이 직각이냐 아니냐는 관계가 없다. 서랍 앞판의 틈새도 마찬가지다. 서랍은 달린 그 자리에서 상하좌우 틈새를 맞춘다. 그러고 나면 그 서랍은 그 자리에만 맞는 서랍이 되므로 다른 서랍과 위치를 바꿔서는 안 된다.

지금까지 살펴본 평면, 직선, 직각을 맞추고 마지막으로 틈새까지 맞추는 일련의 과정은 특별한 가구를 만들 때만 적용하는 특별한 방식이 아니라 보통의 가구를 만들 때 습관처럼 해야 하는 일임을 기억하자.

그림 8-6. 조립을 할 때 클램프로 인해 직각이 잘 안 맞게 되기도 하지만 반대로 클램프를 약간 틀어서 고정함으로써 각도를 교정할 수도 있다.

Section III

작업에서 배우기

Chapter 09

"실수하며 보낸 인생은 아무것도 하지 않고 보낸 인생보다
훨씬 존경스러울 뿐 아니라 훨씬 더 유용하다."

– 조지 버나드 쇼

실수에서 배우기

공방에서 가장 반갑지 않은 손님은 실수다. 그러나 실수는 초대도 없이 불쑥불쑥 우리의 작업장을 방문하곤 한다. 실수를 하면 시간과 재료가 더 든다. 또한 자신감도 다소 꺾인다. 게다가 우리 사회는 실수를 곱게 바라보지 않는다. 대부분의 사람들이 정도에 차이가 있을지언정 실수하는 것을 일을 그르치는 것으로 여긴다. 그러나 공방에서 가장 가치 있는 교훈을 주는 것 역시 실수다(실은 대부분의 다른 경우도 마찬가지다). 실수하길 원하는 사람은 없다. 그러나 실수 없이는 진짜 중요한 것들을 배울 수 없다. 물론 안전과 관련한 실수는 예외다. 누구나가 그런 실수를 조금씩은 저지르고 있긴 하지만 말이다. 그 이외의 모든 다른 실수들은 여러모로 가치 있다. 실수에서 뭔가를 배우기만 한다면 말이다.

우리는 늘 실수를 한다. 그것은 목공 실력의 문제가 아니다. 우리는 인간이기 때문에 실수를 한다. 이 점을 인정해야 더 나아질 수 있다. 그렇다고 실수를 방지하기 위한 노력이 필요 없다는 것은 아니다. 우리는 가능한 한 실수를 하지 않길 원하며 더 배움으로써, 또는 작업 방식이나 환경을 개선함으로써 피해갈 수 있는 실수들이 있다. 그런데 다른 종류의 실수도 있다. 새로운 것을 시도할 때 하게 되는 실수들 말이다. 목공 실력을 향상시키길 원한다면 스스로 편안하게 느끼는 방식과 영역 안에서만 작업해서는 안 된다. 실수와 실패를 감수하고 그 영역의 바깥으로 나가야 한다.

그렇다고 실수를 하는 것 자체가 가치 있다는 것이 아니다. 가치 있는 것은 실수로부터 배울 수 있는 것들이다. 우리는 실수에서 최대한 많이 배워야 한다. 어떻게 하면 실수로부터 배울 수 있는가. 가장 먼저 생각해봐야 하는 것은 왜 문제가 생겼는지다. 했어야 하는 작업 방식과 실제로 한 작업 방식에 무슨 차이가 있었는가? 왜 그런 차이가 생겼는가? 어떻게 하면 작업 방식을 바꿀 수 있는가?

자기가 주로 하는 실수의 유형을 파악하는 것도 도움이 된다. 이것은 자기의 약점이 어디인지를 아는 것이다. 그러면 약점을 보완할 수 있는 방법도 생긴다.

공방에서 일어나는 실수는 몇 가지 유형이 있다. 정말 이상한 실수를 하는 재능을 타고난 사람이 있긴 하다. 그러나 그런 실수들조차 보통은 여섯 가지 유형—개념(Concept)에서 오는 실수, 과정(Process) 실수, 실행(Execution) 과정에서 생기는 실수, 정체(Identity)를 혼동하는 것에서 오는 실수, 측정(Measurement) 과정에서 생기는 실수, 부주의(Carelessness)로 인한 실수—으로 분류할 수 있다.

개념 실수는 목공에 필요한 기본 지식—나무의 특성, 나무를 연결하는 방식과 특성, 도구의 작동 방식과 사용 방법—이 없어서 하는 실수다. 나무로 박스를 만들 때 상하좌우 판재의 결 방향을 서로 맞추지 않는다거나 책꽂이에 선반을 넣을 때 힘을 잘 견디지 못하는 방향으로 나무를 잘라서 쓰는 것이 그런 실수의 예다. 테이블을 만들 때 상판을 에이프런에 목공 본드나 나사못으로 고정해버린다거나, 프레임-알판 구조의 틀과 알판 사이에 본드를 칠하는 것도 개념 실수에 속한다. 테이블쏘에서 조기대를 이용해서 해야 하는 작업과 마이터가이드를 이용해서 해야 하는 작업을 구분하지 못해서 발생하는 실수도 개념 실수다.

개념 실수는 가장 고치기 쉽다. 배우면 된다. 가장 좋은 방법은 괜찮은 책을 한 권 정해서 꼼꼼하게 보는 것이다. 인터넷상의 자료나 영상은 지식을 체계적으로 정리하는 데 큰 도움이 되지 않을 수 있다. 전문가가 나름의 체계를 가지고 정리해놓은 책을 보는 것이 훨씬 좋다. 목공 수업에 참여하는 것도 권장할 만하다. 중요한 것은 지식을 지식에 그치게 해서는 안 된다는 것이다. 이론을 배우는 것은 실재에 적용하기 위해서다. 나무의 결합방식을 나무의 성질과 연결해서 이해하고, 이를 스스로 설계에 반영해서 제작해봐야 한다(다른 사람에게 물어봐서 얻은 답대로 만드는 것은 자신의 이해를 높이는 데 도움이 되지 않는다). 그렇게 만든 가구에는 책 한 권이 고스란히 들어가 있는 것과 같다.

과정 실수는 경험적인 지식이 부족해서 하는 실수다. 달리 말해 가구를 만드는 과정 중에 언제 무엇을 어떻게 하는 것이 적절한지를 몰라서 하는 실수다. 서랍장을 하나 만든다고 치자. 도면과 목재 재단표를 작성하고 재단표대로 부재를 모두 재단한 뒤 서랍장을 완성했는데, 서랍이 너무 작게 만들어졌다면 이것은 어떤 실수일까? 언뜻 설계나 재단을 잘못한 것처럼 보이지만 실은 작업 순서가 잘못되어서 생긴 과정 실수다. 적절한 작업 순서는 서랍장 본체를 먼저 만든 뒤 서랍을 넣을 구멍의 크기가 확정되고 나면 그에 맞춰서 서랍 부재를 재단하는 것이다.

비슷한 실수가 가구의 문짝을 맞출 때 하곤 하는 실수다. 문짝은 가구가 놓인 바닥의 수평을 확인한 후에 달고 틈새를 맞춰야 한다. 그렇지 않으면 가구가 자체 무게에 의해 약간 비틀어진 상태에서 문짝을 달고 틈새를 맞추게 된다. 이 가구를 바닥의 수평 조건이 다른 곳으로 옮겨 놓으면 틈새를 맞췄음에도 틈새가 잘 맞지 않는 것처럼 보인다. 과정상에 필요한 단계를 빼먹어서 생긴 과정 실수다.

가구 제작에는 적절한 순서가 있다. 그런데 그 순서가 모든 상황에 일률적으로 적용되는 성질의 것은 아니며 때로는 실수를 저지른 뒤에야 어떤 순서가 적절하며 어떤 순서는 맞지 않는지를 알 수 있기도 하다. 그런 의미에서 과정 실수는 몇 번이고 곱씹어봐야 한다. 그렇게 경험으로부터 배운 지식은 다른 어디에서도 배울 수가 없다.

작업을 시작하기 전에 작업의 전체 진행 과정을 미리 적어보는 것은 좋은 습관이다. 구체적인 행동 단위로 최대한 촘촘하게 적는 것이 좋다. 그 다음에는 각 작업의 선후관계를 따져본다. 빠진 부분이 있으면 보충하고 필요하면 작업의 순서를 바꾼다. 이렇게 해도 실제 작업에 들어가면 놓치거나 순서가 뒤바뀐 부분이 있을 것이다. 그러면 그 시점을 기준으로 작업 계획을 다시 수정한다. 작업이 완료되고 나면 작업 순서를 복기해봐야 한다. 처음의 계획과 다르게 작업했다면 계획이 변경된 이유를 살펴봐서(습관적으로 간과하는 부분일 확률이 높다) 다음번에 계획을 세울 때는 놓치지 않도록 신경을 써야 한다. 다른 사람이 어떻게 하는지를 살펴보는 것도 좋다. 유튜브 등의 영상이 이런 면에서는 도움이 된다. 그러나 각자가 처한 작업환경은 다 다르다. 작업 순서는 결국 자기의 경험에 의존해서 세워야 한다. 그리고 실제 작업에서의 피드백을 통해 자기의 경험을 강화하고 확장하려고 노력해야 한다.

짜맞춤 결합부, 예를 들어 주먹장 맞춤의 가공이 깔끔하게 되지 않는다면 자기가 어떤 실수를 하고 있는지 점검해볼 필요가 있다. 주먹장 맞춤의 작도법과 가공 순서가 헷갈린다면 개념 실수의 단계에 있는 것이다. 또한 작도한 선을 기준으로 어디를 자르고 끌질해야 하는지를 명확히 이해하지 못하는 것도 개념 실수에 해당한다. 그러나 이해가 명확함에도 불구하고 톱이 자꾸 선을 넘어간다면 이것은 솜씨의 부족에 기인하는 실행 실수다. 실행 실수를 바로잡기 위해서는 기초 연습이 필요하다. 잘 되지 않는 주먹장 맞춤을 계속 하면서 실망하기보다 연습용 나무에 선을 그어서 선대로 정확히 톱질하는 연습을 하는 것이 더 적절하다. 연습 이외에 실행 실수를 줄일 수 있는 묘책은 없다.

장붓구멍을 다리의 바깥쪽에 뚫는다거나 안팎을 바꿔서 홈을 파는 실수는 정체성 실수에 해당한다. 정체성 실수를 방지하는 가장 좋은 방법은 각각의 부재를 개별적으로—다리 하나를 다리 네 개 중 하나가 아니라 왼쪽 앞다리로—인식하는 것이다. 가구를 만들 때 가구의 완성된 모습을 머릿속으로 그려보면 좋은데, 부재를 준비해놓은 다음이라면 나뭇결 등 각 부재의 개별적 특징을 반영해서 구체적으로 그려보면 더 좋다.

> "과거를 기억하지 못하는 이들은 과거를 반복하게 마련이다."
>
> — 조지 산타야나

무엇이 무엇인지 알아볼 수 있도록 표시를 잘하는 것도 정체성 실수를 방지하는 방법이다. 부재의 정체뿐 아니라 위치와 방향 또한 분명히 드러나야 한다. 전통적으로는 레이아웃 삼각형을 사용해왔는데, 삼각형을 보는 것에 익숙해지면 꽤 유용한 표시 방법이다. 사실 표시 방법 자체는 중요하지 않다. 일관되고 분명하기만 하면 된다. 짜맞춤 연결부위의 경우 각각의 쌍을 맞춰서 서로 구별되게(숫자나 알파벳 등을 이용해서) 표시해주면 좋다.

측정 실수가 무엇인지는 자명하다. 눈금을 잘못 보는 것, 숫자를 잘못 읽는 것, 보는 각도가 삐딱해서 잘못 재는 것, 자 끝을 부재 끝에 정확하게 갖다 대지 않아서 잘못 재는 것, cm와 mm를 헷갈리는 것 등이 다 측정 실수다. 측정 실수는 측정할 때만 발생하지 않는다. 측정한 수치를 부재로 옮겨서 표시할 때, 기계 설정에 반영할 때 비슷한 실수가 또 발생한다. 측정은 사실 그 자체가 오차를 포함하고 있는 행위이며 측정된 숫자를 어딘가에 반영할 때 오차는 또 한 번 발생한다.

측정 실수에 대한 대책은 무엇인가? 가능하면 숫자에 의존하지 않고 작업하는 것이다. 어느 한 부재와 똑같은 길이의 부재가 하나 더 필요한 경우 기존 부재의 길이를 자로 잰 뒤 — 예를 들어 830mm라고 잰 뒤 — 새 부재를 그 길이에 맞춰서 자르기보다는 기존 부재를 직접 이용해서 기계의 재단 길이 설정을 맞추는 것이 오차의 가능성을 줄이는 방법이다. 수공구를 사용하는 경우라면 기존 부재를 이용해서 새 부재에 바로 칼금을 긋고, 그 금에 맞춰서 자르고 다듬으면 된다.

정확도가 중요한 작업에는 연필선보다는 칼금을 이용한다. 깔끔하게 그어진 칼금에 맞춰 작업하면 선의 어디쯤을 잘라야 할지 고민할 일이 없다. 물론 대개는 연필선으로도 충분하다. 그러나 연필선 두께 이상의 정밀도가 필요한 작업이라면 칼금이 정답이다.

목공을 하면서 측정을 안 할 수는 없다. 측정이 꼭 필요한 경우라면, "한 번 자를 때 두 번 재봐라"라는 금언을 따르도록 한다. 그런데 이것도 같은 자리를 같은 방법으로 다시 재기보다 다른 참고점을 이용해서 먼저의 측정 결과가 맞는지 확인하는 방식으로 재는 것이 더 좋다. 예를 들어 선반의 위치를 처음에는 아래로부터 얼마라고 쟀다면 다시 잴 때는 위로부터의 거리를 재서 치수가 맞는지 확인하는 식이다. 이렇게 하면 실수의 가능성이 훨씬 작아진다.

측정에 대한 생각을 바꿔볼 필요도 있다. 눈금자 용도가 길이 표시가 아니라 길이 비교라고 바꿔서 생각하는 것이다. 예를 들어 판재의 길이를 자로 잰 뒤 이를 절반으로 나눠서 그 수치에 해당되는 지점을 가운데라고 표시하는 것보다 그 수치에 해당되는 지점을 양쪽 끝으로부터 다 표시해놓고 이 두 점을 비교해보는 것이 판재의 진짜 가운데를 찾을 수 있는 방법이다.

판재 모서리에 등간격, 예를 들어 5cm 간격으로 표시를 할 때 자의 원점을 옮겨가며 5cm 표시하는 것도 좋지 않다. 자를 옮길 때마다 원점이 어긋날 가능성이 있고 게다가 이 오차는

가구 제작 프로젝트 가이드의 오류에 대해서

시중에 판매되고 있는 프로젝트 가이드에서 오류를 발견하는 것은 그리 드문 일이 아니므로 놀라거나 당황할 필요가 전혀 없다. 가구를 만들기 전에는 반드시 도면에 쓰인 수치를 계산기를 두들겨가며 검증해보아야 한다. 이는 단순한 숫자 검사가 아니라 만들고자 하는 가구 자체에 대한 이해를 높일 수 있는 필수적인 준비 과정이다. 오류를 발견했다는 것은 이와 같은 과정을 거쳐 만들고자 하는 가구에 대한 이해가 높아졌다는 것이니 환영할 만한 일이며, 오히려 무턱대고 남의 숫자를 믿고 나무를 자르는 것이야 말로 문제다. 숫자에 틀린 부분이 없었다고 하더라도 말이다. 그리고 중요하게 지적해야 할 점이 있다. 일단 작업이 시작되고 나면, 즉 나무를 잘라서 치수에 맞춰 정재단한 부재가 생기기 시작하면 그 다음부터는 도면이 아닌 가구에 맞춰 작업을 진행해야 한다는 점이다.

누적된다. 등간격 마킹은 실은 디바이더를 이용하는 것이 가장 정확하다. 만약 디바이더가 없거나 눈금자를 꼭 이용해야 한다면 자는 가만히 두고 5cm, 10cm, 15cm를 표시해나가는 것이 그나마 낫다. 여기에도 계산 실수 가능성이 있긴 하지만 말이다. 따라서 표시를 마친 뒤 다른 방식으로(예를 들어 반대쪽에서부터) 한 번 더 재보고 확인하는 것이 좋다.

여섯 가지 실수 유형 가운데 마지막은 부주의로 인한 실수다. 부주의 실수는 앞선 유형의 실수 대부분을 유발하는 원인이며 대개는 눈앞의 작업에 집중을 유지하지 못해서 생긴다. 부주의 실수는 피해 가기가 가장 어렵다. 부주의 실수를 방지하기 위해서는 작업에 더 집중해야 한다. 맞는 말이지만 한편으로는 공허한 말장난 같기도 하다. 작업 도중에 주의력이 흐트러지는 것을 방지하고 집중할 수 있게끔 도와주는 실질적인 방법은 없을까?

공방에는 우리의 주의를 흐트러트리는 것들이 너무 많다. 휴대전화, 가족의 호출, 회사 업무, 공구 판매 사이트, 이것만으로도 이미 큰 문제다. 일단 공방에서 휴대전화를 꺼두도록 하자. 집에 딸린 개인 작업실이라면 문 밖에 "집중해서 작업 중. 방해하지 마세요"라고 써놓는 것도 도움이 된다. 공방에 컴퓨터가 있다면 그것도 꺼두자. 이정도가 최소한의 노력이다. 그 외의 요인들은 사실 통제하기가 어렵다. 피곤하거나 허리나 손목이 불편한 것 같은 육체적인 요인, 화가 난다거나 마음이 혼란스럽다거나 하는 감정적인 요인들은 더 안 좋다. 만약 이런 내적인 요인으로 인해 작업에 집중하기가 어렵다면 그럴 때는 작업을 하지 말고 쉬어야 한다.

작업에 집중하기가 어려울 때는 할 일을 하나하나 구체적으로 적어보는 것이 좋다. 한 번에 하나씩, 여러 가지 생각할 것 없이 그것 하나만 하면 되므로 집중하기가 더 쉽다. 게다가 목록에서 완료한 작업을 하나씩 지워가는 재미도 쏠쏠하다.

도면을 그려보는 것도 작업에 집중하는 데 도움이 된다. 그림을 그리는 과정에서 각 부재의 크기와 세부사항 그리고 연결 방식들에 대해 미리 생각해봄으로써 작업에 대해 더 잘 이해한 상태, 더 잘 준비된 상태로 실제 작업을 시작할 수 있다. 도면을 잘 그리고 못 그리고는 관계없다. 종이에 그렸는지 컴퓨터로 그렸는지도 중요하지 않다. 도면을 그리는 중에 부지불식간에 하게 되는 작업에 대한 생각 그 자체가 중요하다. 누군가의 도면을 보고 따라 만드는 경우에도 자기가 직접 한번 그려볼 필요가 있다.

간단한 조언이 하나 더 있다. 집에 갈 무렵 — 기운이 떨어지고 시간에 쫓기는 무렵 — 에 집중해서 해야 하는 일을 새로 벌이지 말라는 것이다. 예를 들어 오후 다섯 시에 가구의 본드 조립을 시작하는 것은 좋은 생각이 아니다. 새로운 작업, 중요한 작업, 정교한 작업은 여유를 가지고 집중할 수 있는 시간대에 하는 것이 좋다. 반대의 경우도 있다. 작업을 하다 보면 집중이 매우 잘되는 때가 있는데, 이런 시간은 최대한 이용해야 한다. 계획된 시간, 작업 분량이 다 되었다고 손을 놓지 말고 높은 집중 상태에서 하는 작업을 조금 더 즐기도록 한다.

목공에서의 실수는 한 시점, 한 부분에 그치지 않으며 적절한 조치를 취하지 않으면 후속 작업에 지속적으로 영향을 미친다. 작업의 초반에 잘못된 무언가로 인해 이를 수습하느라 계획과는 점점 더 다른 방향으로 작업을 하게 된 경험이 한두 번쯤 있을 것이다.

실수에 대처하는 방식은 두 가지다. 첫 번째는 즉시 적절한 조치를 취하고 최초의 계획대로 작업하는 것이다. 필요에 따라 잘못된 부위나 전체를 처음부터 다시 만드는 것도 선택지에 넣어두어야 한다. 이는 마음가짐의 문제이기도 하다. 무슨 일이 있어도 원래의 도면과 계획을 고수하겠다는 마음가짐 말이다. 그리고 이런 마음가짐을 가지고 있으면 실수를 잘 하지 않는다. 실수에 대처하는 두 번째 방식은 계획에 얽매이지 않고 작업이 흘러가는 대로 두는 것이다. 그렇게 해서 뭔가를 만들어낼 수 있는 것도 실력이다. 처음의 계획은 서랍을 구멍에 꼭 맞게 만드는 것이었지만 어쩌다 보니 10mm 정도 작게 만들어졌을 때, 만들어진 서랍을 치워놓고 다시 만드는 것이 아니라 서랍을 구멍에 매달 수 있는 다른 방식을 고안해서 기능을 살리고 보기도 좋게 만들어보려고 노력하는 것이다. 실수로 인해 계획과는 달라졌지만 이런 때 멋지고 기발한 디자인이 탄생하곤 한다.

실수 자체보다 실수에 대한 두려움이 더 문제가 되기도 한다. 실수하는 것이 두려워서 뭘 하지를 못하는 것 — 혹시나 뭘 잘 못 할까봐 자료를 좀 더 찾아보고, 수업을 듣고, 필요해 보이는 공구를 사고, 날을 완벽해질 때까지 연마하느라 정작 작업을 시작하지 못하는 것 — 말이다. 목공 실력이, 공방이, 도구가 완벽해지는 때란 없다. 부족하더라도 내가 가진 도구와 실력으로 많이 만들어보면 된다.

누구나 실수를 저지르면 당황한다. 이때 우리는 선택할 수 있다. 당황이 당황을 낳고 이것이 더 심각한, 때로는 위험한 실수로 이어지도록 자신을 몰아갈 필요는 없다. 그럴 땐 잠깐 숨을 돌린

실수를 부각시키는 방식으로 수선하기

목공을 시작한 초기에 나는 가구(특히 나와 가족이 쓸 목적으로 만든 가구)를 만들다 실수를 하게 되면 해당 부위를 의도적으로 눈에 띄는 나무를 이용해서 수선하곤 했다. 이런 방식에는 한두 가지의 좋은 점이 있었는데, 첫째는 실수를 기억할 수 있다는 것이었고 두 번째는 실수를 반공개적으로 드러냄으로써 실수에 대해 조금 더 편안한 생각 – 부끄러워하고 숨기려고 하기보다 건설적으로 활용할 수 있는 방법을 찾으려는 생각 – 을 갖게 되었다는 것이다. 그러다 어느 시점부터는 – 아마도 실수 자체에 얽매이지 않게 된 뒤부터는 – 실수를 하게 되면 재빨리, 그리고 실수한 부위가 눈에 띄지 않게 수선을 하고 있다.

뒤 상황을 점검해본다. 실수를 인정하고 무엇이 왜 잘못되었는지, 어떻게 하는 것이 더 나은 방법이었을지를 생각해본다. 실수를 잘못된 습관을 고치고 부족한 기초 연습을 더 하는 계기로 삼도록 한다. 실수를 수정할 방법은 찾아보면 있다. 만회가 안 되는 실수라면 해당 부재를 처음부터 다시 만들면 된다.

실수에 대한 생각을 건설적으로 바꾸는 것이 솔직히 쉽지는 않다. 실수에 대한 부담을 덜어주는 좋은 방법이 있다. 망쳐도 부담되지 않는 나무로 작업하는 것이다. 지역에 따라 '저렴하지만 쓸 만한' 부류에 속하는 나무가 있다. 또는 좋은 나무를 쓰되 한 단계 낮은 등급을 구해서 사용할 수도 있다. 이렇게 하면 비싸고 좋은 나무를 망치는 것에 대한 두려움과 긴장이 줄어들고 조금은 과감한 기술적, 조형적 시도를 해볼 수도 있다. 이를 통해 실력도 오히려 빨리 는다. 실력이 늘면 나무가 비싼 것이 아니라 나의 노력과 시간이 비싼 것이라고 느껴지는 때가 온다. 그러면 그때 좋은 나무로 바꾸면 된다.

잘못된 부위를 고치기

전문가란 단지 실수한 부위를 감쪽같이 고쳐낼 수 있는 사람이라는 말이 있다. 고개가 끄덕여지는 말이다. 그러나 이 뒤의 이야기가 더 중요하다. 실수를 만회할 수 있다는 자신감은 새로운 작업, 안 해본 방식도 두려움 없이 시도할 수 있게 한다. 이런 시도와 경험은 전문가, 이미 잘하는 사람을 더 잘하게 만든다. 잘못된 부위를 고치는 방법을 알면(고칠 수 있는 종류의 것들만이라도), 실수에 대해 좀 더 긍정적인 태도를 취하게 된다. 실수한 부위를 고쳐서 감쪽같이 만회하는 것을 목공 작업에서의 새로운 도전 과제이자 목공 실력의 표현이라고 생각하면 실수는 더 이상 부끄러워할 것이 아니다. 실수에 대해 관대해지면 새로운 영역에 좀 더 자유롭게 도전해볼 수 있다. 목공 실력도 따라서 향상된다.

실수에 대처하는 첫 번째 단계는 침착해지는 것이다. 감정적으로 들뜬 상태에서는 어떤 일도 제대로 해낼 수 없다. 본드 조립 과정에서 한 실수가 아니라면 작업대에서 일단 한 발 물러

서자(본드 조립 중의 실수라면 본드가 굳기 전 필요한 조치를 해야 한다). 마음이 조금 가라앉으면 작업대로 돌아와서 가능한 선택지를 따져본다. 가능한 모든 해결책을 검토하는 데 해당 부재를 다시 만드는 것도 늘 포함돼둬야 한다. 그러나 대부분 다시 만들지 않고도 해결할 수 있는 방법이 있다.

나무를 덧대서 잘못된 부위를 가리기

나무를 덧댐으로써 많은 것들을 숨길 수 있다. 나무 자체의 흠은 물론이고 작업 중에 떨어져 나간 모서리나 잘못 뚫은 장붓구멍도 숨길 수 있다. 작업 범위에도 거의 제한이 없다. 손톱만한 크기의 나무를 덧댈 수도 있고 부재의 한쪽 측면 전체를 덮어버릴 수도 있다.

표시가 나지 않게 잘 덧대기 위해서는 적절한 나무를 찾는 것이 가장 중요하다. 가구를 만들 때는 작업이 완료되어 가구가 공방을 나갈 때까지 잘라내고 남은 나뭇조각들을 버리지 않고 갖고 있는 것이 좋다. 뭔가가 잘못됐을 때 가구에 쓰인 나무 그 자체를 이용해서 덧대는 것이 가장 좋기 때문이다. 나뭇결의 세부에도 신경을 써야 한다. 색이나 결 방향을 맞추는 것은 물론이고 나뭇결 배열의 촘촘한 정도까지 맞춰주면 아주 좋다.

나무를 덧대는 방법은 크게 두 가지다. 첫째는 덧댈 자리를 비스듬히 파내고 덧댈 나뭇조각의 측면도 비스듬하게 만들어서 붙이는 것이다. 아래 '비스듬하게 파내서 덧대기'를 참고한다. 둘째는 덧댈 조각에 맞춰 덧댈 자리를 수직으로 파내고 조각을 끼워 넣는 것이다. 조각의 측면도 당연히 수직이어야 한다. 자세한 내용은 178쪽의 '수직으로 파내서 덧대기'를 참고한다. 결과는 어떤 방법으로 하든 좋다. 잘하면 말이다. 다만 작은 크기의 덧대기라면 비스듬하게 파내서 덧대는 것이 좀 더 수월하고 본드 자국도 덜 생기는 것 같다. 그러나 넓은 면적을

비스듬히 파내서 덧대기

둥근 끌 하나와 약간의 눈썰미만 있으면 손쉽게 해볼 수 있는 표면 수선 방법이, 수선할 부위를 비스듬하게 파낸 뒤 역시 비스듬하게 파낸 다른 나뭇조각으로 덧대는 것이다. 끌질 두 번이면 해당 부위를 도려낼 수 있고 또 두 번이면 덧댈 나뭇조각을 만들 수 있다. 이 때 적당한 눈썰미가 있다면 최대한 비슷한 나뭇조각(색깔, 나뭇결 등)을 구해서 최대한 서로 짝이 맞게 만들 수 있을 것이다. 도려낸 자리와 덧댈 나뭇조각이 서로 잘 맞으면 목공용 접착제를 발라서 붙인 뒤 완전히 마르길 기다렸다가 대패나 끌, 또는 사포로 표면을 정리하기만 하면 된다.

1. 실수나 나무 표면에 흠이 있는 부위의 한쪽을 둥근 끌로 파낸다.

2. 반대쪽으로도 파내서 럭비공 모양의 조각을 도려낸다.

3. 비슷한 색깔과 무늬의 나무로부터 덧댈 나뭇조각을 같은 방식으로 파낸다. 이때 나뭇결도 신경을 쓴다.

4. 나뭇조각을 수선할 부위에 목공용 접착제로 붙인다.

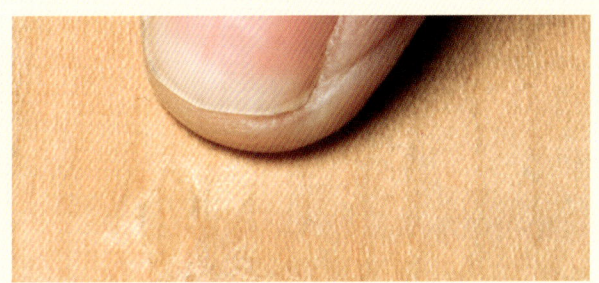

5. 표면 위로 튀어나온 부위를 정리하고 나면 감쪽같다.

수직으로 파내서 덧대기

수직으로 파내서 덧댈 때에는 비스듬하게 파내서 덧댈 때와 달리 덧댈 나뭇조각을 먼저 만들어야 한다. 그런 다음 수선할 부위에 소량의 목공용 접착제로 나뭇조각을 붙이고, 테두리 경계선을 마킹나이프로 정확하게 표시한다. 이제 나뭇조각을 떼내고 트리머에 0.8mm나 1.6mm 일자 비트를 장착해서 표시된 내부를 파낸다. 칼금에 최대한 가깝게 파내되 칼금을 절대 넘어가지 않도록 한다. 트리머로 정리되지 않은 부분은 끌이나 조각도로 칼금에 맞춰 깔끔하게 정리한다. 마침내 나뭇조각을 파낸 자리에 붙일 수 있게 됐다. 접착제가 마르면 튀어 나온 부분을 정리하면 된다.

1. 덧댈 나뭇조각을 수선할 표면에 대고(목공용 접착제로 살짝 붙이면 좋다) 마킹나이프를 이용해서 조각의 가장자리를 따라 정확하게 표시한다.

2. 나뭇조각을 떼내고 칼금이 잘 보이도록 연필로 겹쳐서 다시 그린다.

3. 트리머나 드레멜 등의 상감용 0.8mm 일자 비트를 이용해서 표시한 선 내부를 파낸다. 이때 선을 넘어가지 않는 범위에서 최대한 선에 가깝게 작업하고 미진한 부위는 끌이나 조각도로 선에 맞춰 정리한다.

4. 목공용 접착제를 충분히 바른 뒤 덧댈 나뭇조각을 끼워 넣는다.

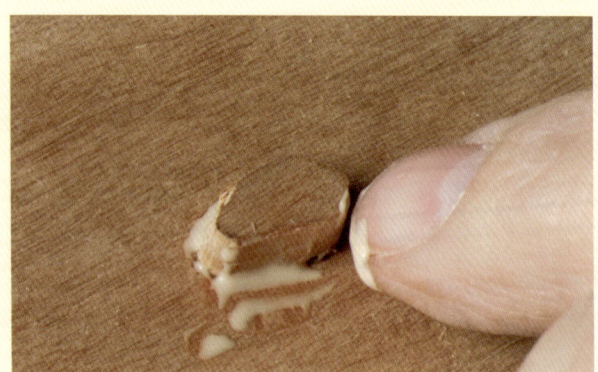

5. 흘러나온 목공용 접착제는 잘 닦는다.

6. 접착제가 마른 뒤 대패나 끌, 사포로 표면을 정리한다. 사진에서는 덧댄 나뭇조각이 옅은 색으로 드러나 보이지만, 시간이 지나면 주위의 색과 같아지면서 표시가 나지 않을 것이다.

덧대야 한다거나 덧댈 부위의 경계선이 복잡하다면 수직으로 파내서 덧대는 것이 더 낫다.

결합부 가공을 잘못한 부재는 구멍을 메운 뒤 한 면 전체를 덧대기도 한다. 잘못 뚫은 장붓구멍을 채워 넣을 때는 실제 장부를 잘라서 해결하려고 하지 말고 구멍 주위의 결 방향에 맞춰서 장부 모양의 나뭇조각을 만들어서 채우도록 한다.

서랍의 직각 바로잡기

서랍은 조립 후 본드가 굳기 전에 모서리의 직각을 반드시 확인해야 한다. 그러나 확인하는 것을 잊어버린 결과 서랍이 직사각형이 아닌 평행사변형이 되어 있는 경우가 간혹 있다. 비틀어진 서랍은 그 자체만 놓고 보면 별 문제가 없어 보이지만 가구에 넣어보면 단 1mm의 비틀림도 문제가 된다. 서랍의 한쪽은 가구의 앞면과 면이 맞았는데, 다른 쪽은 1mm 정도 튀어나오거나 들어가 있는 식으로 말이다. 바닥을 나중에 끼워 넣는 방식으로 만들었다면 해결할 수 있는 여지가 있다. 서랍이 틀어진 정도가 심하지 않을 때는 직각이 잘 맞는 바닥판을 끼워 넣는 것만으로도 모양이 바로잡아지기도 하는데, 그 상태에서 바닥판을 서랍에 본드로 붙여버리면 된다. 이 방법은 바닥판이 원목인 경우에는 사용해선 안 된다. 원목 판을 서랍 틀에 붙여버리면 바닥판이 차후에 수축-팽창할 때 문제가 생기기 때문이다. 이런 경우에도 시도해볼 수 있는 방법은 있다. 서랍 바닥을 서랍이 틀어진 것과 반대 방향으로 틀어지게 잘라서 끼워 넣는 것이다. 서랍의 직각을 바로잡기 위한 이런 방법들은 경우에 따라 직각이 맞지 않는 가구 본체에도 적용해볼 수 있다.

눌리고 찍히는 것을 방지하기

가구를 마감칠 직전 단계까지 만들어놓고 보면 여기저기에서 눌리고 찍힌 자국들이 발견된다. 이것들은 실수라기보다 작업 과정에서 불가피하게 발생하는 사건들이라고 보는 게 맞을 것이다. 그러나 한편으로는 과정 실수로 볼 수도 있다. 부재를 준비하고 가공하는 과정에서, 중간 완성물들을 움직이거나 보관하는 과정에서 적절하게 보호해주지 않은 결과이기 때문이다.

가구가 눌리고 찍히는 것을 최소화하려면 다음과 같은 일상적인 노력이 필요하다.

- 클램프를 조일 때 클램프의 쇠 부분이 나무에 직접 닿지 않게 한다(항상 플라스틱 패드나 보조목을 사용한다).
- 적당한 깔개와 덮개(담요나 카펫 조각 등)를 준비해서 가구를 이동하거나 보관할 때 활용한다. 작업대 위도 안전하지 않다(본드 방울 등). 작업대용 깔개도 준비해서 활용한다.
- 부재든 뭐든 세워두지 않는다. 세워둔 것은 언제든 넘어질 수 있다.
- 작업 순서에 신경을 쓴다. 표면 마무리 작업(마무리 대패질이나 샌딩)은 진짜로 최종 단계에서 한다. 부재별로 미리 해두면 이동이나 보관 과정에서 표면에 상처가 생길 수 있다.

장부 수정하기

실수로 장부촉을 장부 구멍보다 작게 가공했다면 촉의 측면에 나무를 덧댄 뒤 두께를 다시 맞추는 식으로 장부를 수정할 수 있다. 덧대는 나무는 두꺼운 나뭇조각이어도 좋고 얇은 단판을 오린 것이어도 좋다. 어느 경우든 장부촉에 붙일 조각의 뒤에 더 두꺼운 나무를 받쳐서 클램프의 압력이 접착면 전체에 골고루 분산되도록 한다. 이 방식을 이용하면 실수를 좀 하더라도 장부촉을 구멍에 꼭 알맞게 맞출 수 있다. 그러나 이 방식의 한계도 명확하다. 나뭇조각을 붙이더라도 구조적 측면에서의 장부의 두께는 회복되지 않는다는 것이다. 예를 들어 두께가 18mm여야 하는 장부촉을 실수로 12mm로 만들어버렸을 때 6mm 나뭇조각을 덧대면 다시 18mm 두께의 장부촉을 만들 수 있지만, 이 장부촉이 견딜 수 있는 힘은 18mm 두께의 촉이 견딜 수 있는 힘이 아닌 12mm 두께의 촉이 견딜 수 있는 힘이라는 뜻이다. 일단 잘 붙어 있긴 할 테지만 말이다. 따라서 장부 가공에서 실수를 했을 때는 장부촉의 두께를 애초에 그렇게 정했던 의도에 비추어 이 방식으로 수정하고 넘어가도 될지, 아니면 해당 부재를 새로 가공하는 것이 좋을지를 잘 판단해봐야 한다.

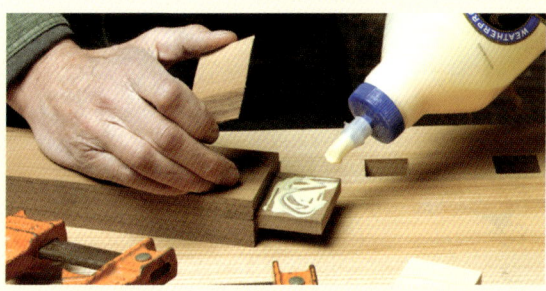

1. 장부촉 측면에 목공용 접착제를 바른 뒤

2. 나뭇조각을 덧대고

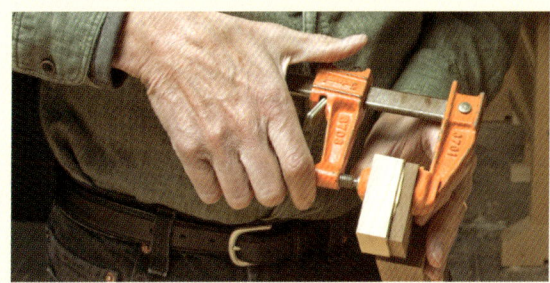

3. 클램프로 조아놓는다. 이때 덧댄 조각 뒤에 더 두꺼운 나무를 받쳐서 클램프의 압력이 접착면 전체에 골고루 분산되도록 한다. 접착제가 완전히 굳고 나면 장부촉의 두께를 다시 가공한다.

Chapter 10

피드백 활용하기

목공 실력을 향상시키기 가장 좋은 방법은 작업을 하면서 얻게 되는 피드백에 더 주의를 기울이는 것이다. 물론 대부분의 사람들이 이미 작업물의 전체적인 수준과 품질에 대해서는 늘 주의를 기울여서 피드백을 하고 있을 것이다. 작업을 마친 뒤 한동안은 자부심과 아쉬움이 뒤섞인 감정으로 완성된 가구를 바라보며 여러 가지 생각들을 하니 말이다. 때론 다른 사람의 의견을 구해보는 것도 좋다. 조금은 비평적으로 그리고 도움이 되는 방식으로 이야기해줄 수 있는 사람을 만나면 작품의 만듦새와 디자인에 대해 스스로 보고 생각하는 것보다 훨씬 많은 피드백을 얻을 수 있다. 자기 작품에 대해 다른 사람의 의견을 구하는 것이 쉽지는 않다. 그러나 용기를 낸 것에 대한 보상은 크다. 자신의 작업을 보다 객관적으로 바라보고 개선해야 할 부분들을 파악할 수 있게 되니 말이다.

이런 종류의 피드백—결과물에 대한 피드백—은 확실히 다음번에는 더 잘하고 싶다는 마음을 갖게 한다. 그러나 더 잘하는 데 실질적인 도움이 되는 피드백은 따로 있다. 이런 피드백은 작업 결과가 아닌 작업을 하는 과정에서 얻을 수 있다. 그런데 불행히도 많은 사람들이 이런 피드백을 적절히 이용하지 못하고 그저 작업만 한다.

작업이 잘되고 있는지를 알기 위해 작업이 끝날 때까지 기다리기보다는 작업의 매 단계에서 피드백을 얻을 수 있다면 더 좋을 것이다. 톱을 한 번만 당겨도, 대패를 한 번만 밀어도, 심지어 사포질 한 번에도 나무에는 변화가 생긴다. 이 변화를 알아야 작업의 전체 과정도 의도대로 통제할 수 있다. 사포질을 한 번 할 때마다 멈춰서 작업 결과를 확인하라는 것은 아니다. 하지만 하고 있는 행위를 결과와 연관 지어서 생각해야 한다. 대패질 한 번에 판재 표면의 평이 맞는지 아니면 틀어지는지, 모서리의 직선과 직각이 맞아 가는지 어긋나는지, 끌질을 하면 할수록 장붓구멍이 수직에서 멀어지고 있지는 않은지, 사포질 한 번에 모서리가 얼마나 어떤 모양으로 깎여나가는지를 파악하고 있어야 한다. 그리고 만약 그 수준에서 작업을 계속 하면 최종적으로 어떤 수준의 결과에 도달하게 될지도 예상할 수 있어야 한다. 작업을 하면서 이런 부분들에 주의를 기울이는 것을 작업과는 별개인 귀찮은 일로 여겨서는 안 된다. 오히려 작업을 온전하게 만드는 핵심 요소에 가깝다. 주의를 더 많이 기울일수록 작업에 대해 더 많은 정보를 얻게 될 것이다. 이런 즉각적인 피드백을 통해 우리는 최종 결과물을 목표로 하는 수준까지 끌어 올릴 수 있다. 만약 이런 종류의 피드백을 좀 더 촘촘하게 하면 무슨 일이 생길까? 손 끝의 감촉, 보고 듣는 것, 냄새까지 모든 감각에 집중하면 또 다른 차원의 세밀한 신호까지도 알아차리고 작업에 반영할 수 있게 된다. 예를 들어 라우터 소리가 평소보다 너무 시끄럽게 느껴진다면 한 번에 너무 많은 양을 깎고 있거나 작업 속도가 너무 빠른 것이다. 이로 인해 라우터 비트에는 불필요한 진동이 발생하고 가공면이 거칠어지거나 가공 치수가 달라지기도 한다(홈이 조금 더 넓게 파진다). 이럴 때는 가공 깊이나 속도를 줄여줘야 한다. 이런 신호를 알아채고 작업에 반영할 수 있는 능력은 나무와 도구, 작업 방식에 대한 이해를 바탕으로 한다. 그리고 피드백은 이러한 이해를 다시 강화시켜준다.

이것은 부정적인 피드백의 예다. 라우터의 소리가 문제점을 알려주니 말이다. 그런데 긍정적인 피드백도 있다. 날을 잘 갈아서 잘 세팅한 대패로 대패질할 때의 기분 좋은 소리가 그 예다. 끌 역시 독특한 소리로 날 상태가 좋다는 것을 알려준다(주로 나이테 면을 깎을 때 들을 수 있다). 만약 이런 소리들이 사라지면 날이 무뎌지기 시작했음을 알아채야 한다. 그 즉시 날을 갈아야 하는 것은 아니지만 이는 확실히 머지않아 날을 갈아야 한다는 것을 말해주는 신호다.

시각을 통한 피드백

잘 보면서 작업을 해야 한다는 것은 당연한 말이다. 더 잘 볼수록 나무와 도구가 보내는 신호를 더 잘 알 수 있다. 그리고 그 신호는 하려고 하는 가공을 의도대로 정확하게 하는 데 도움이 된다. 그런데 놀랍게도 잘 보면서 작업을 하는 사람이 그리 많지 않다.

모든 작업에는 더 주의해서 봐야 하는 부분들이 있다. 이런 것들은 배워서 알아야 한다. 수공구를 사용할 때는 작업을 하는 과정이나 모습이 아닌 작업의 결과물을 관찰하고 모니터링하는 것이 더 중요하다. 물론 작업의 모습을 보는 것이 중요한 때도 있다. 예를 들어 끌로 수직 깎기를 할 때는 끌의 측면을 내려다봐야 끌의 진행 방향을 수직 또는 목표로 하는 선에 맞출 수 있다. 대패질을 할 때 깎여 나오는 대팻밥을 관찰하지 않을 이유도 없다. 대팻밥에는 많은 정보가 들어 있다. 날이 충분히 날카로운지, 그리고 날이 바닥면에 대해 평행하게 잘 세팅되어 있는지는 대팻밥을 보면 알 수 있다. 대패에 문제가 없는데도 날의 어느 한쪽에서 대팻밥이 더 두껍게 나온다면 자신의 대패질 습관을 점검해볼 수도 있을 것이다. 그러나 더 중요한 것은 대패질의 결과물을 관찰하는 것이다. 대패질의 목적은 표면을 매끈하게 만드는 것만이 아니다. 모서리를 직선으로, 표면을 평면으로, 그리고 면과 면을 서로 직각으로 맞추는 것이 대패의 기본적인 역할이다. 대패질을 목적에 맞게 하고 있는지는 결과를 봐야만 알 수 있다. 한참 대패질을 한 뒤 최종 결과가 잘 되었는지를 보라는 것이 아니다. 횟수 간격이 얼마가 되었든—한 번이든, 다섯 번이든, 열 번이든—수시로 대패질의 결과를 점검해봐야 한다. 직선, 평면, 직각이 맞는지, 또는 맞춰지고 있는지 말이다. 그래야 목표로 하는 선까지 깎았을 때 원하는 최종 결과를 얻을 수 있다.

전동 공구나 목공 기계를 사용할 때는 작업 상황 통제에 관련된 것, 그리고 안전에 관련된 것을 우선적으로 봐야 한다. 테이블 쏘를 이용해서 판재를 켤 때 나무가 잘리는 모습을 보고 있는 것은 별 도움이 되지 않는다. 대신 판재를 미는 도중에 판재와 펜스 사이에 틈이 벌어지지 않는지, 손이 톱날의 절단 선상이나 톱날에 너무 가까이 가 있지는 않는지를 주의해서 봐야 한다.

시각적 피드백을 잘 활용하기 위해 작업을 평소와 다른 방식으로 볼 필요도 있다. 낮은 각도로 비춘 조명은 칼금 자국이나 샌딩 스크래치와 같은 나무 표면의 문제점들을 훨씬 잘 드러내준다. 작업물을 여러 높이와 방향에서 살펴보는 것도 도움이 되는데, 이 두 방법을 한꺼번에 적용해보면 놀랄 만큼 많은 것들을 볼 수 있다.

가장 중요한 것은 잘 보려고 구체적으로 노력하는 것이다. 우선은 적절한 조명을 갖춰야 한다. 필요하다면 기계별로, 그리고 작업대에는 유연하게 비출 수 있는 조명을 갖추도록 하자. 다음은 작업물을 고정하는 방식과 자신의 위치에 신경을 쓰자. 작업물을 어떻게 고정했느냐 그리고 내가 어디에 서 있느냐에 따라 작업 상황을 볼 수 있기도 하고 그렇지 않기도 하다. 수직으로 하는 끌 작업이 대표적인 예다. 사실 이 둘은 연결된 문제다. 선에 맞춰 정확하게 톱질을 해야 한다면 선이 정확하게 보이지 않는 상황에서 작업을 해서는 안 된다. 작업물의 고정 방식을, 내가 선 위치와 자세를, 조명의 위치와 각도를 생각보다 자주 바꿔야 보면서 톱질할 수 있다. 이렇게 한번 해보면 잘 보이는 상태에서 작업하는 것이 정확성을 향상시키는 데 얼마나 큰 도움이 되는지 바로 알게 될 것이다.

촉감을 이용한 피드백

촉감은 놀라울 정도로 예민하다. 나무 표면에 있는 0.02mm 수준의 단차도 감지할 수 있을 정도다. 촉감을 손의 움직임과 결합해서 활용하면 더 효과적이다. 나무 표면을 손으로 쓸어보면 눈으로는 결코 알아차릴 수 없는 문제점들도 쉽게 발견할 수 있다. 모서리 면을 점검할 때는 손가락 하나보다는 서너 개를 같이 사용해서 쓸어보도록 한다. 넓은 면은 손바닥 전체를 이용한다. 쓸어보는 속도를 다르게 해보는 것도 좋다. 그러면 나무의 표면에 대해 정말 많은 정보를 얻을 수 있다. 최소한 마감 도료를 칠하기 전에는 꼭 이렇게 점검해봐야 한다.

손으로 만져서 표면을 점검하는 것은 목공에 촉감을 활용하는 수많은 경우 중 하나에 불과하다. 날의 뒷면을 평평하게 만들 때 날 뒷면이 숫돌에 잘 밀착되어 있는지를 알 수 있는 것은 촉감을 통해서다. 날 앞쪽의 경사면을 일정한 각도로 갈 수 있게끔 하는 것도 비교적 좁은 날 앞면이 숫돌에 밀착된 느낌과 그 상태로 숫돌 위를 미끄러질 때의 느낌을 통해서다. 대패질할 때는 어떤가. 양손으로 대패에 가하는 압력의 균형은 대패로부터 느껴지는 촉감을 통해서 맞춰야 한다. 촉감의 활용은 수공구 사용에만 그치지 않는다. 수압대패는 이름에서부터 촉감의 활용이 중요함을 말해준다. 양손으로 나무를 누르는 힘과 미는 힘의 균형이 맞춰지지 않으면 효과적으로 판재의 평을 잡을 수 없다. 테이블쏘나 라우터 등을 이용할 때도 촉감은 중요하다. 가공 중에 나무가 받는 저항이나 진동을 손으로 느낌으로써 가공 속도를 적절히 조절해야 한다. 수공구든 전동공구든 도구를 잘 사용하기 위해서는 가공할 때 느껴지는 모든 감각—압력, 진동, 움직임, 때로는 온도까지—에 집중해서 그로부터 얻어지는 정보를 적극적으로 활용할 수 있어야 한다.

소리를 통한 피드백

어쩌면 과거에 받은 음악적 훈련 때문인지도 모르겠지만, 나는 공방에서 나는 여러가지 소리들이 매우 흥미로우며, 그로부터 많은 정보를 얻는다. 내 작업실에서, 수업 도중이든 또는 목공 작업 중이든, 나는 눈으로 보는 것 못지않게 들리는 것으로 상황을 모니터한다. 소리를 통해 나는 학생들이 각기 수공구나

공방에서 주의를 기울여볼 만한 것들

보기
- 목재의 가공된 표면을 더 자세히 관찰해보자. 수압/자동 대패의 가공 자국, 라우터의 가공 자국, 테이블쏘의 가공 자국을 늘 관심 있게 살펴보자. 수공구 작업 때도 마찬가지다. 날의 상태에 따라 가공 표면이 어떻게 달라지는지, 대팻날이 떨릴 때 표면이 어떻게 되는지에도 관심을 기울여보자.
- 조명을 달리 비춰서 살펴보자. 특히 낮게 비춘 조명 아래서 어떤 것들이 더 보이는지 관찰해보자.
- 기계로 가공한 표면을 대패로 정리할 때, 기계 가공 자국이 점점 없어지는 양상에도 주의를 기울이며 작업하자. 대패로 얼마나 균일하게 깎고 있는지를 알 수 있는 척도다.

듣기
- 수압/자동 대패로 다듬은 면을 다시 손대패질할 때의 다다닥 끊어지는 소리에 관심을 기울여보자.
- 날 상태가 좋은 대패나 끌로 나무를 깎는 소리를 즐기자.
- 톱질하는 소리도 기분 좋게 울려야 한다. 적당한 속도와 압력으로 직선상에서 톱질할 때와 그렇지 않은 소리를 구별해보자.
- 순결로 대패질할 때와 엇결로 대패질할 때의 소리가 다르다는 것을 알고 있는가? 관심을 가지고 들어보자. 수압/자동 대패로 작업할 때 나는 소리도 순결과 엇결이 다르다(엇결에서는 결 뜯기는 소리가 심하게 난다).

만져서 느껴보기
- 곡면은 만져봐야 굴곡을 제대로 판단할 수 있다. 손을 움직여가며 만져보자.
- 겉보기에 평평한 면에 감춰진 미세한 굴곡도 손으로 쓸어봐야 감지해낼 수 있다. 마감재를 칠해놓으면 그제야 눈에 띄므로 미리미리 점검하는 것이 좋다.
- 끌의 날 끝이 칼금에 탁 걸리는 감각을 느껴보자.

냄새 맡기
- 나무의 냄새. 여러 종류의 나무 냄새를 음미해보자.
- 가공 중 나무가 타는 냄새, 기계가 열 받은 냄새(윤활유가 타는 냄새), 전기 장치에 문제가 생긴 냄새(오존 냄새)를 감지할 수 있어야 한다.
- 제대로 된 방진 마스크를 착용했다면 나무 냄새가 나서는 안 된다. 필터의 품질이나 얼굴에 밀착 여부를 점검해보도록 하자.

종합적으로 주의를 기울이기
- 기계 사용 중 기계가 보내는 힘들다는 신호를 놓치지 말자(과도한 진동이 생긴다거나 소리가 '느려지는' 등).
- 기계의 상태에 평소와 다른 점이 있는지 늘 주의를 기울이자(베어링이 상했는지, 정렬 상태가 틀어졌는지, 평소와 다른 진동이 느껴지거나 소리가 나는지 등).

전동공구를 어떻게 사용하고 있는지를 알 수 있으며 작업장 내의 작업들이 순조롭게 이루어지고 있는지도 알 수 있다. 소리만으로도 공구가 적절한 부하로 사용되고 있는지, 또는 과부하 상태로 작업되고 있어서 여러 문제의 소지가 있는지 판단이 가능하다. 또한 잘 들어보면 작업의 품질 또한 판단할 수 있다. 수압대패를 사용할 때 모서리 면의 전체가 골고루 깎이는 소리와 어느 한두 곳이 들떠서 지나쳐지는 소리는 다르다. 손 대패로 면을 다듬을 때는 눈으로는 볼 수 없었던 기계 가공 흔적들이 깎여 나가는 소리를 들을 수 있는 경우도 있다. 때로는 소리로 나무 표면 아래의 눈에 보이지 않는 균열이나 속이 빈 부위 등을 알아챌 수 있기도 하다.

후각적 경험을 통한 피드백

다른 감각에 비하면 다소 제한적이지만 때로는 냄새를 통해서 알아낼 수 있는 것들도 있다. 기계 가공 중 나무가 타는 것은 냄새로 가장 먼저 알 수 있다. 날이 무디거나 진행 속도가 너무 느리면 나무가 탄다. 때로는 집진통에 열을 품은 톱밥이 쌓여서 불이 나는 경우도 있다. 이것도 냄새로 알 수 있다. 집진기나 공기청정기를 켜두었는지도 냄새로 알아내곤 한다. 때론 작업장이 너무 시끄러워서 집진기가 켜져 있는지를 알기 어려운 경우에 말이다. 작업의 품질과는 직접적인 관련이 없으나 우리의 호흡기 건강에는 대단히 중요한 정보다.

모든 감각을 이용해 작업하기

우리의 감각은 서로 독립적이지 않다. 청각을 보호하기 위해 귀마개를 착용하더라도 귀는 공방에서 들리는 모든 소리로부터 꾸준히 정보를 수집하고 있으며, 우리의 모든 감각은 총체적으로 작용해서 작업 상황에 대한 풍부한 피드백을 제공한다.

테이블쏘로 나무를 잘라 보면서 우리의 감각을 어떻게 사용할 수 있는지 확인해보자. 두께 18mm 두께, 폭 80mm 정도의 적당히 긴 나무를 준비한다. 체리가 가장 적당하다. 테이블쏘로 나무를 세 번 잘라보되 속도를 각기 다르게 해본다. 첫 번째는 매우 천천히 자른다. 다 자르는 데 3초 정도가 걸리면 된다. 두 번째는 매우 빨리 해본다. 0.5초 만에 다 잘리도록 말이다. 그리고 마지막은 그 중간에서 적당히 해본다. 자르는 동안 소리와 손의 감각에 주의를 기울인다. 냄새도 맡아본다. 이제 눈으로 결과를 점검해본다. 첫 번째 매우 천천히 자른 나무는 가공면이 탄 것을 확인할 수 있을 것이다. 두 번째 빨리 자른 것은 가공면이 깔끔하지 않고 우둘투둘하게 뜯어져 있을 것이다. 톱날이 나무 섬유를 깔끔하게 잘라낼 수 있는 시간을 주지 않았기 때문이다. 날의 상태가 좋다면 테이블쏘 가공면은 부드럽고 깔끔하되 탄 자국도 없어야 한다. 세 번 자르는 동안 소리에 차이가 있음을 느꼈는가? 손에 전달되는 압력이나 진동의 차이는? 알맞게 잘릴 때 어떤 소리가 나는지, 손에는 어떤 느낌이 전달되는지를 알고 다른 경우와 구별할 수 있어야 한다. 그러면 일상적인 테이블쏘 사용에서도 그 느낌으로 작업을 할 수 있다.

천천히 하기

갑자기 모든 것들에 주의를 기울이기는 어렵다. 그러나 결국에는 작업의 모든 상황으로부터 피드백을 얻어서 활용하는 것을 일상화해야 한다. 처음에는 작업을 천천히 해보는 것이 도움이 된다. 피드백에는 그야말로 시간이 필요하기 때문이다. 이 방법은 기계 작업과는 맞지 않을 수 있다. 기계 가공을 너무 천천히 하면 나무가 타버리니 말이다. 그러나 수공구 작업은 천천히 하는 것만으로도 훨씬 더 많은 것을 느낄 수 있다. 어떤 일들은 천천히 하는 것이 더 어렵다. 천천히 하면 관성을 배제하므로 매 순간 알맞은 방식으로 힘을 줘야 한다. 천천히 할 수 있다는 것은 몸과 도구를 올바른 방식으로 사용하고 있다는 지표이기도 하다. 또한 천천히 할 때 자신이 나무에 어떤 작용을 가하고 있는지도 더 잘 느낄 수 있다. 천천히 하는 것에 익숙해지면—천천히 함으로써 더 많은 것을 느낄 수 있고 그를 통해 나무와 도구를 이해하게 되면—속도를 조금씩 높이되 그 감각과 이해를 그대로 유지하려고 노력해본다. 목공을 기계적으로 해서는 안 된다. 같은 도구, 같은 순서와 방법으로 작업을 해도 전문가가 한 것과 초보자가 한 것은 그 결과가 다르다. 이 차이를 만들어내는 핵심은 작업 과정에서 보고 듣고 손끝으로 느끼는 것을 반영해서 작업 방식을 조정하거나 개선할 수 있느냐다. 피드백말이다.

테이블쏘로 자른 단면들. 아래부터 순서대로 너무 빠른 속도로 자른 단면, 너무 천천히 자른 단면, 적당한 속도로 자른 단면

Chapter 11

연습하기

책을 읽는 것만으로는 목공을 배울 수 없다. 자전거 타는 법을 책으로 배울 수 없는 것과 마찬가지다. 목공은 이론적인 지식에 그치지 않는다. 목공은 해봐야 하는 것이며 몸으로 배우고 느껴야 하는 것이다. 목공이 자전거 타기와 다른 점도 있다. 자전거 타는 법은 한 번 배우면 평생 잊어버리지 않는다. 그러나 목공은 안 하면 금세 잊어버린다.

목공의 어떤 한 가지 기술을 숙달하기 위해선 연습을 아주 많이 — 생각하는 것보다 훨씬 더 많이 — 해야 한다. 기술은 저절로 숙달되지 않는다. 천부적인 재능이 있다고 해도 말이다. 목공을 가르치고 배우는 방식은 빠른 속도로 변하고 있다. 사람들은 이제 전통적 도제 교육에서 이루어졌던 것과 같은 단계별 기초 교육과 반복 연습 없이도 목공을 잘할 수 있다고 생각한다. 정보의 대중화와 도구의 진보가 이와 같은 생각을 더 부추긴다. 기술을 익힐 수 있는 좀 더 과학적이고 효과적인 방법이 있다고 유혹하면서 말이다. 이로 인해 보다 많은 사람들이 더 쉽게 초급 수준의 목공을 접하고 즐길 수 있게 된 것은 사실이다. 그러나 기술의 수준을 그 다음 단계로 올려놓는 데 필요한 것은 정보와 도구가 아니라 자신의 경험이다. 우리는 결국 근육과 관절을 움직여야 한다. 어떤 지식과 도구를 갖추고 있든 말이다. 근육과 관절을 의도대로 움직일 수 있기 위한 방법은 오직 하나, 연습이다.

그런데 연습을 즐기는 사람은 거의 없다. 누구나 톱질을 잘하고 싶어 하지만 한두 시간이라도 선에 맞춰 톱질하는 연습을 하는 사람은 드물다. 무엇을 어떻게 연습해야 하는지를 모르는 것도 문제다. 밴드쏘로 정확하게 자르기 위해서도 당연히 연습이 필요하다. 그런데 밴드쏘로 자르는 연습을 해본 적이 있는가? 그 전에 밴드쏘 연습이 필요하다고 생각해본 적이 있는가?

기본적인 것에서 시작해보자. 어떤 일들은 반복을 통해서만 배울 수 있다. 왜? 우리는 새로운 것을 배울 때 한 번에 두 가지 이상을 동시에 습득할 수 없기 때문이다. 그런데 목공은 아무리 간단한 작업도 기억하고 있는 일련의 일들을 동시에 또는 순차적으로 실행하는 식으로 이루어진다. 일들 사이의 순서와 상관관계를 따져가며 말이다. 이런 종류의 일은 하고자 하는 의지가 강하다고 해서, 또는 기억력이 좋다고 해서 단번에 잘할 수 있지 않다. 그러기에는 동시에 집중해야 할 요소가 너무 많다. 따라서 새로운 것을 배울 때는 한 번에 모든 것을 다 잘하려고 해서는 안 된다. 여기서 반복의 미덕이 발휘된다. 반복은 한 번에 한 가지 요소에만 집중할 수 있는 기회를 준다. 연습할 때 천천히, 한 번에 한 가지 요소에만 집중해서 해보자. 그러면 그 요소만큼은 신경 쓰지 않아도 될 만큼 잘 되는 때가 온다. 그러면 그때부터 그 다음의 요소에 집중해서 연습하면 된다.

주의해야 할 점이 하나 있다. 반복 그 자체는 중립적이다. 좋은 방식을 반복하면 그것은 좋은 연습이 된다. 그러나 뭔가를 잘못된 방식으로 반복하면 안 좋은 습관만 생길 뿐이다.

실험과 연습

반복의 미덕만을 얻기 위해서는 연습 목표를 분명히 해야 한다. 그리고 이 목표는 구체적일수록 좋다. 숙달하고자 하는 기술의 세부 내용이 뭔가? 자세인가, 동작인가? 선을 어떻게 그려서 어디를 자르면 되는지를 아는 것인가? 최종적인 가공 품질이 어떠해야 한다는 것인가? 구체적인 목표 없이 연습하는 것은 눈을 감고 부지런히 걷는 것과 같다. 이 상태로는 무엇을 어떻게 하든 기능을 숙달하는 데 도움이 되지 않는다. 잘 되는 것 또는 잘 된 것이 어떠한 것인지에 대한 이해가 생긴 다음에야 비로소 뭔가 도움이 되는 일을 시작할 수 있다.

그런데 연습을 시작하기 전에 거쳐야 할 단계가 하나 더 있다. 같은 일을 다양한 방식으로 시도해보는 실험 단계. 하려고 하는 일이 실제는 어떻게 느껴지는지는 직접 해봐야만 알 수 있다. 한 가지 방법으로만 해보고서는 어떤 방식이 더 좋은지를 알 수 없다. 이 방법 저 방법을 직접 해본 뒤에야만 나에게 더 알맞은 방법을 찾아낼 수 있다.

실험은 목표하는 바에 도달하기 위해 다양한 시도를 하고, 그 시도의 결과를 평가하는 일련의 과정이다. 책에 어떤 일을 하기 위한 방법이 아무리 잘 설명되어 있다고 해도 작업이 순조롭게 진행될 때, 또는 작업에 문제가 생겼을 때의 감각까지 책을 통해 알 수는 없다. 이런 감각을 인지하고 구분할 수 있는 것은 목공의 중요한 기초 능력 중 하나다. 목공 작업의 종류는 셀 수 없으며 하나의 작업을 하기 위한 방법도 무수히 많다. 그러나 어떤 작업과 방법에든 이런 감각은 공통적으로 적용이 된다. 이 감각은 책이 아닌 경험에서 배워야 한다. 분명한 의도를 가지고 하는 다양한 시도와 그 결과로부터의 피드백을 통해서 말이다. 실험은 원하는 바를 실현하기 위해 어떻게 생각을 해서 무엇을 하는 것이 가장 좋은지를 찾아가는 과정이다. 어쩌면 실험이야 말로 목공 기능을 숙달하고, 개선하고 확장하는 데 가장 중요한 부분인지도 모르겠다.

목표에 도달하기 위한 성공적인 경로를 찾아냈다면, 이제는 연습을 통해 이를 공고히 할 차례다. 올바른 방법을 반복하는 것이 연습이다. 이런 말이 있다. "연습이 완벽을 낳지 않는다. 완벽한 연습이 완벽을 낳는다."

그런데 연습에도 층위가 있다. 복잡한 일을 한꺼번에 숙달하는 것은 불가능하다. 따라서 연습은 기초적인 동작에서 시작해서 그 위에 새로운 요소들을 하나씩 쌓아가는 방식으로 하는 것이 좋다. 톱질하는 법을 갓 배운 상태에서 선에 맞춰 정확히 톱질을 하려고 하면 앞서 배운 기본 톱질 동작까지 잘 되지 않는 것을 경험하게 된다. 그럴 때는 한발 뒤로 물러서서 기본적인 동작부터 확실히 익혀야 한다. 충분한 반복 연습을 통해 머리가 아닌 근육이 동작을 기억해야 한다. 그러면 머리는 톱질을 잊어버릴 수 있다. 먼저 이렇게 되고 난 다음에야 선에 맞춰서 자르는 일에 의식을 온전히 집중할 수 있다.

새롭고 복잡한 것을 배우거나 시도할 때, 뭔가 새로 신경을 써야 하는 부분이 있을 때 우리는 자연스럽게 긴장을 한다. 그러나 이런 긴장은 대체로 도움이 되지 않는다. 만약 과도한 긴장으로 작업이 불편하다면 일단 한 발짝 물러서는 것이 낫다. 하려고 하는 일을 좀 더 쉽게 할 수 있는 단순한 일로 나눠볼 수 있을 것이다. 이렇게 나눈 단순한 일들을 따로따로 먼저 연습한다. 각 동작을 편안하고 안정적으로 할 수 있게 되면 그때 다시 전체로 합쳐서 연습을 해본다. 이렇게 하는 것은 악기 연주를 배울 때 활용하는 기본적인 연습 방식이다. 그런데 목공에서는 많이 시도되고 있지 않는 듯하다.

실험—목표를 분명히 가지고 하는 시도들과 그로부터의 피드백을 통해 좋은 방법을 찾아내는 과정으로서 실험과 연습—좋은 방법을 반복을 통해 강화하고 또다시 피드백을 통해 방법을 개선해나가는 연습은 목공 실력 향상을 위한 핵심 고리다. 특히 이것이 일상적인 목공 작업의 한 부분이 되면 모든 작업이 실험과 연습이 되고 그를 통해 실력이 지속적으로 향상되는 것을 느낄 수 있다. 이는 특정 도구나 기술에 국한되지 않는다. 잘 되는 것과 잘 안 되는 것의 차이를 느낄 수 있고, 더 잘되는 쪽으로 방법을 수정해나갈 수 있다면 말이다.

어떻게 적용할까?

실험과 연습을 실제 상황에 어떻게 적용해볼 수 있을까? 톱질을 예로 들어보자. 선에 맞춰 정확히 톱질할 수 있는 것은 주먹장을 포함한 짜맞춤의 결합 부위 가공에서 핵심적인 기능이다. 단순 톱질에 톱을 선에 가까이 가져간다는 요소만 하나 추가한 것뿐이지만 어떻게 연습하면 잘할 수 있게 되는지는 막연할 수 있다. 우선 톱을 쥐는 방법과 몸의 위치, 자세가 좋아야 한다. 톱을 꽉 쥐지 말고 가볍고 편하게 쥔다. 팔뚝은 톱 등과 일직선상에 놓여야 한다. 톱을 앞뒤로 움직이는 동작 간에 팔꿈치가 몸에 부딪치지 않도록 선 자세를 조정한다. 그 다음에 톱질을 해본다. 톱질을 시작하는 것이 잘 안 되면 이것만 따로 연습해본다. 톱으로 나무를 눌러서는 안 된다. 톱 자체의 무게 정도만으로, 심지어 톱을 살짝 든다는 생각으로 가볍게 시작하면 된다. 몇 번만 해보면 시작하는 것은 쉽게 된다. 그러면 이제 정말 톱질을 해본다. 부드럽고 편안하게 밀었다 당긴다. 톱이 앞뒤로 일직선상에서 움직여야 한다. 좌우로 기우뚱거려서는 안 된다. 움직임은 팔이 아닌 어깨로부터 온다. 잘될 때까지 서 있는 위치와 자세를 조금씩 조정해본다.

직선으로 톱질하는 것이 잘되면 이제 선을 긋고 해볼 차례다. 그냥 할 때와 무엇이 달라져야 할까? 톱질의 방향을 조절해야 할까? 어느 한 방향으로 힘을 줘야 할까? 잘될 때까지 필요하다고 생각하는 조정을 해보며 연습을 한다. 연습의 목표는 톱질 자체에 대한 생각은 모두 사라지고 자르려고 하는 선만 보이는 것이다. 만약 애초에 어디를 잘라야 할지를 잘 모르겠다면 이것만 별도로 연습할 수도 있다. 조금 이상하게 들릴지 모르겠으나 이 연습은 밴드쏘로 할 수 있다. 밴드쏘에서는 톱질이라는 행위가 없으며 우리는 자르려고 하는 선 그 자체에만 집중할 수 있다. 손톱으로 톱질할 때도 이렇게 되어야 한다.

실험과 연습을 실전 작업으로 연결시킬 수도 있다. 예를 들어 카브리올 다리 테이블을 만들고자 할 때 다리 부재를 네 개가 아닌 여섯 개 준비해서 작업하는 것이다. 밴드쏘로 여섯 번째 다리를 자를 때쯤이면 작업에 대한 이해와 수행 능력이 처음에 비해 한결 높아져 있음을 느끼게 될 것이다. 첫 번째 다리와 두 번째 다리는 그야말로 연습을 한 셈이 되고 말이다. 주먹장 맞춤 방식으로 작은 상자를 만드는 것도 이와 비슷한 실전 연습이다. 다만 이것을 누구에게 선물로 줄 생각은 하지 않는 것이 좋다. 공방에 놓고 쓸 사포를 정리함 정도로 생각하고 만드는 것이 딱 좋다. 두 번째나 세 번째 상자는 만듦새가 훨씬 나을 것이다(공방에는 정리 상자가 많이 필요하다). 연습의 결과로 실제로 쓸 뭔가를 만드는 것은 정말 좋은 연습이 된다. 그냥 하는 연습에 비해 연습의 목표가 훨씬 구체적이고 잘 해보려는 강한 동기가 생기며, 그러면서도 다양한 실험적 시도를 해볼 수 있고 실수에 스트레스를 받지 않아도 되기 때문이다.

실험과 연습, 실전 연습으로서의 작업들을 통해 실력이 느는 것을 느끼면 목공이 그렇게 재미있을 수 없다. 다만 뭘 할 때마다 실력이 쭉쭉 늘 것이라고 생각하지는 말자. 누구나 잘하려고 시간과 노력을 들이고 있음에도 실력이 정체 또는 퇴보하고 있는 것처럼 느껴지는 때가 있다. 이런 시기에는 결과에 일희일비하지 말고 기본 기능 연습을 충실하게 계속 하면 된다.

실험과 연습은 수공구 작업에만 적용되는 것이 아니다. 수압 대패나 테이블쏘 사용을 연습한다는 것이 이상해 보일지 모르겠으나 실은 매우 바람직한 접근이다. 다듬고 잘라야 할 다양한 모양과 크기의 판재들은 각기 다른 손의 위치와 움직임을 필요로 한다. 가장 좋은 방법은 기계를 끄고(테이블쏘에서는 톱날도 내리고) 먼저 실험해보는 것이다. 목표는 판재를 연속적으로 부드럽게 움직여 넣는 것이다. 처음 시작할 때 기계의 어디 즈음에 어떤 자세로 서는 것이 좋은지, 몸과 손을 어떻게 옮겨가는 것이 좋은지 등을 다양한 방식을 실험해봄으로써 어디를 잡는 게 좋은지, 어떻게 미는 것이 좋은지 알아낼 수 있을 것이다. 그러면 그 방법으로(여전히 기계는 끈 채) 실전처럼 몇 번 더 연습해본다. 그리고 최종적으로 기계를 켜고 안전과 정확성에 집중해서 작업을 한다.

머릿속으로 먼저 만들어보기

목공은 단지 신체적인 활동만은 아니다. 마음속으로 연습을 하는 것도 몸으로 하는 연습 못지않게 중요하다. 여기에는 두 가지 방법이 있다. 첫째는 머릿속으로 작업을 미리 한번 해보는 것이다. 이것은 스키 선수가 경기에 앞서 전 코스를 머리로 먼저 타보는 것과 비슷하다. 스키 선수들은 코스별로 주의해야 할 점들과 지형 특성뿐 아니라 매 코너, 매 순간의 몸 자세까지 머릿속으로 그려본다. 목공에서도 이와 마찬가지로 작업을 미리 해볼 수 있다. 머릿속에서 만들 수 있으면(구체적인 부분까지 실제와 마찬가지로 구현해봐야 한다) 실제 상황에서도 잘 해낼 수 있는 확률이 그만큼 높아진다.

마음 속 연습 두 번째는 집중력을 향상시키는 것이다. 장시간 집중을 유지할 수 있는 능력이야 말로 프로와 아마추어 간의 가장 큰 차이점 중 하나다. 하나의 가공, 예를 들어 톱질 동작 동안이든, 가구를 만드는 전체 작업 과정에 대해서든 집중을 유지하는 능력을 연습을 통해 향상시킬 수 있다. 집중할 수 있는 시간을 한번에 조금씩 늘려 나가는 방식이다. 작업 중 집중이 잘된다고 느껴질 때가 있을 것이다. 그럴 때 조금 더 해보는 것이다. 집중을 놓지 않고 말이다. 작업을 하기에 앞서 뭘 할지를 분명히 이해하고 시작하는 것도 도움이 된다. 작업의 중간 중간에 목표를 확인하느라 멈추지 않아도 되기 때문이다.

워밍업(몸풀기)

운동선수들에게 워밍업이란 피가 돌게 하고 근육이 최상의 컨디션으로 움직일 수 있도록 다양한 동작들의 느낌을 다시 잡는 과정이다. 인체는 기계가 아니며 똑같은 동작도 어제와 오늘 다르게 느낀다. 근육에 통증이 있거나 피로가 쌓여 있기도 하며 온도 또는 아침에 먹은 음식도 몸의 상태에 영향을 미친다. 심지어 몸이 최상의 상태로 기능하기 위해 일종의 시동을 걸어주는 생화학적 프로세스가 존재하기도 한다. 이 모든 것들이 몸의 상태에 영향을 미치며 이들을 조율하는 데는 약간의 시간이 필요하다.

워밍업은 작업의 피드백 회로를 활성화시키는 과정이기도 하다. 간단한 워밍업 동작을 통해 하려고 하는 작업에 가장 적합한 방법을 다시 한번 확인할 수 있다. 작업대 앞에 서자마자 중요한 결합 부위를 톱질하는 것은 현명한 일이 아니다. 근육이 기억을 되살리고 제자리를 잡도록 자투리 목재를 가볍게 잘라보면서 톱질의 감각을 다시 찾는 게 먼저다.

대패질도 마찬가지다. 본 작업에 앞서 자투리 목재를 몇 번만 밀어보면 대패질의 느낌을 되살릴 수 있는 것은 물론 대패의 상태까지 점검할 수 있다. 여기에는 몇 분이 채 걸리지 않는다. 이 몇 분을 들임으로써 본 작업이 얼마나 잘되는지 모른다.

기계 작업 시에는 문자 그대로의 워밍업이 필요하지는 않다. 그래도 기계를 끄고 동작을 미리 해보면 잠재적 문제를 미리 발견하고 최상의 조건에서 작업하는 데 도움이 된다.

잘하는 방식과 못하는 방식

누구나 작업의 결과가 좋길 바란다. 그런데 이런 바람은 기존에 잘하는 한 가지 방식으로만 작업하는 원인이 되기도 한다. 잘하는 방식으로 잘하는 것 자체가 문제는 아니지만 잘 못하는 것을 잘할 수 있게 될 때 목공 실력이 향상됨을 기억하자.

어떤 방식을 다른 방식보다 더 쉽게 느끼는 이유가 무엇일까? 어떤 한 가지 작업 방식에 대해 가지고 있는 자신감을 다른 영역으로 확장시킬 수는 없을까? 바로 실험과 연습에 답이 있다.

Chapter 12

종합 정리

나무와 도구, 신체가 작동하는 방식을 이해함으로써 우리는 더 나은 목공인이 될 수 있다. 그런데 이러한 이해를 단순한 앎이 아니라 목공 작업을 하는 기반으로 활용하면 목공 능력을 훨씬 더 향상시킬 수 있다. 앞으로의 발전은 이 기반 위에 무엇을 쌓아 올리느냐의 문제일 뿐이다. 일단 핵심적인 지식과 기능을 갖추고 나면 도처에서 유용한 정보들을 발견할 수 있으며 이를 자신의 것으로 소화하는 것도 훨씬 쉬워진다.

자신의 작업으로부터 스스로 배울 수 있게 되는 것은 물론이다. 목공의 기본 원리와 도구 사용의 뒤에 놓여 있는 신체의 기구학적 특성을 이해하고 이를 작업 목표와 연결할 수 있게 되면 좋은 선생님으로부터 배우는 것 이상의 것들을 스스로 배울 수 있다. 이는 새로운 방법이나 기술을 스스로 만들어갈 수 있다는 것을 의미한다. 이 단계에 오게 되면 도구가 자기를 어떻게 사용하라고 알려주는 것 같기도 하다.

다른 사람들로부터 배우기

만약 목공의 가장 기본적인 부분에서 어려움을 겪고 있다면 적절한 조언과 안내를 해줄 수 있는 선생님을 찾아보는 것이 가장 좋다. 그(녀)는 당신의 문제점 또는 부족한 부분을 찾아내서 고치거나 보완할 수 있는 방법을 알려줄 것이다. 스스로 인식하고 있는, 또는 지적을 받아서 인식하게 된 문제에 대해 꼭 맞는 처방을 얻을 수 있기에 가장 효율적이고 효과적으로 배울 수 있다.

우리는 새로운 기법을 배우기 위해 수업에 참가하기도 한다. 그 자체로도 수업은 충분한 가치 있다. 목공의 외연을 가장 손쉽게 넓힐 수 있는 방법이기 때문이다. 그런데 이때 목공의 기본—목공의 기본 원리와 도구 사용의 뒤에 놓여 있는 신체의 기구학적 특성에 대한 이해—을 갖추고 있다면 단지 기법뿐 아니라 선생님이 제시하는 방식의 배경, 즉 왜 그렇게 하는지도 배울 수 있을 것이다. 또한 선생님이 목공의 기본적인 원리로부터 특정한 작업 방식을 도출하는 과정을 관찰할 수 있다는 것도 도움이 된다. 새로운 기법을 배웠다고 해서 그 방식을 그대로 따라할 수는 없다. 누구나 처해 있는 환경이 다르기 때문이다. 정말로 새로 배운 기법을 만들기 위해서는 그 방식의 전체적인 맥락을 이해해야 한다. 이것은 목공의 기본을 갖춘 상태에서만 가능하다.

좋은 선생님이라면 학생들이 잘 받아들일 수 있는, 스스로도 적용할 수 있는 작업 방식을 제시할 것이다. 그리고 그런 방식이 잘되는 배경도 빠뜨리지 않고 설명해줄 것이다. 그러나 사람에겐 개인차가 있다. 그 방법이 나에게는 맞지 않을 수 있는 것이다. 그럴 때 우리는 자신의 강점과 약점에 근거해서 제시한 방식을 변형해서 적용할 수 있어야 한다. 즉, 제시하는 작업 방식의 너머를 볼 수 있어야 한다. 모든 목공작업은 수많은 방법이 있고 그중 무엇을 선택해도 된다. 잘된다면 말이다.

우리는 누구에게든, 무엇으로부터든 배울 수 있는 개방적인 마음을 가져야 한다. 잘못되어 보이는 것에도 호기심을 가져야 한다. 누군가가 그 방식으로 작업을 잘해내고 있다면 그것은 그저 잘못된 것만은 아니다. 내가 아는 방식과 다르다고 해서 잘못됐다고 단정해서는 안 된다. 정말로 잘못된 방식 안에서도 뭔가 쓸 만한 것을 찾을 수 있다. 그 방식이 왜 잘되는지, 어떻게 해서 되는지부터 생각해봐야 한다. 목공의 기본 원리를 어떻게 활용하고 있는지 생각해보면 늘 배울 점이 있다.

때론 정말로 근본이 없는 방법들과 맞닥뜨리기도 한다. 나무의 특성을 무시한 작업 방식들은 누가 봐도 문제다. 그렇게 해서는 안 된다. 그런데 몸을 쓰는 방법과 관련해서는 뭐라 말하기 어려운 부분들이 있다. 어떻게든 할 수는 있기 때문이다. 인체의 적응력은 거의 무한한 것 같다. 정말 안 좋은 자세로 작업을 해도 되기는 되니 말이다. 다만 머지않아 심각한 질환에 맞닥뜨릴 수 있다는 것만 알고 있자.

작업에 대해 분명하게 이해하기

목공인의 다수가 누군가의 도면과 작업 안내서를 따라서 작업하는 것을 선호한다. 그 자체에는 문제가 없다. 다만 우리는 이 도면과 작업 안내서를 절대적으로 따라야 할 지침서가 아니라 다른 어떤 사람이 뭔가를 하기 위해 한 일련의 선택으로 이해해야 한다. 그 사람이 왜 그런 선택을 했는지를 생각해보고, 그 접근의 배경이 되는 원리를 이해해야 작업이 자신의 것이 된다. 그저 따라 만드는 것은 아무런 도움이 되지 않는다.

시간을 갖고 도면과 작업 안내서를 검토해보라. 완벽한 안내서는 없다. 실수를 찾아보고 근거를 분명하게 따져본 뒤, 작업 방식을 수정해라. 기본적으로 목재 재단표는 직접 다시 만들어봐야 한다. 물론 모든 안내서에는 재단표가 포함되어 있지만 말이다. 재단표에는 마치 자기가 직접 설계해서 작업하는 것처럼 목재 선택이나 결합 방식에 대한 메모도 덧붙인다. 이게 중요하다. 작업의 주도권을 자기가 쥐는 것 말이다.

많은 사람들이 이와 같은 접근을 어려워한다. 처음 몇 번은 작업실에 내려가서 바로 뭔가를 만드는 것에 비해 조금 불편할 수 있다. 그러나 일단 해보면 작업에 훨씬 몰입하고 있는 자신을 발견하게 될 것이다. 작업에 대해 잘 이해하고 있으면 작업에 대한 집중도 높아진다. 집중하는 시간은 그 자체로 큰 즐거움이다. 작업의 수준도 높아질 것이다. 목표에 대한 이해가 명확할수록 목표를 달성할 가능성이 높아진다는 것을 잊지 말라. 그것도 훨씬 효율적이고 정확하게 말이다.

이 시점에서 짚어봐야 할 주제가 하나 있다. 바로 디자인이다. 조지 워커(George Walker, 파퓰러 우드워킹 매거진의 'Design Matter'의 고정 기고자)는 이렇게 썼다. "디자인이야말로 장인을 완성하는 중심 고리다. 상상력과 기능이 융합되어 훨씬 더 훌륭한 뭔가가 되는 것은 디자인을 통해서다. 디자인은 우리를 기능만으로는 도달할 수 없는 곳으로 데려간다. 그리고 자신이 도달할 수 있는 것 이상의 높이까지 바라보도록 상상력을 자극한다."

디자인은 뭔가를 만드는 데 거의 무한한 범위의 선택지를 탐구하여 그중 하나를 선택하는 것이다. 시각적, 형태적인 선택뿐 아니라 구조적 선택까지 말이다. 디자인은 누구나 할 수 있는 일이다. 디자인에 특출한 재능과 창의력은 필요 없다. 가능한 몇 가지 해답을 늘어놓고 그 가운데 하나를 선택할 수 있기만 하면 된다. 선택을 많이 해볼수록 선택지 간의 차이점을 더 잘 알게 될 것이다. 이것은 가구를 보는 안목을 높이는 아주 좋은 훈련이기도 하다. 그리고 그렇게 해서 높아진 눈을 통해 자기 자신의 작업 목표도 더 선명하게 볼 수 있게 된다.

스스로 배우기

스스로 배우는 것이야말로 실력 향상의 핵심이다. 선생님의 가르침을 자기 것으로 만드는 것은 결국 스스로 해야 하는 일이다. 궁극적으로 어떻게 하면 가장 잘할 수 있는지를 스스로 알아낼 수 있어야 한다. 다른 사람들이 어떻게 하는지 관찰하는 것도 도움이 된다. 그러나 직접 해보지 않고는 작업이 어떤 느낌으로 이루어지는지, 어떤 것에 더 집중해야 하는지는 알 수 없다. 스스로 배우기 위해서는 실험적인 시도를 하는 용기, 연습을 하는 인내, 포기하지 않는 마음이 필요하다.

작업을 편하게 하려고만 해서는 안 된다. 매 작업에서 새로운 시도를 해보려고 해라. 그렇다고 어려운 프로젝트만 찾아다니라는 것이 아니다. 흥미를 가지고 시도할 수 있는 것을 찾아보라는 것이다. 작업실에서 좀 놀 필요도 있다. 작업실은 최고의 장난감이다. 가끔은 아이들처럼 재미있게 놀자. 아무런 목적 없이 그냥 재미로 이것저것 해보자.

그리고 연습을 하라. 저렴한 나무를 이용해서 주먹장 맞춤이나 장부 맞춤, 그 외 다양한 결합 방식들을 연습하라. 친구와 누가 더 잘하는지 내기를 하면 연습에 재미를 더할 수 있다. 또는 연습 뒤에 자기에게 갖고 싶었던 공구와 같은 상을 주는 것도 좋다. 결과가 만족스럽게 잘되었다면 말이다.

스스로 배울 때 우리는 문제 해결 능력을 갖추게 된다. 목공은 온갖 종류의 변화하는 상황에 대응을 해가는 일련의 문제 해결 과정이다. 모든 목재에는 도전 요소가 있다. 우리는 작업을 하면서 복잡한 나뭇결이나 흠, 수축-팽창으로 인한 크기 변화, 심지어는 부위별로 함수율이 달라서 생기는 문제들에 적절히 대응해야 한다. 도구의 상태 또한 변한다. 날 끝은 아무리 날카롭게 연마해서 사용해도 작업을 시작함과 동시에 무뎌 지기 시작한다. 이 점을 이해하고 현재 날의 상태가 하고자 하는 작업에 적합한지 살펴가며 사용할 수 있어야 한다. 언제 날을 다시 갈 지 결정하는 것을 포함해서 말이다. 도구의 세팅도 변한다. 대패의 날이 뒤로 밀리거나 좌우가 틀어지는 것은 늘 있는 일이다. 대패를 어디에 부딪쳤거나 날 고정이 조금 헐거웠을 수 있다. 기계 장치들의 상태도 변한다. 베어링이나 브러시가 닳거나 벨트가 노화되어 기계가 제 성능을 발휘하지 못하기도 하고 맞춰놓았던 직각이나 눈금자 설정 등이 틀어지기도 하며 진동으로 인해 볼트가 느슨해지기도 한다. 기계는 평소와 다른 게 있는지 예민하게 살펴 가며 사용해야 한다. 그래야 문제가 생기기 전에 적절히 대응할 수 있다.

체크리스트

주의를 기울인다고 해서 무슨 일이 벌어지고 있는지, 뭔가 잘못되려고 하는지를 알 수 있는 것은 아니다. 항상 잘 모르는 상황들과 마주하고 있는 초보자들이 특히 그렇다. 뭔가 잘못됐다면 우선 질문해봐야 한다. 나 때문인가? 공구의 문제인가? 아니면 나무인가? 많이 겪어봐야 안다지만 경험의 양과 관계없이 계속해서 질문하고 알아내려고 해야 한다. 그래야만 경험과 실수가 가치 있는 것이 된다.

잘못된 것을 찾아내는 가장 좋은 방법은 나름의 체크리스트를 만들어서 활용하는 것이다. 문제가 되곤 하는 것들의 목록을 만들어 놓고 훑어 내려가 보는 것이다.

내가 문제인가?

- 작업물에 대한 몸의 위치가 적절한가? 자세에는 문제가 없는가? 작업물-도구-신체의 정렬 상태는 어떤가? (선생님이 있다면 문제를 바로 지적해주겠지만, 그게 아니라면 자기 작업 모습을 영상으로 찍어서 자세를 점검해볼 수 있다. 자기모습을 직접 보는 것만큼 좋은 공부가 없다.)
- 힘을 쓸 때 하체나 큰 근육을 활용하고 있는가?
- 신체의 균형을 유지할 수 있는 범위 안에서 작업하고 있는가? 너무 힘줘서 작업하고 있지는 않는가?

도구가 문제인가?

- 날은 충분히 날카로운가? (날은 생각보다 빨리 무뎌진다.)
- 끌의 뒷면은 평평한가?
- 대팻날이 나와 있는 깊이는 적당한가?
- 대팻날의 어느 한쪽이 더 튀어나와 있지는 않는가?
- 대패의 손잡이나 부속들이 적절히 고정되어 있는가?
- 테이블쏘 톱날과 테이블 면의 마이터 홈 그리고 켜기 펜스는 서로 평행한가? 톱날은 테이블 면에 대해 수직인가?
- 수압대패의 앞뒤 정반은 서로 평행한가? 뒤 정반 높이는 대팻날의 최고점 높이에 정확히 맞춰져 있는가? (그렇지 않으면 수압대패로 판재의 평을 잡을 수 없다.)
- 수압대패 대팻날의 이빨이 빠져 있지 않은가? (그로 인해 가공이 덜되어 정확한 평을 잡는 것이 어려워진다.)

나무가 문제인가?

- 평평하다고 생각하고 있는 판재가 정말로 평평한가? 또는 직선이라고 생각한 것이 여전히 직선인가? (평을 잡은 뒤에도 판재가 다시 휠 수 있다.)
- 결 방향이 바뀌는 것에 대한 대응을 할 필요가 있는가? (깎는 방향을 바꿀 수 없다면 절삭 각도를 높이거나 스크레이퍼를 활용한다.)
- 작업물을 작업대에 고정하는 방법엔 문제가 없는가? (너무 세게 고정해도 그로 인해 판재가 휠 수 있다.)

이런 질문들은 우리가 맞닥뜨린 문제의 원인과 해결책을 찾아내는 데 큰 도움이 된다. 그리고 이와 같은 질문과 해결의 과정을 반복할수록 문제 해결은 더 쉬워진다. 사실 우리가 목공 작업 도중에 당면하게 되는 문제들 대부분은 오히려 우리가 다루고자 하는 것이 나무라는 사실 그 자체에 기인한다. 따라서 우리가 작업장에서 매일 겪는 이와 같은 문제들을 돌아보고 나름 해결책을 정리해두어야 한다.

목공에 대한 지식과 경험은 갈수록 늘어나게 되어 있다. 그러나 지식과 경험이 정체되면 소용이 없다. 새로운 지식과 경험에 비추어 기존에 가지고 있던 체크리스트—문제가 생겼을 때 마음속으로 재빨리 점검해볼 수 있는—를 확장하고 해결 방안을 수정해나가야 한다. 이와 같은 종합의 과정을 통해 목공의 문제들에 대해 자기에게 꼭 맞는 해결 방안을 갖출 수 있으며, 그것이 바로 목공 실력이 느는 것이다.

도구로부터 배우기

짐 톨핀(Jim Tolpin)은 《The New Traditional Wood worker》에서 "도구를 사용해서 작업을 할수록 나는 더 많은 것을 알게 된다. 도구 자체가 어떻게 하면 자기를 효과적으로 사용할 수 있는지를 나에게 알려주고 있는 것 같다"라고 썼다. 이 말은 사실이다. 그러나 조건이 있다. 우선 자기가 그 도구로 하고자 하는 바가 무엇인지를 명확히 알아야 한다. 나무의 물성과 날이 나무에 어떻게 작용하는지도 이해하고 있어야 한다. 또한 몸으로 힘을 쓰고 도구를 컨트롤하는 기본 요령도 갖추고 있어야 한다. 이 모든 바탕의 위에서 도구를 다룰 때 좋은 도구는 정말로 뭘 어떻게 해야 하는지를 알려준다.

이 책에서 살펴본 모든 주제들에 대해서 배워야 할 것들이 훨씬 더 많이 남아 있다. 목공의 내용과 방법에는 한계가 없다. 이 책은 그저 핵심적인 기초와 뼈대라고 생각하고 활용해주면 좋겠다. 목공에는 다른 견해도 많이 있고 구체적인 방법론은 셀 수도 없다. 이들도 살펴보고 배우자. 그리고 무엇보다도 직접 해보자. 할 수 있는 모든 것들을 다 해보고 배우고 즐기자.

마치며

목공에서 어떤 일을 하기 위한 방법은 셀 수 없이 많다. 그 중 어떤 방법이 좋은 방법이고 어떤 방법이 안 좋은 방법일까? 이것을 판단할 수 있는 유일한 기준은 작업의 결과다. 간단히 말해 잘되면 좋은 방법이다. 톱질하는 자세가 더 좋다고 해서 톱질을 더 잘하는 것이 아니다. 톱질의 결과가 좋아야 톱질을 잘하는 것이다.

이게 무슨 말인가? 지금껏 목공 실력을 향상시키는 데 도움이 된다고 설명한 여러 방법들은 도대체 뭔가? 나는 목공 작업에서 어떤 방식이 다른 방식보다 더 효과적이라는 것을 알고 있고 그 방식이 왜 더 잘되는지에 대해서도 명확하게 설명할 수 있다. 그러나 그렇다고 내 방식을 반드시 따라야 한다거나 내 방식을 따르지 않는 것이 잘못되었다고 생각하지 않는다. 각자 자신의 방식대로 해서 좋은 결과를 얻고 있다면 말이다.

하고 있는 방식이 잘 된다면, 그것은 아마도 맞는 방법일 것이다. 여기에 '아마도'를 붙인 이유가 두가지 있다. 첫째는 안전 관련이다. 안전하지 않은 방식은 무조건 잘못된 것이다. 두번째는 건강 관련이다. 좋지 않은 자세로 비 효율적으로 작업하면 몸에 무리가 간다. 이렇게 장기간 작업을 하면 질환으로 고질화될 수 있다. 반면 기존에 하고 있는 방식으로 원하는 결과를 얻지 못하고 있다면 내가 제시한 방법을 따라 하길 권한다. 자신만의 좋은 방법을 찾는 데 분명히 도움이 될 것이다.

나는 이 책을 통해 목공의 이론 가운데 작업에 꼭 필요한, 또는 작업에 응용가능한 실용적인 지식들을 설명하고자 했다. 독자들은 이 책의 목재의 구조와 물성에 대한 부분을 통해 우리가 다루려고 하는 나무라는 재료에 대해 기본적인 이해를 갖출 수 있을 것이다. 그리고 다양한 작업 상황, 또는 가구가 놓이는 상황에서 나무가 어떻게 움직이고 바뀌는지를 관찰하고 그 결과를 이론적인 이해와 연관 지음으로써, 또는 가구 구조의 설계에 목재의 물성에 대해 이해하고 있는 내용을 직접 적용해봄으로써 나무를 더 잘 이해하고, 그 이해를 활용해서 목공을 할 수 있게 될 것이다.

책으로 모든 것을 알 수 있진 않다. 우리는 책으로 자전거 타는 법을 배울 수 없다. 날을 갈거나 대패를 세팅하는 법, 판재를 효과적으로 대패질하는 법, 장부 맞춤을 훌륭하게 가공하는 법은 책을 읽는 것 만으로는 결코 숙달할 수 없다. 그러나 우선 무엇을 왜 그렇게 해야 하는지는 알아야 한다. (이 지점에서 책이 확실히 도움이 된다.) 그래야 실제 상황에서 얻어지는 정보들에 담긴 의미를 해석하고 작업 방식을 개선하는 데 활용할 수 있다.

목공은 저절로 잘하게 되는 것이 아니다. 책을 통해서든 다른 사람을 통해서든 끊임없이 배워야 한다. 불가피하게 발생하는 실수로부터도 배우고, 나무의 괴팍함 그리고 도구로부터도 배워야 한다. 그리고 연습을 계속 해야 한다. 꾸준히 노력하는 자세를 갖는 것이 무엇보다 중요하다.

안전과 관련한 주의 사항

목공 작업은 안전을 최우선적으로 고려해야 한다. 특히 목공 기계와 전동 공구를 사용할 때 공구에 기본으로 장착되어 있는 보호 장치를 떼고 작업하지 않도록 한다.

목공 기계 및 전동공구를 사용할 때는 손가락이 톱날이나 비트에 닿지 않도록 주의해야 하며 보안경과 마스크를 반드시 착용한다. 또한 가능하면 적절 집진 설비 및 공기 정화 설비를 갖추도록 한다.

작업복으로 소매나 품이 헐렁한 옷은 좋지 않다. 넥타이나 장신구(목걸이나 귀걸이, 반지 등)도 착용해서는 안 된다. 긴 머리카락은 뒤로 단단히 묶고 작업한다. 무엇이든 기계에 딸려 들어갈 수 있는 것은 금물이다.

특정 화학 약품에 대해 민감한 분이라면 목공용 접착제나 마감도료 사용 시 미리 성분을 확인하도록 한다.

목공 작업의 상황―작업 환경이나 목재, 작업자의 능력 수준 등―은 각각 너무나 다르다. 이 책에 안내된 내용을 참고하여 작업하는 도중 발생할 수 있는 사고에 대해 저자 및 번역가 그리고 Popular Woodworking Books 및 도서출판 씨아이알은 어떠한 책임도 없음을 밝힌다.

미터법 변환 차트

기준 단위	변환 단위	배수
인치	센티미터	2.54
센티미터	인치	0.4
피트	센티미터	30.5
센티미터	피트	0.03
야드	미터	0.9
미터	야드	1.1

저자 추천 도서

이 책에서 다룬 내용을 주제별로 보다 심도 있게 살펴보길 원한다면 아래의 책을 읽어볼 것을 추천한다.

- 《The Perfect Edge: The Ultimate Guide to Sharpening for Woodworkers》, Ron Hock, Popular Woodworking Books, 2009
- 《Taunton's Complete Illustrated Guide to Sharpening》, Thomas Lie-Nielsen, Taunton Press, 2004
- 《Understanding Wood: A Craftsman's Guide to Wood Technology》, R. Bruce Hoadley, Taunton Press, 2000
- 《Handplane Essentials》, Christopher Schwarz, Popular Woodworking Books, 2009
- 《The Handplane Book》, Garrett Hack, Taunton Press, 1999
- 《Band Saw Handbook》, Mark Duginske, Sterling Publishing Company, 1989
- 《The Table Saw Book》, Kelly Mehler, Taunton Press, 2003

찾아보기

목재
목재의 방향성	18
순결과 엇결	19, 57
목공용 접착제	21
심재와 변재	22
방사세포	22
무늿결 제재와 곧은결 제재	23
함수율	24
목재의 수축과 팽창	24
목재 결구의 기본 원칙	30
수축과 팽창을 감안한 가구 요소 설계	32
변형을 감안한 목재 가공 – 더블밀링	33

수공구
끌 사용 안전	58
끌질 기법	58
정확하게 끌질하는 요령	61
대패질이 잘되기 위한 조건들	64
벤치플레인과 블록플레인	66
대팻날 세팅법	68
대패질하는 법	71
대패의 절삭각도와 여유각도	70
마킹나이프와 마킹게이지(그므개)	77
스크레이퍼 날 세우는 방법	80
스크레이퍼 사용법	82
톱 – 켜기와 자르기	85, 86
톱 – 날어김	86
올바른 톱질 자세와 동작	87
톱질 연습 방법	89
사포	90

목공 기계
테이블쏘 안전 수칙	97
테이블쏘 킥백	97, 98, 101, 105
라이빙나이프(스플리터)	96, 97
테이블쏘를 이용한 켜기	98
테이블쏘를 이용한 자르기	102
테이블쏘 수직 지그의 활용	102, 103
수압대패 안전 수칙	105
수압대패 가공 원리	104
수압대패 테크닉	104
밴드쏘 안전 수칙	114
밴드쏘 테크닉	112
라우터 안전 수칙	119
라우터 테크닉 – 클라임커팅	118

날 연마
숫돌의 종류	127, 128
벤치 그라인더 활용하기	130
뒷날 평잡기	133
앞날 연마와 이중 각도 연마	134
날 연마 테크닉 – 손으로 연마하기	138
날 연마 지그(호닝가이드)	139
연마 각도 세팅 지그 활용하기	135

작업
목재 재단표	28
목공 기본 자세	37
적절한 작업 높이	43
눈금자에 의존하지 않기	146
현치도, 스토리 스틱, 패턴	147
연필선과 칼금	158, 159
큰 스케일에서 가구 직각 맞추기	167
장부 수정하기	179
손대패로 판재 표면 평잡기	165

저자 소개

제프 밀러

30년 경력의 가구 디자이너이자 제작자이다. 그가 만든 가구 중 아치 테이블(Arch Table)은 시카고 문예박물관의 가구 디자인상을 수상한 바 있으며 독특한 형태의 드랍 리프 테이블인 거미-손수건 테이블('Spider' Handkerchief Table)은 시카고 역사박물관의 영구 소장 품목으로 지정되었다. 제프 밀러는 목공 분야 베스트셀러 작가이기도 하다. 저서 《의자 제작과 디자인(Chairmaking & Design)》은 1997년 최고의 How-To 서적 분야 스텐리상을 수상한 바 있다. 그 외 《침대(Beds)》와 《어린이 가구 따라 만들기(Children's Furniture Projects)》를 집필하였다.

제프 밀러는 시카고에 소재한 자신의 목공 학교를 포함하여 미 전역의 가구학교에서 활발한 강의 활동을 하고 있으며 미국 최고의 목공 잡지인 《파인우드워킹》과 《파퓰러우드워킹》의 단골 필자이기도 하다.

역자 소개

윤종배

한국과학영재학교와 KAIST(기계공학과)를 졸업했다. 포스코 포항제철소에서 엔지니어로, 대우인터내셔널에서 상사맨으로 근무하였으며, 저서로는 《김목공의 우드워크》가 있다.
현재 북한산목공소와 '목공정보 | 목공배우기' 카페(cafe.naver.com/allwoodwork)를 운영하고 있다.

도서출판 씨아이알의 관련 분야 도서안내

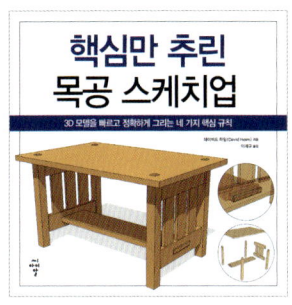

핵심만 추린 목공 스케치업
데이비드 하임(David Heim) 저 /
이재규 역 / 2020년 2월 /
120쪽(215*215) / 15,000원

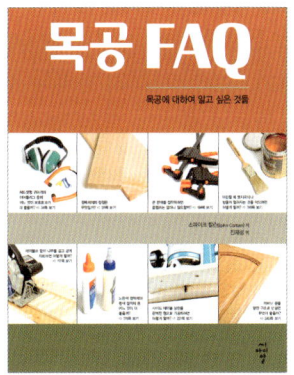

목공 FAQ
스파이크 칼슨(Spike Carlsen) 저 /
진재성 역 / 2019년 11월 /
364쪽(188*257) / 20,000원

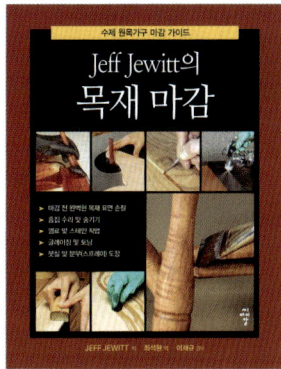

Jeff Jewitt의 목재 마감
JEFF JEWITT 저 /
최석환 역 / 2018년 9월 /
308쪽(222*275) / 34,000원

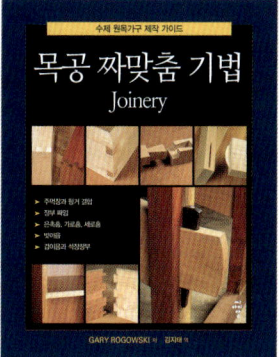

목공 짜맞춤 기법
LGary Rogowski 저 /
김지태 역 / 2017년 12월 /
408쪽(222*275) / 38,000원

사랑 가득 엄마표 가구 만들기
애나 화이트(Ana White) 저 /
이재규, 정복자 역 /
2017년 11월 /
196쪽(216*280) / 22,000원

부조 조각의 정석
Lora S. Irish 저 /
David Koh 역 /
2016년 11월 /
138쪽(216*280) / 18,000원

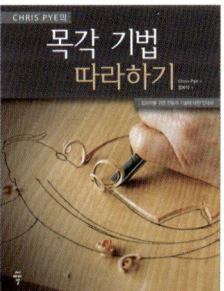

Chris Pye의 목각 기법 따라하기
Chris Pye 저 /
정복자 역 / 2016년 4월 /
160쪽(216*280) / 20,000원

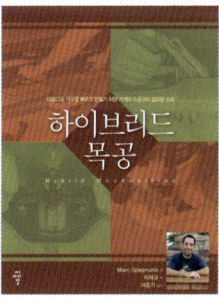

하이브리드 목공
Marc Spagnuolo 저 /
이재규 역 / 2016년 2월 /
192쪽(210*276) / 22,000원

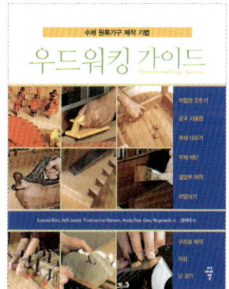

우드워킹 가이드
Lonnie Bird 외 저 /
김지태 역 / 2015년 9월 /
328쪽(222*275) / 34,000원

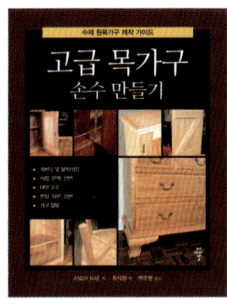

고급 목가구 손수 만들기
ANDY RAE 저 /
최석환 역 / 2015년 6월 /
328쪽(222*275) / 34,000원

가구디자인
Stuart Lawson 저 /
한정현 역 / 2015년 5월 /
228쪽(216*280) / 24,000원

우든펜의 정석
Barry Gross 저 /
고득수 역 / 2015년 5월 /
152쪽(216*280) / 20,000원

Bob Flexner의 목재 마감
Bob Flexner 저 /
최석환 역 / 2013년 7월 /
152쪽(215*275) / 20,000원

목공 기초
Peter Korn 저 /
최석환 역 / 2013년 7월 /
192쪽(215*275) / 22,000원

여러분의 원고를 기다립니다

도서출판 씨아이알은 목공예 분야의 좋은 책을 출판함으로써 목공예에 대한 관심 고취와 확산에 기여하고자 합니다.
목공예 분야의 책을 집필하거나 계획하고 계신 분들, 해외의 좋은 책을 번역하실 의사가 있으신 분들은 도서출판 씨아이알로 연락을 부탁드립니다.
책의 선정과 출간에 좋은 동반자가 되어드리겠습니다. 도서출판 씨아이알의 문은 날마다 활짝 열려 있습니다.

출판문의처 cir03@circom.co.kr
02)2275-8603(내선 605)

Jeff Miller와 함께 하는 목공 수업

초판인쇄	2020년 8월 3일
초판발행	2020년 8월 10일
저　　자	제프 밀러(Jeff Miller)
역　　자	윤종배
펴 낸 이	김성배
펴 낸 곳	도서출판 씨아이알
책임편집	박영지, 최장미
디 자 인	윤지환, 윤미경
제작책임	김문갑
등록번호	제2-3285호
등 록 일	2001년 3월 19일
주　　소	(04626) 서울특별시 중구 필동로8길 43(예장동 1-151)
전화번호	02-2275-8603(대표)
팩스번호	02-2265-9394
홈페이지	www.circom.co.kr
I S B N	979-11-5610-853-5 03630
정　　가	23,000원

ⓒ 이 책의 내용을 저작권자의 허가 없이 무단 전재하거나 복제할 경우 저작권법에 의해 처벌받을 수 있습니다.